Manfred Ble...

Einiges fiel
auf gutes Land

buch+
musik

IMPRESSUM

© 2. Auflage 2012
buch + musik, ejw-service gmbh Stuttgart
ISBN 978-3-86687-065-9
Gestaltung: AlberDESIGN.
Druck: freiburger grafische betriebe

Inhalt

Inhalt

Inhalt

Vorwort

▪—————• Mit leuchtenden Augen erzählen Menschen, was sie in der Jugendarbeit erlebt haben. Das kann sich bei einer Geburtstagsfeier ereignen, nach einem Gottesdienst, am Rande eines Empfangs im Weißen Saal des Neuen Schlosses oder auch bei der Mitgliederversammlung des ejw-Fördervereins. Gerne höre ich solche Geschichten und freue mich, wie prägend die Erlebnisse aus der Jugendarbeit für diese Menschen sind.

Gute Geschichten sind es wert, aufbewahrt zu werden

Es ist gut, dass in diesem Buch Geschichten aus der Jugendarbeit „konserviert" vorliegen. Auch aus anderen Zusammenhängen wissen wir: Vieles geht verloren, wenn „Zeitzeugen" nicht mehr leben und ihre Geschichten nicht aufgeschrieben wurden. Auch wenn dieses Buch keine Geschichte der Evangelischen Jugendarbeit in Württemberg schreiben will, leistet es doch einen wertvollen Beitrag, dass diese Ereignisse nicht vergessen werden.

Gute Geschichten müssen erzählt werden

Wenn Lebensmittel konserviert werden, wird versucht, möglichst viel Geschmack, Zusammensetzung und Inhaltsstoffe zu bewahren. Doch trotz guter und aufwändiger Verfahren merkt man beim Essen, dass es einen Unterschied gibt zwischen konservierten und frischen Lebensmitteln. Für „konservierte" Geschichten gilt Ähnliches. Ich wünsche mir deshalb, dass die hier „konservierten" Geschichten anregen, über Erfahrungen in der Jugendarbeit ins Gespräch zu kommen. Dann werden die Personen, die hinter diesen Geschichten stehen, erlebbar.

▪ Ein Jugendkreis könnte sich einen Gast einladen, der erzählt, wie die Freizeiten kurz nach dem Zweiten Weltkrieg abgelaufen sind: Welche Lieder wurden gesungen und was für Programmpunkte gab es bei der Freizeit?

▪ Ein Gremium könnte sich einen Gast einladen, der von Weichenstellungen in der Vergangenheit berichtet: Wie kam es dazu, dass ihr das Freizeitheim gebaut habt?

▪ Eine Schulklasse, die sich mit dem Thema „Lebenswerte" beschäftigt, könnte mit einer Person ins Gespräch kommen: Warum ist es Ihnen so wichtig, sich für andere zu engagieren? Ist die eigene Freizeit dabei nicht zu kurz gekommen? Was hat Sie dazu motiviert?

Junge Menschen sind auf der Suche nach Persönlichkeiten, an denen sie sich orientieren können. Ich würde mich freuen, wenn das Erzählen von Geschichten aus der Jugendarbeit auch dazu helfen könnte, dass Jugendliche Menschen kennen lernen, die in Jesus Christus den Grundstein für ihr Leben gefunden haben und auf dieser Grundlage ihr Leben gestalten.

Gute Geschichten haben unterschiedliche Fäden

Da gibt es den Faden mit der persönlichen Lebensgeschichte der Erzählerin oder des Erzählers. Dieser Faden wird zusammengeführt mit dem Faden anderer Personen, mit der Jugendarbeit und auch der Zeitgeschichte. Wenn man sich vorstellt, dass diese erzählte Geschichte nur einen kleinen Bruchteil im Leben dieses Menschen, in der Geschichte der Evangelischen Jugendarbeit und in der Zeitgeschichte einnimmt, wird deutlich, dass wir in ein viel größeres Ganzes hinein verwoben sind.

Die hier vorliegenden Beiträge zeichnet aus, dass Gott als Autor der Geschichte verstanden und bezeugt wird. So wird Evangelische Jugendarbeit nicht nur als hervorragende Möglichkeit zum Erwerb von Schlüsselqualifikationen für den späteren Beruf oder als wichtiger Faktor für die Persönlichkeitsentwicklung junger Menschen verstanden, sondern auch als Raum für die Begegnung mit Gott. Geschichten aus der Evangelischen Jugendarbeit sind immer auch persönliche Glaubensgeschichten.

So wünsche ich diesem Buch viele Leserinnen und Leser, die sich hineinnehmen lassen in die Geschichte der Jugendarbeit, sich daran freuen und dabei dem Segenshandeln Gottes auf die Spur kommen.

Gottfried Heinzmann ǀ Filderstadt-Bonlanden, Leiter des ejw seit 2008

Mit Geschichten Jugendarbeit fördern

▪———————• Es gibt viele Menschen, die durch Teilnahme und Mitarbeit im Evangelischen Jugendwerk bzw. der Evangelischen Jugendarbeit auf Orts-, Bezirks- und Landesebene wichtige Impulse für ihr Leben, ihren Glauben, ihren Beruf, ihre Beziehungen ... bekommen haben.

Das wird oft erzählt, aber man findet kaum schriftliche „Zeugnisse" dafür. Dabei könnten solche Geschichten nicht nur historischen Wert bekommen. Sie könnten für Jugendliche und Ältere beispielhaft sein. Sie könnten gegenüber staatlichen und kirchlichen Stellen, gegenüber Sponsoren, Eltern, der Öffentlichkeit verdeutlichen, wie wertvoll Evangelische Jugendarbeit ist ...

Noch leben Zeitzeugen, die das Dritte Reich und die Jahrzehnte danach erlebten, auch den Ausschnitt Jugendarbeit. Damit diese „Geschichte(n)" nicht verloren gehen, sollen viele eingeladen werden, ihre Geschichten aufzuschreiben oder bereits vorhandene Geschichten an uns zu senden. Angesprochen sind nicht nur Ältere. Auch Jüngere und Aktive erleben spannende Geschichten!

Wir denken an Kurzgeschichten, keine langen Romane, Blitzlichter, die ausschnitthaft Jugendarbeit verdeutlichen, erlebbar machen – prägende Ereignisse und Erfahrungen, Glaubensgeschichten, Orte, Häuser, Plätze, Personen, Zielgruppen und Arbeitsformen ...

(Auszug aus der Veröffentlichung Dezember 2010)

Zu-fällige Geschichten. Keine Geschichte der Jugendarbeit!

Über 130 ganz unterschiedliche Geschichten wurden uns zugesandt. Die Auswahl fiel schwer. Viele Geschichten passten schließlich nicht zu dem roten Faden, den wir zogen. Es sind uns zugefallene Geschichten, viele Kostbarkeiten, Schätze, die bisher im Verborgenen schlummerten. Beim Durchblättern und Lesen werden vermutlich viele Personen Orte und Ereignisse vermissen, an die man doch hätte denken sollen. Wir veröffentlichen die uns eingesandten Geschichten. Dieses Buch ist keine Geschichte der Evangelischen Jugendarbeit in Württemberg, auch wenn Blitzlichter aus sechs Jahrzehnten Entwicklungen und Veränderungen markieren. Bunt, vielfältig, grenzüberschreitend wie Jugendarbeit ist. Wir hätten uns schon bei der Ausschreibung mehr eingrenzen und konzentrieren sollen, meinten manche.

Rolf Scheffbuch, der frühere Prälat und Leitende Referent des ejw, schrieb:
„Die Idee halte ich für genial. Am liebsten würde ich mich gleich hinsetzen und los schreiben, was mir in Erinnerung aufwacht an Theo Kübler und Willi Lauk, an Walter Tlach und an Manfred Müller samt seinem „Schatten" Dr. Alfred Zechnall, an Paul Heiland und Robert Seiler, an Heiner Völker und Adolph Luckan, an die zerstörte Danneckerstrasse und das erste Büro mit Frau Wiedenhöfer, an die wieder aufgebaute Danneckerstrasse und Walter Freund mit dem Lehrlingsheim, an das „Lädle" (Buchhandlung) und seine „Schwestern", an Dr. John Motts Nachkriegsbesuch in Stuttgart und Hermann Mühleisen, an Dr. Karl Otto Horch und Prälat Pfizenmaier, an den ersten Jungmännertag 1945 in Esslingen und an den ersten Nachkriegs-Posaunentag 1946 in Ulm, an Kurt Hennig als Stuttgarter Jugendpfarrer und an Walter Arnold samt Dr. Theo Sorg ... Dazu gehörten natürlich auch Fritz Liebrich und Hans-Karl Riedel, die Werks-Evangelisten Wilhelm Schäfer, Karl Wezel und Karl Ramsayer samt Ernst Schiele und Fritz Gaiser ..., Professor Lamparter und Paul Koller ..., die Fabrikanten Eppinger und der Leuchtröhrenfabrikant Hörner von Eberstadt."

„Einiges fiel auf gutes Land"
Die Suche nach einem Titel war bis zuletzt spannend und umstritten. Schließlich setzte sich doch das Zitat aus dem Gleichnis vom vierfachen Ackerfeld (Markus 4, 3-9) durch. Beim Lesen der Geschichten staunten wir immer wieder über die Frucht, die

durch die Jugendarbeit bis heute gewachsen ist. Es bleibt aber auch nicht verborgen, dass manches unter die Dornen, auf den Weg oder auf steinigen Boden fiel und keine Spuren hinterließ. Dass die Rahmenbedingungen oft wenig förderlich für das Wachstum waren. Dass es letztlich nicht in unserer Hand liegt, was daraus wird.

Risiken und Nebenwirkungen

Wo großzügig gesät wird, landet nicht alle Saat auf fruchtbarem Boden. Wo Menschen leben und arbeiten, ist nicht alles vorhersehbar. Auch die besten Medikamente wirken nicht immer bzw. haben überraschende Nebenwirkungen in bestimmten Situationen und bei bestimmten Personen, positiv und negativ. In der Jugendarbeit orientiert man sich bis heute überwiegend an den Möglichkeiten und Chancen. Eine gehörige Portion Chaos und unbekümmerte Spontanität gehören zu dieser Lebensphase. Bedenkenträger und Sicherheitsfanatiker dürfen nicht die erste Geige spielen. Das ist nicht einfach für Vorstände, Gremien, Eltern oder Kirchenleitungen. Ohne einige „verrückte" junge Leute hätten wir heute kein Bergheim in Unterjoch. Ohne die riskante Sicht nach vorne hätte die Jugendarbeit in den stürmischen 68ern stagniert. Ohne den Mut der Jungen Gemeinden in der damaligen DDR und ihre Aktion „Schwerter zu Pflugscharen" ist die friedliche Wende nicht vorstellbar. Ohne knorrige, manchmal unbequeme Persönlichkeiten wie Agnes Lumpp oder Ernst Schiele (und viele andere), die zur rechten Zeit genau das Richtige taten, wären wir in jeder Hinsicht ärmer.

Viele Männer – wenige Frauen

Auffallend viele Männer und auffallend wenige Frauen kommen in diesem Buch vor. Zum Schreiben aufgefordert waren Frauen und Männer. Ob sich Männer mehr in den Vordergrund spielen? Ob im ejw die Männer schon immer „lauter" waren? Oder die Frauen eher erzählen als schreiben? Was meinen Sie?

Viele Ältere – wenige Jüngere

Überwiegend sind es Ältere, die geschrieben haben. Viele waren sehr dankbar für den Impuls und betrachteten dadurch einen Teil ihrer Lebensgeschichte. Jüngere und aktiv im Beruf stehende sind nach vorne orientiert. Es fehlt ihnen an Zeit und Kraft, neben den alltäglichen Notwendigkeiten auch noch Rückschau zu halten. Viele freundliche Entschuldigungen sind bei mir eingegangen. Ich bin froh, dass einige doch ihren Beitrag leisteten.

Die persönliche Note

Ganz behutsam haben wir die Texte redigiert. Die persönliche Note sollte erkennbar sein, auch die persönliche Meinung. Doppelungen und Überschneidungen haben wir in Kauf genommen. Manche Geschichten sind in ihrer Schlichtheit überraschend, zeigen aber, wodurch und wie unterschiedlich Leben und Glauben einzelner Menschen geprägt werden.

Ausblick und Dank

Herzlich danke ich allen Autorinnen und Autoren, vor allem auch denen, deren Geschichte nicht in diesem Buch aufgenommen wurde. Ob und wie wir die weiteren Geschichten veröffentlichen, haben wir noch nicht entschieden. Wir sind nun gespannt, wie dieses Buch bei Ihnen ankommt.

Herzlich danke ich auch Manfred Bletgen und Steffen Hoinkis, die das Konzept mit entwickelten und begleiteten, Doris Hörtling, die viele Texte abschrieb, überarbeitete und im PC erfasste. Danke auch Martina Mühleisen und Rainer Rudolph, die das Projekt tatkräftig unterstützten. Und dem Vorstand des ejw-Fördervereins, der uns mit dieser schönen Aufgabe beauftragte. Ich wünsche mir, dass es in einiger Zeit über dieses Buch heißt: „Einiges fiel auf gutes Land."

Hermann Hörtling | Filderstadt-Sielmingen, Juli 2011

Wenn es eng wird – Risiken in dunkler Zeit

Zwischen 1933 und 1945, besonders im 2. Weltkrieg ab 1939, war evangelische Jugendarbeit nur eingeschränkt möglich. Selbst auf Freizeiten sollte man sich „nur" auf das Biblische konzentrieren. Sport und sonstige Betätigungen, die schon immer zur Jugendarbeit gehörten, waren der Hitlerjugend vorbehalten. Gottes Wort wirkt und Gottes Geist bewegt und setzt Fantasie frei. Obwohl es politisch, finanziell ... eng war und wurde, suchten mutige Frauen und Männer Möglichkeiten für Jugendarbeit. Unvergessen die großen Pfingsttreffen für Mädchen in Köngen oder die „Paulas". Ursula Trautwein aus Frankfurt schreibt: „Im Sommer 1944 schickten meine Eltern mich, ihre 11-jährige Tochter, in das Wildberger Pfarrhaus zu einer „Paula". Die Pfarrfrau Liese Sonn war eine junge Kriegerwitwe mit zwei kleinen Kindern. Sie gehörte, wie ihr gefallener Mann und meine Eltern, zur Bekennenden Kirche. Paula war die Abkürzung für Pfarrhauseinladung und der Deckname für eine vom Staat verbotene kirchliche Aktivität – eine Bibelwoche an privatem Ort. Heute würde es Jungscharfreizeit genannt.
Wir waren, soweit ich mich erinnere, sieben Mädchen zwischen zehn und zwölf Jahren. Agnes Lumpp, eine interessante und energische Frau leitete unsere Gruppe. Der erste Akt war, dass sie gleich zu Beginn erklärte: „Hier sind jetzt drei Ursulas oder Ursels" – und dann, zu mir gewandt „Du heißt jetzt Adelheid!". Der Name gefiel mir überhaupt nicht – nicht mal für eine Woche. Aber meinen schüchternen Einwand: „Ich heiße ja auch noch Elisabeth", wischte sie weg. Ich blieb Adelheid. Trotzdem wurden es wunderschöne Tage: Biblische Geschichten, Singen und Spielen im großen Pfarrgarten, abendliches Erzählen auf unserem Massenschlaflager, Wandern mit Naturkunde. Der Abschied fiel nicht leicht, auch nicht von Frau Lumpp."
Jungvolkführer der Hitlerjugend und Jungscharleiter in einer Person – wie das gehen soll? Welche Risiken damit verbunden sind? Wie kurz nach dem 2. Weltkrieg auf Grund der Erfahrungen in dunkler Zeit Jugendarbeit blühte? Das verdeutlichen die folgenden Geschichten.

Hermann Hörtling | Filderstadt-Sielmingen

Wenn es eng wird –
Risiken in dunkler Zeit

„Streif-Lichter"

▪──────── • Abenteuerlich hatte sich nach Kriegsende Hermann Stern, der spätere Landes-Jugend-Singwart, von Norddeutschland in die württembergische Heimat durchgeschlagen. Davon berichtete er im Frühsommer 1945 in der brechend vollen Dorfkirche von Hülben. Vor allem aber davon, wie nach dem totalen Zusammenbruch unseres Volkes Menschen nach Verlässlichem dürsteten. In Westfalen ebenso wie in Hessen und Baden. Hermann Stern bot keine umfassende Gesamtschau. Doch über seinem skizzenartigen Bericht begannen wir zu ahnen: Christen dürfen sich nicht mehr verstecken! Vielmehr sind sie dazu herausgefordert, ihren Glauben einladend zu bekennen. Stern hatte seinem Bericht die Überschrift „Streif-Lichter" gegeben. Diesen Ausdruck „Streif-Lichter" hörte ich als damals 14-Jähriger zum ersten Mal. Auch nahezu 70 Jahre später scheint er mir passend zu sein für die folgenden Erinnerungs-Skizzen. Zum Vergessen sind sie nicht nur zu schade. Sondern sie wollen auch ein „gespanntes Erwarten" (diesen Ausdruck hat Dr. Helmut Lamparter gerne benützt) darauf wecken, was Jesus in unseren Tagen erst noch vorhat.

Glimmende Glut

Die einst blühende Jugendarbeit des Stuttgarter Johannes-Vereins schien am Boden zerstört zu sein. Befähigte Mitarbeiter hatten sich begeistert in die Führerschaft der Hitler-Jugend eingliedern lassen. Sie hatten gewähnt, dort „Salz in der Suppe" sein zu können. Denn das Monopol für Jugendarbeit hatte die Staats-Jugend (genannt „Hitlerjugend" – abgekürzt: HJ – mit ihrer Unterorganisation des „Jungvolks" bzw. „Bund Deutscher Mädchen" – abgekürzt: BDM – mit deren Unterorganisation den „Jungmädels"). Alles andere war illegal. Die Gemeinde-„Jugendarbeit" der großen Stuttgarter Kirchengemeinde bestand aus einer Hand voll junger Männer und aus einer Mini-Jungschargruppe. Fast verschreckt scharten wir uns um Jugendwart Schunter. Ganze sieben Knäblein waren wir damals. Bis heute wundert mich, dass der Jugendwart nicht aufgegeben hat. Spannend hat er Geschichten erzählt und aus Jugendbüchern vorgelesen. Wir durften keinen Ball treten. Kein lautes Lachen durfte aus dem Gemeindehaus dringen; denn das hätte auf uns aufmerksam gemacht. Spannend waren auch die kurzen Andachten. Mit ihnen wurde auch bei mir ein Vertrauen zur Bibel geweckt. Die Treue des Jugendwartes war nicht umsonst. Horst wurde später Vorstandsmitglied einer großen Missionsgesellschaft, sein Bruder führender Mitarbeiter bei den Christlichen Bäckern, Konrad leitete die Betheler Diakonie, Gerd wurde Theologie-Professor und sogar Bischof von Georgien, Kurt baute als Unternehmensberater eine evangelistische Aktion unter Managern auf, Peter baute einen evangelischen Diakonie-Konzern aus – und ich als „Nummer 7" wurde Pfarrer. Jesus vermag auch nur noch glimmende Glut neu anzufachen. Wenn er da ist, muss nichts vergeblich bleiben.

Die „Nester" glimmender Glut waren über das ganze württembergische Land verstreut. Unterschiedlich sahen sie aus. Im Remstal anders als im Nürtinger oder im Heidenheimer Bezirk. Einiges davon haben eindrücklich beschrieben Oberkirchenrat Dr. Manfred Müller, einst von Bischof Wurm zum Landesjugendpfarrer berufen, „Ami" genannt (der Titel seines Buches: „Jugend in der Zerreißprobe"), und auch Theo Braun, der spätere Nürtinger Dekan („Entscheidung: Ja oder Nein, Erinnerungen an die Evang. Jugendarbeit im Dritten Reich"). Eines dieser „Nester" war das Pfarrhaus Köngen. Auf dem „neutralen Terrain" des dortigen Pfarrgartens sammelten sich jeweils zu Pfingsten mehrere Hundert junge Mädchen. Und wer von Pfarrfrau Stöffler mittels einer Postkarte zur „Paula" eingeladen wurde, wusste, dass er bei einer geheimen Mädchenfreizeit teilnehmen durfte. Zu einem „Paulus" war auch ich im Sommer 1944 eingeladen. Mit mir auch andere vier noch nicht Konfirmierte. Wir füllten die Lücken, die durch plötzliche Einberufungen von sechzehnjährigen „Luftwaffenhelfern" entstanden waren. Dr. Manfred Müller und der Druckerei-Unternehmer Dr. Alfred Zechnall nahmen sich für uns paar Halbwüchsige eine ganze Woche Zeit. Welche Freude, als wir uns schon im September 1945 in Freiheit und ohne Geheimniskrämerei beim ersten Nachkriegs-Jungmännertag in Esslingen wieder trafen! Sie alle wurden nach 1945 Verantwortliche in der neu aufblühenden Evangelischen Jugendarbeit und später noch mehr in unterschiedlichen Bereichen von Kirche und Diakonie.

Worte, die durch trugen

Otto Riethmüller, der so vielseitig begabte Leiter Evangelischer Mädchenarbeit in Deutschland, hatte in jener Zeit der lautstarken Parolen ein Leitwort ausgegeben. Es wurde auch für die männliche Evangelische Jugend zum Halt. Es war das Bibelwort: „Der Herr ist unser Richter. Der Herr ist unser Meister. Der Herr ist unser König. Der hilft uns!" Das haben wir in schwierigen Zeiten und erst recht beim Neuaufbau evangelischer Jugendarbeit im württembergischen Land als tragfähige Gewissheit erfahren. Darum trieb es uns Tränen dankbarer Freude in die Augen, als 1946 beim ersten Nachkriegsposaunentag die Bläser anstimmten: „Jesus Christus herrscht als König, alles wird IHM untertänig!"

Bald nach Kriegsende war Dr. John Mott nach Stuttgart gekommen. Diese würdige Leitgestalt der Weltchristenheit, auch Präsident des CVJM-Weltbundes, sagte im überfüllten (vom Bombenhagel verschont gebliebenen) Festsaal des Stuttgarter CVJM-Hauses (von Gustav-Adolf Gedat übersetzt): „Mit tiefer Bewegung habe ich die Trümmer eurer Städte gesehen. Es ist mein Gebet: „Herr, mache diese Steinquader zu Stufen einer Treppe, die herausführt aus der Sinnlosigkeit zu neuen Herausforderungen und zu neuen Quellen der Kraft!" Zu solchen „neuen Quellen der Kraft" haben uns dann auch Seelsorgepersönlichkeiten wie Johanna Stöffler und Lydia Präger, wie Helmut Pfeiffer, Willi Lauk und Kurt Hennig, wie Wilhelm Busch und Helmut Thielicke geleitet.

Im Frühjahr 1944 war durch die Dörfer im und um das Ermstal die Mund-zu-Mund-Reklame gegangen: „Am Sonntagmittag kommt Theo Kübler nach Dettingen!" Theo Kübler war damals seelsorgerlicher Leiter des fast nur noch in der Illegalität wirkenden württembergischen Evangelischen Jungmännerbundes. Vor kaum vierzig blutjungen Leuten und dazu einigen Schwerkriegsversehrten aus den Uracher Lazaretten hielt „unser Bundeswart" eine Bibelarbeit über die Gestalt des Josua. Bis heute hat es bei mir Maßstäbe gesetzt, als er ganz schlicht darauf aufmerksam machte: Es war eine große Würde, dass der „Sohn des Nun" zum „Knecht Moses" berufen und auch so genannt wurde. Aber noch einmal etwas anderes war und ist es, wenn von schwachen Menschen das gesagt werden kann, was die Bibel von Josua sagt. Nämlich, dass er ein „Knecht Gottes" war!

Das war es, was wir von den Müttern und Vätern evangelischer Jugendarbeit in Württemberg als Erbe für den Neuanfang mitbekommen haben: „Der Herr ist gut und sieht in Gnaden an den armen Dienst der Knechte" (und ja auch der „Mägde"), die Ihm dienen. Er gibt mehr Lohn, als man erwarten kann, kein kühler Trunk ist unvergolten blieben.
Er gibt dafür die ganze Segensflut …!" Dass es diese Segensflut gibt, daran wollen die – wie im Blitzlicht aufleuchtenden – „Streiflichter" erinnern.

Rolf Scheffbuch Korntal, Prälat i. R.,
Leitender Referent des Jungmännerwerks/ejw 1965-1974

Jungvolkführer und
Jungscharleiter in einer Person

■─────────• „Dies ist die Geschichte einer Generation, die keine Wahl gehabt hat. Nicht sie hat für Hitler gestimmt, sondern ihre Eltern. Jene Jungen und Mädchen, die in den Dreißiger- und frühen Vierziger-Jahren heranwuchsen, wurden vom Staat vereinnahmt wie keine deutsche Generation vor oder nach ihnen". So beginnt Guido Knopps Buch „Hitlers Kinder", das im Jahr 2000 erschienen ist. Sicher haben die gesammelten Dokumente jener Zeit ihre Richtigkeit. Sie sind durch Zeitzeugen belegt. Aber ebenso richtig ist es, wenn Knopp wenig später schreibt: „Die Hitlerjugend gibt es nicht."

1939 begann der 2. Weltkrieg. Ich war damals 10 Jahre alt. Mit meinem ganzen Jahrgang mußte ich, wie es damals Gesetz war, dem Jungvolk beitreten, der Jugendabteilung der 10- bis 14-Jährigen in der Hitlerjugend. Gleichzeitig begann für mich in jenem Jahr die „Oberschule", wie das Gymnasium damals hieß. Diese Übergänge brachten viel Neues und Interessantes in unseren Alltag. Weil wir sehr vernünftige und keineswegs fanatische Führer aus den oberen Klassen des Marbacher Gymnasiums hatten, habe ich, zumindest in der anfänglichen Zeit, das Jungvolk weder als vormilitärischen Drill noch als ideologische Kaderschmiede erlebt. Die Heimabende, Geländespiele und Sportwettkämpfe, Fahrten und Lager, darunter ein zweiwöchiges Zeltlager in Tirol, erfüllten uns Jungen mit Begeisterung. Unser jugendlicher Drang nach Abenteuer und unsere Begeisterungsfähigkeit wurden gleichermaßen angesprochen, zumal es eine evangelische Jugendarbeit heutigen Stils in unserer Stadt damals nicht gab. Da ich zu den begabteren Schülern gehörte, wurde mir im Jungvolk bald Verantwortung übertragen. Zuletzt war ich der Stellvertreter unseres Fähnleinführers, der mein Klassenkamerad war.

Im Herbst 1943 wurden wegen der zunehmenden Bombenangriffe auf die Stadt Stuttgart die dortigen Schulen in die „Provinz" verlagert. In meine Heimatstadt Marbach kam das Stuttgarter Karls-Gymnasium, Lehrer und Schüler. Das war für uns wieder etwas Neues und Anregendes. Wir Marbacher haben von den guten Stuttgarter Lehrern, bei denen wir nun mit den Stuttgarter Schülern zusammen Unterricht hatten, viel profitiert. Unter den Stuttgarter Schülern habe ich Freunde gewonnen für mein ganzes Leben, vor allem Walter Arnold, mit dem ich bis zu seinem frühen Tod eng verbunden blieb. Einer dieser Stuttgarter, Eberhard Gramm, gründete in Marbach eine Bubenjungschar. So etwas kannten wir bis dahin nicht. Woche für Woche versammelten sich an einem Nachmittag etwa 60 bis 80 Jungen im Alter von 10 bis 14 Jahren, gerade im Jungvolk-Alter. Mit Begeisterung waren wir dabei. Spiel und Lektüre aus guten Büchern, Singen und Andacht – so war das Programm. Als Eberhard Gramm im Januar 1944 als Luftwaffenhelfer eingezogen wurde, übergab er mir die Leitung. Walter Arnold wurde mein treuer Helfer in dieser Aufgabe. Diese Jungschar existierte, bis die Wirren des Kriegsendes die Zusammenkünfte unmöglich machten.

So war ich Jungvolk-Führer und Jungscharleiter in einer Person. Eigentlich ein Widerspruch – doch gerade diese Doppelheit machte es möglich, die eine Funktion für die andere auszunützen. Die Buben kamen gerne in die Jungschar und ließen sich durch nichts davon abhalten. Die Besucherzahl konnte bis zum Kriegsende auf dem gleichen Stand gehalten werden. Ein Höhepunkt war, als einen Nachmittag lang der damalige Landesjugendpfarrer, Dr. Manfred Müller, der spätere Oberkirchenrat, zu uns nach Marbach kam. Mit dem Fortschritt der Kriegshandlungen verschärfte sich der HJ-Dienst, auch am Sonntagvormittag. So war ein Besuch des Gottesdienstes nicht mehr möglich. Aber um 11 Uhr am Sonntag war Kindergottesdienst. So ging ich dazu über, dass ich am Sonntag nach dem HJ-Dienst das Fähnlein weg-

treten ließ, mit den Worten: „Ich gehe jetzt zum Kindergottesdienst in die Stadtkirche. Wer mitgehen möchte, kann sich mir
anschließen." Jedes Mal war es dann eine stattliche Gruppe, vor
allem meine Jungscharler, die mit mir in Uniform in die Kirche
gingen. Als an einem Sonntag unser Dekan abwesend war und
ein Oberkirchenrat aus Stuttgart ihn vertrat, fielen diesem fast
die Augen aus dem Kopf, als er die vielen Hitlerjungen in Uniform in der Kirche sah.

Eigenartiger Weise ist mir dadurch in der Hitlerjugend selbst kein
Nachteil entstanden. Niemand hat mich auf mein ungewöhnli-
ches Verhalten angesprochen. Umso mehr hat unser Direktor im
Gymnasium mich sein Missfallen deutlich spüren lassen. Er hatte
ja die Mittel dazu. Es war damals üblich, dass die jeweils besten
Schüler der Abschlussklasse des Progymnasiums am Schluss des
Schuljahres mit dem „Schiller-Preis", einer mehrbändigen Ausga-
be der Werke Schillers, ausgezeichnet wurden. Dieser Preis wäre
im Frühjahr 1945 mir zugestanden. Aber als der Festtag kam,
nannte der Schulleiter nicht meinen Namen, sondern gab den
Preis einem anderen Schüler. Überall betretene Gesichter bei Eltern und Schülern. Aber gegen den rabiaten Direktor wagte niemand auf zu mucken, zumal er auch ein hohes Amt in der Partei
(NSDAP) innehatte.

47 Jahre später, am 18. September 1992, wurde das 600-jährige
Jubiläum der Latein-Schule Marbach gefeiert. Die neue Stadthalle
war bis auf den letzten Platz gefüllt. Und nun zitiere ich die
„Ludwigsburger Kreiszeitung" vom 22.9.1992:
„Über eine völlig unerwartete „Wiedergutmachung" kann sich
der Württembergische Landesbischof und einstige Marbacher
Gymnasiast Theo Sorg jetzt nach 47 Jahren freuen. Im Anschluss
an Sorgs Jubiläumsansprache zum 600-jährigen Bestehen der
Latein-Schule Marbach (heute Friedrich-Schiller-Gymnasium) –
„Wie wird die Schule der Zukunft gerecht" – gab Oberstudiendi-
rektor Günter Offermann zum Erstaunen des Bischofs wie auch

der ganzen Festversammlung folgendes bekannt: Der ehemalige Oberschüler werde nun den ihm im Frühjahr 1945 aus politisch-weltanschaulichen Gründen vorenthaltenen „Schiller-Preis" erhalten. Diesen bekamen stets die zwei Besten der Abschlussklasse in Form einer Gesamtausgabe des aus Marbach stammenden Dichterfürsten. Wie von Bischof Sorg zu erfahren war, galt sein Elternhaus bei den Nationalsozialisten als politisch unzuverlässig. Sein Vater hatte sich mit dem linientreuen Marbacher Direktor von damals angelegt und später verhindert, dass sein Sohn auf eine der Ordensburg-Schulen der SS geschickt wurde. Außerdem ärgerte es die NS-Behörden, dass Sorg als Hitlerjunge sonntagmorgens nach dem obligatorischen HJ-Treffen unverhohlen und auch mit Erfolg in die Kinderkirche einlud. Die „Wunde" wegen des ihm damals missgönnten Preises habe er verhältnismäßig rasch verschmerzt. Umso mehr freue er sich über die schöne, dreibändige Dünndruckausgabe, die ihm seine frühere Schule als „Wiedergutmachung, Dank und Erinnerung" nun gestiftet habe.

So steht nun seit 1992 in meinen Bücherregalen eine Kassette mit 3 Bänden von Schillers Werken, auf dem Vorsatzblock mit der Widmung: „Als Wiedergutmachung, Dank und Erinnerung aus dem Festakt des Jubiläums 600 Jahre Latein-Schule Marbach am 18.9.1992. Marbach a.N. Günter Offermann, Oberstudiendirektor."

Dr. Theo Sorg ⏐ Blaubeuren, Landesbischof i. R., Leiter des Jungmännerwerks 1960-1965

Wurms Hausarrest

◾━━━━━━━━• Nach der Machtergreifung 1933 wurde sämtlichen Vereinen und Vereinigungen das Tragen von Vereinskleidungen und Uniformen und das Tragen der grünen Hemden des CVJM verboten. Kirchliche Veranstaltungen durften nur in Räumen und auf Grundstücken der Kirchengemeinden abgehalten werden. Der letzte Jungmännertag des CVJM in Württemberg fand 1934 in der Stadthalle in Stuttgart statt.

Bischof Wurm ist es zu verdanken, dass die Vereinsheime und die Besitzungen der Vereine „CVJM" von den Kirchengemeinden übernommen wurden. Die Landeskirche übernahm vom Mädchenwerk das „Haus Schmie", vom Jungmännerwerk die „Danneckerstraße". Die Instrumente der Posaunenchöre kamen in den Besitz der Kirchengemeinden und konnten von den Musikzügen der Naziorganisationen nicht konfisziert werden. An Stelle der CVJM entstanden „Jungscharen für Buben und Mädchen, Jugend- und Mädchenkreise". Die Posaunenchöre konnten weiterhin ihren Dienst bei Gottesdiensten tun, am Sonntagmorgen beim Turmblasen ihre Choräle für die Gemeinden spielen, bei Gemeindefesten die Teilnehmer mit Chorälen und Liedern erfreuen. Die Bläserliteratur war einfach. In den „Bundesklängen" (heute „Posaunenklänge") gab es Choräle, Volkslieder und freie Bläsermusik.

Mit dieser Entscheidung konnte die evangelische Jugendarbeit in Württemberg ungehindert weitergeführt werden. Es ist die Geburtsstunde des ejw: „Selbständig im Auftrag der Landeskirche", unabhängig als freies Werk innerhalb der Landeskirche Jugend zum eigenen Glauben an Jesus Christus zu führen. Das ist bis heute so geblieben und wird uneingeschränkt weitergeführt.
Gemeinsame Jugendtreffen für die Jugendkreise fürs ganze Land, damals noch getrennt für junge Männer und Mädchen, waren im Oktober in der Leonhardskirche in Stuttgart. So auch 1943. Im

Chor saßen etwa 200 Posaunenbläser unter Leitung von Hermann Mühleisen. Sie waren zwischen 14 und 17 Jahren und einige Ältere, die nicht zum Wehrdienst eingezogen wurden oder als Verwundete nicht mehr „KV" (kriegsverwendungsfähig) waren. Ihr Kommen war Beweis, dass sie sich ihren Glauben durch den Zeitgeist nicht nehmen ließen.

Nach dem Vormittagsgottesdienst war für die Bläser Probe für den Nachmittag. Nach der Probe sagte Hermann ohne Diskussion: „So und jetzt gehen wir gemeinsam als einzelne Stadtbummler zum Haus von Bischof Wurm. Wir blasen ihm ein Ständchen. Er ist von der „Gestapo" (Geheime Staatspolizei) im „Hausarrest". So zogen wir dorthin und bliesen unsere Choräle. Bischof Wurm saß am Fenster und winkte uns zu. Als loser Haufen ging es zurück in die Leonhardskirche.

Bis die Gestapo merkte, was da bei der Wohnung von Bischof Wurm passierte, war Hermann schon längst in Sicherheit in der Leonhardskirche, wir Bläser noch unterwegs oder auf unseren Plätzen im Chor. Hermann Mühleisen konnte nicht vernommen oder gar in Gewahrsam genommen werden. Für uns war und ist es bis heute eine Genugtuung (schadenfreudig sollen Christen nicht sein), dass die Gestapo ins Leere gelaufen ist.

Der Nachmittagsgottesdienst konnte ungestört gefeiert werden. Das Blasen für Landesbischof Wurm hatte auch für Landesposaunenwart Hermann Mühleisen kein Nachspiel und keine politischen Folgen. Alle zogen froh gestimmt und ermutigt in ihre Heimatgemeinden. Als Dank bekam jeder Bläser ein Bild von Bischof Wurm signiert in Vierfarbendruck. Damals eine ganz große Seltenheit.

Theodor Gruner | Schwäbisch Hall

Unser Leben bekam wieder einen Sinn

▪—————— • Als der 2. Weltkrieg begann, war ich zehn Jahre alt. Eine Oberschule zu besuchen, war mir nicht möglich. Mein Vater wurde zum Militär eingezogen und kam erst aus russischer Gefangenschaft zurück, als ich schon 20 Jahre war. Ende des achten Schuljahrs wurden wir mit unserer Klasse evakuiert, um den Luftangriffen in Stuttgart zu entgehen. Immerhin hatten wir dort in Bühlertann schon etwas Religions- oder Konfirmandenunterricht durch den Pfarrer von Geifertshofen. Nach unserem Schulabschluss und der Rückkehr im Frühjahr 1944 wurden wir in Vaihingen konfirmiert. Danach begann für die meisten von uns, gerade mal 14-jährig, die Berufsausbildung. Wöchentliche Arbeitszeit damals: 48 Stunden, samstags nur halbtags. Mit der knappen Vergütung musste auch die Familie unterstützt werden. Hätte man damals von Armut gesprochen, es wäre angebracht gewesen.

Das wurde nach Kriegsende nicht gleich besser, aber man konnte jetzt wenigstens ohne den staatlichen Zwang leben. Wir hatten ja noch kein Fernsehen und kein Internet, konnten uns nicht viel leisten und doch steht im Nachhinein fest:
Nach dem 2. Weltkrieg fand ich den Weg ins Evangelische Jungmännerwerk und in den Posaunenchor. Den Posaunenchor hat Pfarrer Dippon mit älteren Bläsern, die auch im Krieg ausgehalten hatten oder wieder aus Gefangenschaft zurück kamen, und mit Jungbläsern neu aufgebaut. So waren wir meist acht Jungbläser, alle schon in der Berufsausbildung. Manche von uns hatten keine Ahnung von Noten. Ich erinnere mich noch, dass ich mir bei einem ersten öffentlichen Blasen noch die Griffzahlen unter die Noten geschrieben hatte. Sonntagmorgens, vor dem Gottesdienst, spielten wir auf dem Schuldach. Zwei Choräle wurden dafür jeweils geübt. Eines Tages machte ein älterer Bläser einen Vorschlag für ein Lied, das nicht vorgesehen war. Darauf sagte

ein anderer: „Nichts da, des wird gschpielt, was ausg'macht war, des hat der g'übt." (Dabei meinte er mich.) Ich war froh über diese Hilfe. Das Bariton, später die Posaune, war dann aber mein treuer Begleiter. Wir haben viel und oft geblasen.

Im Jungmännerwerk hat der damalige Leiter Carl Asimus ebenfalls wieder neu angefangen. So gab es wieder einen Jungmännerkreis, der sich donnerstags zur Bibelarbeit traf. Montags war Sportabend; der NS-Ortsgruppenleiter hatte dies in den Kriegsjahren verboten und auch den Spielplatz enteignet. Deshalb hat sich Carl Asimus mit Erfolg dafür eingesetzt, dass wir mit dem heutigen Waldheimgelände wieder einen Spielplatz bekamen. Am Wochenende standen Wanderungen oder auch bunte Abende auf dem Programm. Eine Wanderung blieb besonders eindrücklich. Es war an einem Ostersamstag. Von Vaihingen über Nürtingen ging es zum Hohen Neuffen und weiter zur Teck. In Erkenbrechtsweiler haben wir an einem Dorfbrunnen wohl etwas zu kräftig im Wasser gepanscht. Das veranlasste einen Bewohner zu der Aussage: „Dies ist ein Denkmalbrunnen und kein Saubrunnen." Von Owen erfolgte die Rückfahrt. Auf der Strecke ging es viel zu Fuß, so dass wir es an diesem Tag auf 50 Kilometer brachten. Es gab ja auch noch nicht überall einen Nahverkehr wie heute. Als wir am Abend nach Hause schlichen, hat uns am Lutherhaus Marta Elsässer (unsere Hausverwalterin) gesehen und gefragt: „Buabâ, wo kommet au ihr her?"

Am nächsten Morgen mussten wir mit dem Posaunenchor um 7 Uhr auf dem Friedhof spielen. Manche haben gemeint, wir seien wie auf Eiern daher gekommen. Überhaupt, Carl Asimus war einst wegen Plattfüßen untauglich fürs Militär. Seine Wanderungen hielten ihn aber bis ins hohe Alter fit. Sie waren auch immer minutiös geplant, so dass keine Zeit blieb, in einer Wirtschaft hängen zu bleiben. Dienstags kamen wir Jungbläser zur Probe, mittwochs war die gesamte Chorprobe. Meist war die ganze Woche ausgefüllt. Der Posaunenchor war Teil des Jungmännerwerks.

Marta Elsässer als Hausmutter vom Lutherhaus konnte abends um zehn Uhr öfters sagen: „Buabâ, ganget au hoim, eur Muadr wardet."

Da es auch unter uns einige gab, die noch ein anderes Instrument hatten, entstand eine Hauskapelle in der Besetzung Klavier, Geige, Handharmonika und Trompete. So gestalteten wir manche Abende. Auch bei Hochzeiten von Vereinsmitgliedern haben wir gespielt. Nach über 40-jähriger Pause haben wir uns dann im Ruhestand wieder daran erinnert und als „Vaihinger Nesenbach-Musikanten" 13 Jahre bei zahlreichen Veranstaltungen, vor allem für Senioren, volkstümliche Musik gemacht und Volkslieder mit den Teilnehmern gesungen.

Einen Einschnitt, der dem ersten fröhlichen Lebensabschnitt ein Ende bereitete, gab es für mich im Sommer 1951. Eine schwere Erkrankung brachte mich für elf Wochen ins Marienhospital. Als die Ärzte mit meinem Ende rechneten, wurde mir klar, dass ich Diakon werden soll. Der damalige Oberarzt verabschiedete mich mit den Worten: „Sie waren unser Todeskandidat." Ich hatte jedoch das Leben wieder geschenkt bekommen, mit einer klaren Zielrichtung.

Diese Jahre im Jungmännerwerk und im Posaunenchor waren für mein weiteres Leben eine wichtige Grundlage, haben sie mir doch den Glauben an Jesus Christus nahe gebracht. Sie waren auch entscheidend für mein weiteres Leben als Diakon, zunächst in der Jugendarbeit und später als Leiter des Evangelischen Werbedienstes, wo auch noch mein Erstberuf Schriftsetzer eine große Hilfe war.

Freizeiten von bleibender Erinnerung

Außer an den Zeltlagern, zu denen wir immer wieder vom Vaihinger Jungmännerwerk eingeladen waren, an den Ausflügen mit dem Posaunenchor, etwa zum Schloss Laubach oder nach Haiterbach, konnten wir auch an den Angeboten des Landes teilnehmen. Erlebnis kam in dieser Zeit vor Komfort. Bei unserer ersten Fahrt nach Ulm zum Landesposaunentag musste unser Bus auf der Alb noch einen Stopp zum Heizen einlegen. Es war noch ein Holzvergaser-Bus. Wir konnten in dieser Zeit auf Maikäferjagd gehen.

Bei einem Zeltlager auf dem Kuchberg mit Teilnehmern aus dem ganzen Land lernte man viele Freunde kennen, die einem zum Teil auch später wieder begegneten. Wir profitierten damals auch von der aus Amerika kommenden „Hoover-Speisung". In Unterjoch, bei einer Jungarbeiterfreizeit mit Ernst Schiele, lernten wir 1948 die Berge und auch die Gefahren der Berge kennen. Unsere Ausrüstung war damals noch sehr bescheiden; es war in den Tagen vor der Währungsumstellung. Zimmer mit fließend Wasser oder Dusche gab es im Alt-Württemberger Haus noch nicht. Gewaschen haben wir uns am Brunnen vor dem Haus.

Zu einer Bläserfreizeit nach Kirchberg/Jagst sind wir mit dem Fahrrad gefahren. Die Instrumente hatten wir im Gepäck. Landesposaunenwart Hermann Mühleisen hat uns im Schloss Kirchberg zu intensivem Proben und Blasen gebracht. Die Übernachtung im Turmzimmer, zum Teil dreistockig, vergisst man nicht.

Adolf Dannecker | S-Kaltental

Deine Stärke liegt
in der Jungschararbeit

▪———————• Im Jungscharalter (10 bis 14 Jahre) gehörte ich, wie viele andere auch, zwei Jugendorganisationen an. Die eine, das Jungvolk, war staatlich vorgeschrieben durch den Nationalsozialismus, die andere war freiwillig. Es war die Jungschar der evangelischen Jugendarbeit in meiner Heimat. Und sonntags schickte mich meine Mutter in den Kindergottesdienst. Später wurde die Teilnahme dort durch den Konfirmandenunterricht und den damit verbundenen gelegentlichen Besuch im normalen Gottesdienst abgelöst.

Zu all diesen Treffpunkten ging ich gerne hin. Ja, ich will und kann es gar nicht verheimlichen, auch zum Jungvolk. Das Zackige dort, die Spiele im Gelände, die Sportwettkämpfe, das gefiel mir. Weniger begeisternd waren die Heimnachmittage, wenn unser Jungzugführer etwas vorlas. Packender und interessanter waren die in der Jungschar von unserem Leiter frei erzählten Geschichten. Auch die im Kindergottesdienst erzählten biblischen Geschichten waren fesselnder.

Heute, in der Rückschau, kann ich sagen, dass mich all diese Eindrücke, wenn auch damals unbewusst, früh prägten und Schneisen schlugen für mein späteres Leben. Vermutlich gerade auch der Zwiespalt zwischen Jungvolk auf der einen und Jungschar und Kirchlichkeit auf der anderen Seite.

Dieses für mich immer problematischere Nebeneinander von Jugendgruppen setzte sich fort, als ich in der Kinderlandverschickung nach Schwäbisch Hall kam. Kinderlandverschickung wurde die Aktion genannt, bei der Kinder und Jugendliche wegen der zunehmenden Bombenangriffe auf die Großstädte von dort weg beordert wurden in Gegenden, wo weniger Bombenangriffe erwartet wurden. Auch in Schwäbisch Hall besuchte ich die Jungschar. Wir waren ein kleines Häuflein, nie mehr als fünf Jungen. Geleitet wurden wir von einer nicht mehr jungen Vikarin. Sie blieb dies, denn Frauen konnten zu jener Zeit nicht Pfarrerin werden.

Schwer beeindruckt hat mich damals, dass der Landesjugendpfarrer aus Stuttgart zu unserer kleinen Gruppe kam. Längst vergessen habe ich, was er uns inhaltlich bot. Das war für mich und die anderen auch gar nicht so wichtig. Wichtig für uns war allein die Tatsache, dass uns ein so „hohes Tier" besuchte. Wir werteten das als ein Zeichen für die Gemeinschaft und die Zusammengehörigkeit von Christen.

Irgendwie, ohne dass ich das selbst groß merkte, hatte die Teilnahme an den Jungscharstunden Spuren bei mir hinterlassen. Vermutlich auch der Unterricht zur Vorbereitung auf die Konfirmation und, das darf ich um der Vollständigkeit willen nicht unterschlagen, auch die Fürsorge und die Gebete meiner Tante, in deren Obhut ich mich in jener Zeit befand.

Im März 1945, ca. vier Wochen bevor amerikanische Soldaten in Schwäbisch Hall einzogen, wurde ich in der Michaelskirche konfirmiert. Wenig später ging es zurück nach Stuttgart. Dort formierte sich nach den Kriegswirren die evangelische Jugendarbeit neu. Als Konfirmierter ging ich nun in den Jugendkreis. So wurden die Gruppen der 14- bis 18-Jährigen genannt. Die Jungenschaftsbewegung kam erst einige Jahre später.

Wir waren damals eine verschworene Gruppe und nicht nur ein Mal wöchentlich zur Gruppenstunde beieinander. Wir verbrachten auch sonst viele Stunden unserer Freizeit zusammen, neben Schule oder Beruf, zum Beispiel auch viele Sonntage.

Zur Gemeinschaftsförderung mit all den automatisch damit verbundenen Prägungen haben natürlich auch die ersten nach dem Krieg stattfindenden Zeltlager und Freizeiten beigetragen. Für mich nicht unbedeutend wurde eine Freizeit in Walddorf. Eine Zeugnisstunde war anberaumt. Auch ich wurde aufgefordert, ein Zeugnis über meinen Glauben darzubieten. Vor allen versammelten Freizeitteilnehmern habe ich mit etwas schlotternden Knien, ziemlich aufgeregt, mit kurzem Atem so etwas ähnliches wie eine Andachtsansprache gehalten. Es war die erste, der viele folgen sollten.

In Heslach zog ein Jugendwart auf. Er gehörte zu einem der ersten Jahrgänge, die nach dem Krieg an der CVJM-Sekretärschule in Kassel die Ausbildung absolvierten. Er war Kriegsteilnehmer und in Kriegsgefangenschaft gewesen. Seine große, hagere Gestalt war überall auffällig. Besonders, wenn er, bekleidet mit einer Knickerbocker-Hose, einem Klepper-Regenmantel oder Lodenmantel, mit langen Schritten, die Aktenmappe am Arm, durch Heslach schritt, unterwegs zu einem Dienst oder Hausbesuch. In seinem Diensteifer und seinem missionarischen Eifer blieb er mir für immer ein Vorbild.

Eindrücklich blieben mir seine Andachten, obwohl ich vom Inhalt nichts mehr weiß. Es war die Art und Weise, wie er sie hielt. Gespickt waren sie mit passenden Beispielen aus seinem reichen Erfahrungsschatz. Zudem war er belesen, so dass er immer etwas parat hatte. Seine Worte unterstrich er oft, indem er eine Hand mit seinem ausgestreckten langen hageren Zeigefinger nach oben in die Luft stieß. Wir saßen in der Jugendgruppe meist im Kreis. Beim passenden Text zeigte unser Jugendwart mit seinem langen Zeigefinger mitten in den Kreis. Er sprach mit dieser Geste keinen einzelnen an, sondern uns alle. Und wir fühlten uns alle auch angesprochen. Für mich hat er wohl schicksalhaft gewirkt. Er zog mich in die Mitarbeit hinein. 18 Jahre alt war ich zu der Zeit. Nun war ich also Mitarbeiter. Zuerst ein Jahr lang der Leiter eines Jugendkreises, in dem sich ein Jahrgang von Neukonfirmierten traf. Dann waren besagter Jugendwart und weitere ältere Mitarbeiter der Meinung, meine Stärke läge wohl mehr in der Jungschararbeit. Damit werden sie recht gehabt haben. Folglich wechselte ich in die Jungschararbeit.

In jener Zeit gab es große Jungscharen. Die unsrige hatte im Sommer einen Durchschnittsbesuch von 60 Jungen, im Winter von 90. Dazu muss gesagt werden, dass die Konkurrenz noch nicht so groß war. Es gab noch kein Fernsehen in jedem Haushalt. Ein paar einzelne befanden sich in Wirtschaften oder im Schaufenster eines entsprechenden Geschäftes. Bei unserer großen Besucherzahl konnten wir, schon aus Raumgründen, keine üblichen Heimspiele machen. So gab es bei uns nicht den von Dr. Otto Horch, dem Jungschar-Onkel-Doktor, propagierten Vierklang. Der wurde bei uns gestutzt zum Dreiklang und beinhaltete Andacht, Erzählung, Singen. In der Regel hatten wir ca. 20 Minuten Andacht, ca. 45 Minuten Erzählung und der Rest bis 90 Minuten war Singen und Sonstiges.

Beruflich war ich als gelernter Textil-Kaufmann in einer Strickwarenfabrik tätig. Damals in einer Regelwoche von 48 Stunden. Hin und wieder kamen Überstunden hinzu (unbezahlt). Die daneben bleibende Zeit war, abgesehen von ein paar familiären Verpflichtungen und ab und an einem Theater- oder Kinobesuch, gänzlich ausgefüllt durch die Aktivitäten im und für das Jungmännerwerk.

Nahezu jeder Abend in der Woche war mit irgend etwas belegt. Die Jungscharstunde, die Vorbereitung dafür, die Jungschar-Sport-Stunde, der Eichenkreuzsport-Abend, die Posaunenchorprobe, der Jungmännerkreis, die Bibelstunde, die Gebetsgemeinschaft. Hinzu kamen viele Wochenendtermine mit der Sportgruppe, dem Posaunenchor, Wanderungen und Freizeiten, zum Beispiel an Ostern. Mein jährlicher Berufsurlaub war selbstverständlich reserviert für die 10- bis 14-tägige Jungschar-Freizeit im Sommer. Und war mal tatsächlich nichts los, haben wir Jungmännerwerksleute die Zeit doch miteinander verbracht.

Ganz automatisch hat sich durch solche Dichte, die bewusst, oft auch unbewusst, von der biblischen Botschaft her geprägt war, ein elitäres Denken eingestellt. Wir wollten anders sein als die vielen anderen, als „die Welt", wie wir es ausdrückten. Wir wollten ehrlich und geradlinig sein. Man sollte sich auf uns verlassen und uns vertrauen können. Unsere Rede sollte ja ja oder nein nein sein.

Wenn wir als Gruppe oder als einzelner etwas unternahmen, stand meist unausgesprochen im Raum, was etliche Jahre vorher, schon vor dem Kriege, einmal eine Heslacher Freizeitlosung war: „Was würde Jesus dazu sagen?"

Mich hat das alles, für damals und für später, mächtig geprägt. Desto länger und je stärker ich im Jungmännerwerk verwurzelt war, je mehr drängte sich der Gedanke auf, solch eine Arbeit hauptberuflich zu machen, also in den Dienst der Kirche zu treten. Einen besonderen Schub erhielten diese Gedanken, als ein Freund, ein Jungschar-Mitarbeiter, diesen Schritt tat.
Für mich wurde es ein Prozess, der längere Zeit andauerte, denn sofort schlüssig war ich mir nicht. Heute, in der Rückschau, ist es für mich ein bisschen erstaunlich, dass ich mit niemand darüber gesprochen habe und die Entscheidung mit mir alleine austrug. Allerdings, es war eine Zeit intensiver persönlicher Gebete. Wohl nie mehr habe ich für eine Sache so viel gebetet. Ich meldete mich in Ludwigsburg auf der Karlshöhe an für eine Ausbildung zum Diakon.

Als ich das im Jungmännerwerk bekannt gab, war man erstaunt. Man sah meine Begabung in der Jugendarbeit und meinte, ich sollte, wenn ich schon in den hauptamtlichen Dienst wollte, in eine vorgeschaltete Ausbildung für die Jugendarbeit, also auf die CVJM-Sekretärsschule in Kassel, gehen. Ich hatte an dieser Stelle andere Gedanken und eine andere Motivation. Ich wusste, dass man, damals war das noch so, als Diakon in einen Dienst gesendet wurde. Wenn ich schon hauptamtlich werde, so waren meine Gedanken, dann will ich nicht selbst festlegen, was ich arbeite, dann will ich mich senden lassen in einen Dienst, um an einem zugewiesenen Platz Christus zu dienen. Eine Ausbildung in Kassel hätte diese Sendung von vornherein zu sehr festgelegt, dachte ich.

Es ist dann doch die Jugendarbeit geworden. Nach der Diakonen-Ausbildung wurde ich in die Jugendarbeit ins Jungmännerwerk nach Stuttgart entsandt. Später folgte ich einem Ruf in die Landesstelle als Landesjungscharreferent. Insgesamt war ich 15 Jahre hauptamtlich in der Jugendarbeit tätig.

Die dann noch folgenden zwei Arbeitsplätze habe ich mir auch nicht ausgesucht. Jedes Mal konnte ich zu einer Anfrage ein freudiges Ja finden. So habe ich als Diakon nie eine Bewerbung geschrieben. Das erzeugt bei mir heute noch als Rentner eine gewisse Befriedigung.

In der Rückschau kann ich feststellen, dass ich durch genannte und weitere, nicht extra aufgeführte, ehrenamtliche und hauptamtliche Mitarbeiter der evangelischen Jugendarbeit und durch diese Jugendarbeit selbst geprägt wurde und Impulse bekam, die für mein Leben richtungweisend wurden. In aller Bescheidenheit kann hierzu meine eigene Mitarbeit auch genannt werden. Natürlich darf bei dieser Feststellung nicht vergessen werden, dass es letztendlich der Heilige Geist ist, der lenkt und leitet.

Walter Reiser | Schwäbisch Hall

Licht in dunkler Zeit

Wie ich den Beginn der evangelischen Jugendarbeit in der Nachkriegszeit erlebte

Als 14-Jähriger erlebte ich den Untergang des Hitler-Regimes. Lange Zeit war für mich Adolf Hitler der von allen verehrte Führer Deutschlands, der das deutsche Volk anfangs zu Wohlstand, Ansehen und Ruhm in der Welt gebracht hat. Als „Pimpf" musste ich damals mittwochnachmittags zum sogenannten Dienst antreten. Eine Gruppe von 10- bis 14-jährigen Jungen versammelte sich, um von einem Jugendleiter politisch geschult und auch über die Lage an der Kriegsfront informiert zu werden. Höhepunkt waren im Sommer Geländespiele. Wir wollten eine gute Kameradschaft sein.

Doch bald bekam ich Zweifel an der Glaubwürdigkeit der Vorgesetzten. Als einer aus unserer Gruppe, Josef, nicht mehr erschien, bohrten wir lange, um zu erfahren, was ihm fehle. Die Antwort lautete: Josef ist mit seinem Vater im Kleinlaster unterwegs gewesen, auf eine gesprengte Brücke geraten und tödlich abgestürzt. Später erfuhr ich, dass er Jude war und wie andere Juden nachts abgeholt wurde. Auch dass der Bruder unserer Haushaltshilfe, der als Behinderter in Mariaberg gepflegt wurde, plötzlich an einer Lungenentzündung gestorben sei, glaubte niemand. Denn mit der Todesanzeige traf zugleich auch seine Asche ein.

Mir wurde immer deutlicher, wir werden belogen und betrogen und können den Parteiparolen keinen Glauben mehr schenken. Und doch mussten wir darüber schweigen. Jede Kritik hätte die schlimmsten Folgen haben können. Doch dann überstürzten sich die Ereignisse. Am 23. Februar 1945 kamen meine Großeltern bei einem „Terrorangriff" (wie es damals hieß) auf Pforzheim ums Leben. Die ganze Stadt wurde ausgelöscht. Es folgten Tieffliegerangriffe auf alles, was sich auf der Straße bewegte. Wenige Tage vor meiner Konfirmation am 18. März warteten wir Konfirmanden vor der Kirchentür. Plötzlich tauchten feindliche Flugzeuge auf. Kaum war der letzte Konfirmand in der Kirche verschwunden, da krachten schon Einschüsse gegen das Kirchenportal. Gott sei Dank, es wurde niemand getroffen.

Nach Kriegsende besetzten amerikanische Truppen das Hohenloher Land. Trotz notvoller Zeit, in der man viel entbehren musste, waren wir „Überlebende" von einem großen Druck befreit. Nirgends wurde mehr geschossen. Keine Bombergeschwader dröhnten mehr am nächtlichen Himmel. Keine Tiefflieger tauchten mehr auf. Doch in vielen Häusern herrschte Trauer über Angehörige, die durch den Krieg ums Leben gekommen waren. Entsetzt vernahm ich, was mit Millionen abtransportierter Juden geschehen war – und dachte an Josef. Unsere Städte waren zerstört. Viele Menschen waren umgekommen. Es gab kaum Verkehr, keinen Schulunterricht, kaum Einkaufsmöglichkeiten und kaum Lebensmittel. Auch durch Bestimmungen der Besatzer war das Leben eingeschränkt. In dieser düsteren Nachkriegszeit erreichte mich die Einladung zu einer „Jungscharstunde" in der Schule in Buchenbach. Lehrer Johannes Eitz, wohl von der Gefangenschaft zurück, sammelte Kinder und Jugendliche, um ihnen Freude und Zuversicht in frohen Stunden zu vermitteln. Es wurde viel gesungen und gelacht. Besonders packend wurden biblische Geschichten erzählt. Welch ein großer Unterschied zum „Mittwochs-Dienst" im Dritten Reich! Keiner musste Angst haben, wegen kritischer Äußerungen ausgegrenzt zu werden. Keiner musste sich mehr politische Parolen anhören. Wir erlebten echte Freiheit unter der frohen Botschaft des Evangeliums von Jesus Christus.

Im Sommer lud uns Herr Eitz zu einer Freizeit im nahe gelegenen Hohebach ein. Wir durften in der Pfarrscheune auf Stroh übernachten und verbrachten den Tag mit Wanderungen. Gerne hielten wir uns in der Kapelle St. Wendel am Stein auf, direkt an der Jagst gelegen. Dort hatten wir auch unsere Abendandachten. Voll guter Eindrücke kehrten wir in unseren Alltag zurück. Uns Jugendlichen war, bildlich gesprochen, ein Licht in dunkler Zeit aufgegangen.

Gerhard Wagner | Pfedelbach

Eine Reise in die Vergangenheit

▪—————• Meine Kindheit (Jahrgang 1926) und Jugendzeit waren nicht nur geprägt von einem guten, frommen Elternhaus, sondern auch durch Nationalsozialismus und evangelische Jugendarbeit.

Im Jahr 1933 kam ich in die Schule. Von der Partei begeisterte Lehrer versuchten, auch uns Kinder zu begeistern, was ihnen auch teilweise gelang. Mit 10 Jahren kam ich pflichtgemäß in die Hitlerjugend. Manches gefiel mir zunächst. Am Sonntagvormittag war oft sogenannter „Dienst" angesetzt. Da hieß es dann „Erscheinen Pflicht".

Am Sonntagabend aber war für mich der Mädchenkreis (nach der Jungscharzeit) sehr wichtig. Die evangelische Jugendarbeit wurde immer mehr unter Druck gesetzt und durch Auflagen eingeschränkt. Erlaubt waren Bibelarbeit, alles andere verboten. Wir hielten uns oft nicht an das Verbot. Dieser Spagat machte mir immer mehr zu schaffen. Ich erinnere mich, wie wir das Lied „Wir sind ein kleines, trutziges Heer ..." sangen. Erst mit der Zeit verstand ich seinen Sinn.

Ein Ereignis ist mir noch gut in Erinnerung: Am 4. Advent 1944 war im Mädchenkreis unsere Weihnachtsfeier geplant, wegen der immer bedrohlicher werdenden Fliegerangriffe bereits am Nachmittag. Wir schmückten unseren einfachen Raum mit selbst gebastelten Strohsternen und aus Kerzenresten gezogenen Kerzen. Kaum hatten wir begonnen, gab es Fliegeralarm. Da es im Vereinshaus keinen Luftschutzkeller gab, beschlossen wir, nach Hause zu gehen und bei Entwarnung innerhalb einer Stunde wieder zusammenzukommen. Das taten wir dann auch. Doch nach kurzer Zeit ertönten erneut die Sirenen. Da gaben wir auf, räumten rasch zusammen und machten uns auf den Heimweg. Es war höchste Zeit. Schon hörten wir über uns die feindlichen Bomberverbände. Ihr Angriff galt dem nahen Stuttgart, bei dem auch wir in Gerlingen einiges abbekamen. Dieser Heimweg unter Lebensgefahr war schrecklich! Später wurde mir zur traurigen Gewissheit, dass an jenem Tag mein Bruder in Russland gefallen ist.

Es kamen noch schwere Monate. Der Druck durch die Partei wurde stärker. Trotzdem kam unser Mädchenkreis regelmäßig zusammen, oft unterbrochen durch Fliegeralarm. In unserem einfachen Raum gab es in der Ecke einen alten, eisernen Ofen. In den kalten Wintermonaten versuchte ich schon am Spätnachmittag, Feuer zu machen mit mitgebrachtem Holz. Im Haus gab es kein Heizmaterial mehr. Der Ofen war schrecklich. Er gab mehr Rauch und Qualm von sich als Wärme. Viele Mädchen brachten am Abend Holzscheite mit. Meistens wurde es langsam warm, wenn Zeit zum Heimgehen war. Aber das hatte niemand abgehalten. Wir (ca. 40 bis 50 Mädchen zwischen 14 und 18 Jahren) saßen warm eingepackt zusammen. In diesen schweren Zeiten war es uns ganz wichtig, in der Bibel Antworten auf viele unserer Fragen zu suchen.

Dann endlich ging nach dem kalten Winter auch dieser unselige Krieg zu Ende. Vieles war noch schwierig, aber wir hatten überlebt. Es war nicht einfach, mit der neu gewonnenen Freiheit umzugehen. Wo anders als im Glauben sollten wir nach Neuorientierung suchen?

Da erreichte uns vom Mädchenwerk (damals Danneckerstraße 36) eine Einladung zu einer Freizeit im Sonnenhaus in Plattenhardt. Ich glaube, es war eine der ersten Freizeiten nach dem Krieg und deshalb etwas ganz Besonderes. Zu Dritt meldeten wir uns an – voller Begeisterung. Aber dann kam die Enttäuschung: Wir in Gerlingen waren in der französisch besetzten Zone, während Plattenhardt in der amerikanischen war. Ein Verlassen der Zone war verboten. Trotzdem gaben wir nicht auf. Ich weiß heute nicht mehr, wie wir es doch noch schafften, im letzten Augenblick einen sogenannten Passierschein zu bekommen. So fuhren wir voller Freude und Dankbarkeit mit der Straßenbahn und gingen zu Fuß nach Plattenhardt. Die Leitung der Freizeit hatten Agnes Lumpp und Elisabeth Wiedenhöfer. Die äußeren Verhältnisse waren sehr bescheiden, was Unterbringung und Verpflegung betraf. Aber das spielte überhaupt keine Rolle. Unvergesslich war das Erleben von Freiheit und Wegweisung für unseren Glauben und unser Leben.

Noch lag die Zukunft in Ungewissheit und im Dunkel. Aber doch ahnten wir schon die Morgenröte einer neuen Zeit der Geborgenheit in der Liebe Gottes. So sangen wir dann auch voll Vertrauen das neue Lied:

„Herr, lass deine Fahnen wehen,
einmal noch in unserem Land.
Hilf uns, wahrhaft auferstehen
durch dein Wort und deine Hand.
Trug, Gemeinheit, allem Bösen
sei der Kampf neu angesagt.
Christus komm, uns zu erlösen
aus der Not und aus der Nacht."

Elisabeth Hahn | Gomaringen

Die Wurzeln des Posaunenchors Kirchberg/Murr

▪——————— • „Was ich tue, weißt du jetzt nicht, du wirst es aber hernach erfahren." (Joh. 13,7)

Dieses Wort kommt mir in den Sinn, wenn ich über die Vorgeschichte des Posaunenchors berichten soll. Sie begann im Grunde genommen etwa fünf Jahre vorher, bevor in Kirchberg erste Posaunentöne hörbar wurden.

Es war im ersten Nachkriegsjahr 1946 in französischer Kriegsgefangenschaft. Ein französischer Privatunternehmer hatte aus unserem Lager bei La Rochelle einen Transport arbeitsfähiger Leute herausgelesen. Dabei war auch ich. Die Reise ging im geschlossenen Güterwagen ins nordfranzösische Kohlerevier bei Doua-Lille. Schwarzgrau die Atmosphäre, nicht nur äußerlich durch den Kohlenstaub, sondern auch innerlich, geistig. Etwa 2000 Mann lebten dort in Baracken zu ca. 50 Mann. Arbeit unter Tage in drei Schichten. Das einzig Positive war, dass die schlimmste Hungerzeit zu Ende war. Denn die Rationen mussten ja so sein, dass man, damit einigermaßen beim arbeiten mithalten konnte.

Eines Sonntags ertönt die Trillerpfeife, die sonst zum Zählappell ruft. Die Stimme eines Mitgefangen ruft aus: Evangelische Gemeinschaftsstunde in Baracke 43. Ich bin Schlesier, war im Dritten Reich aufgewachsen, mit 17 Jahren eingezogen worden und hatte mich mit Kirche und Glauben noch nicht auseinandergesetzt. Das Wort Gemeinschaftsstunde war für mich zwar ein Fremdwort, aber ich ging hin. Der Kumpel mit der Trillerpfeife war Paul Rath, unser späterer langjähriger CVJM-Vorstand in Kirchberg. Er hatte das erste Nachkriegsjahr in amerikanischer Gefangenschaft verbracht. Die Verpflegung dort war gut, die Belastung durch Arbeit gering. So hatte sich durch das Vorhandensein entsprechender Leute eine Gruppe gebildet, die sich durch

intensives Bibelstudium gegenseitig förderte. Die Amerikaner ent-
ließen im Frühjahr 1946 die Gefangenen und brachten sie zum
Teil per Schiff an die französische Westküste, von wo sie mit der
Bahn in die Heimat gebracht werden könnten. Doch Frankreich
brauchte Bergarbeiter und diese gesunden, gut ernährten Leute
schienen dafür tauglich. So landete unser Paul, Jahrgang 1911 und
Mitglied des CVJM Kirchberg, im „Pütt". Ihm ließ die Atmosphäre
im Lager keine Ruhe und so kam es zu dieser Gemeinschaftsstunde. Wir waren etwa 20, die sich zusammenfanden. In diesem
Kreis lernte ich die ersten Glaubensschritte zu gehen. Bald tauchte
der Wunsch auf, man könnte doch auch singen, im Männerchor.
Aber kein Chorleiter, keine Noten, nichts war da. Da besuchte der
damalige Sekretär des CVJM-Weltbundes, Gustav-Adolf Gedat, das
Lager. Ich sah ihn nicht, denn ich hatte Mittagsschicht. Ihm wurde unser Problem mitgeteilt und er verschaffte uns einige Exemp-
lare von „Lieder aus dem Probeband". Ein Produkt im Blick auf die
Neuherausgabe des Schweizer Gesangbuches. Darin gab es vier-
stimmige Sätze für Klavier oder gemischten Chor, nicht aber für
Männerchor.

Da sich sonst niemand bereit fand, vorne hin zu stehen, erklärte
ich mich schließlich bereit, obwohl es nicht einmal mit meinen
Notenkenntnissen weit her war. Außer dem, was man in der
Volksschule lernt, und einigen wenigen Akkordeon-Stunden, hatte
ich mit Noten noch nichts zu tun gehabt. Von Chorleitung hatte
ich überhaupt keine Ahnung. Schon das Herausbuchstabieren der
einzelnen Stimmen ohne Instrument, außer einer Mundharmo-
nika, war ein Problem. Eineinhalb Jahre dauerte diese Zeit, die
ich trotz aller sonstigen negativen Umstände zur schönsten meines Lebens zähle. Man konnte auf das tägliche Leben überhaupt
keinen Einfluss nehmen. Das Lebensnotwendige war gegeben
und so war man frei für andere Dinge.
Der Tag, an dem ich den Stacheldraht hinter mir lassen durfte,
kam für mich am 27.10.1947, meinem 22. Geburtstag. 1946 war
meine Familie und somit auch ich, wenn auch in Abwesenheit,

aus unserer Heimat im Riesengebirge von den Polen vertrieben worden. Durch das Rote Kreuz war mir die neue Adresse meiner Eltern in Niedersachsen mitgeteilt worden. Diese Adresse gab ich für die Entlassungsformalitäten an. Paul Rath hatte mir aber gesagt, für den Fall, dass ich keine Bleibe fände, solle ich es doch in Kirchberg versuchen, entweder bei seinem Bruder Gotthold oder seinem damals noch zukünftigen Schwiegervater, Ernst Layer, würde schon ein Unterkommen möglich sein. So war die Entlassung kein Auftakt zu einer fröhlichen Heimkehr, sondern der Beginn einer Fahrt ins Ungewisse. Ich fand meine Eltern als Knecht und Magd bei einem Bauern in Esbeck, Kreis Helmstedt, in Niedersachsen. Es fand sich die Möglichkeit, noch ein Bett in die sehr ärmliche Wohnung hinein zu quetschen. Da ein Teil des Lohnes der Eltern aus Naturalien bestand, war direkter Hunger keine Not. Ich fand Arbeit in einem Sägewerk. Bei einem Stundenlohn von 52 Pfennig betrug der Zahltag am Freitag ganze 24 Reichsmark. Hätte ich meine Beine nicht bei den Eltern unter den Tisch stecken können, wäre ein Durchkommen unmöglich gewesen. Das Schlimmste für mich war, ich fand keinerlei geistlichen Anschluss, nicht einmal beim Pfarrer, denn der war schwerhörig.

Im Februar 1948 erhielt ich von einem weiteren Freund der Gefangenenlager-Gemeinde eine Einladung zu einer EC-Freizeit in Hessen. Da dies von Niedersachsen aus schon der halbe Weg nach Württemberg ist, besuchte ich diese Freizeit und fuhr anschließend nach Kirchberg, um die Lage zu erkunden. Mein hessischer Freund begleitete mich. Wir wurden in der Gärtnerei freundlich aufgenommen und in das Gemeindeleben eingeführt. Die Frage nach einem Beschäftigungsverhältnis wurde mit „Ja, aber dann schnell" beschieden. Denn die Frühjahrssaison drängte. So kam ich Mitte März 1948 nach Kirchberg. Hier regte sich nach der erzwungenen Dürrezeit während des Dritten Reiches neues geistliches Leben. Meine Aufgabe war zunächst die Jungschar. Meines Wissens bis zum heutigen Tag findet in Schorndorf jedes Jahr am Ostermontag ein Bezirkstreffen statt. Eine Gruppe unseres Vereins, darunter auch ich, machte sich mit den Fahrrädern auf, um daran teilzunehmen. Dort in Schorndorf in der Stadtkirche am Ostermontag erlebte ich zum ersten Mal einen christlichen Posaunenchor. Dies hat in mir einen tiefen, bleibenden Eindruck hinterlassen. Nach der Rückkehr von Paul aus der Gefangenschaft im Herbst 1948 (er war als Lagerpfarrer freiwillig geblieben, bis das Lager aufgelöst wurde) kristallisierten sich zwei Dinge heraus, die der Verein hätte haben sollen: Sportplatz und Posaunenchor. Da der Sportplatz mit Grunderwerb zu tun hatte, waren die Zuständigkeiten bald geklärt: Paul als einheimischer Bauer und Gärtner mit seinem Schwiegervater Ernst Layer kümmerte sich um den Platz. Und ich mit meiner Schwäche für Musik und beeindruckt von Posaunen suchte nach Wegen, um einen Posaunenchor zu gründen. Instrumente waren nicht vorhanden, und mein bläserisches Können beschränkte sich auf das Hervorbringen eines Tones auf einer Trompete. Nebenher hatten Maria und ich einander kennengelernt und 1949 im September geheiratet. Geld war sehr knapp, aber wir suchten nun gemeinsam nach Möglichkeiten. Wie es zum Kauf der ersten Instrumente kam, ist eine eigene Geschichte. Nicht unerwähnt bleiben darf die tatkräftige Geburtshilfe des damaligen Landesposaunenwarts Hermann Mühleisen. Er besorgte den fachmännischen Einkauf der Instrumente, überprüfte sie und brachte sie sowie Noten und Ständer persönlich vorbei. Diese Besuche waren immer mit Beratung und wertvollen Tipps verbunden. Das erste öffentliche Auftreten des Chores brachte der Jugendsonntag 1951. Bei diesem Anlass sollen mir laut Augenzeugen beim Dirigieren die Hosenschenkel geschlottert haben.

Zwischen den Zeilen dieses profan gehaltenen Berichtes lässt sich deutlich der Bezug zu dem anfangs erwähnten Wort aus Joh. 13 herauslesen. Besonders, wenn man einbezieht, dass mir nach unserer Übersiedlung nach Erbstetten im Jahr 1957 die Gründung eines Posaunenchores ein zweites Mal aufgegeben wurde.

Siegfried Gärtner ┃ Burgstetten

Aber auf dein Wort, Herr …

∎————————• Der Zweite Weltkrieg war zu Ende: Millionen Tote, zerstörte Städte, Hunger, Flüchtlingsströme, Besatzungszonen – vom „amerikanischen" Ludwigsburg in das „französische" Tübingen beispielsweise ging nichts ohne „Passierschein". Es gab aber auch Hoffnungszeichen: Stuttgarter Schuldbekenntnis, Lastenausgleichsgesetz. Und dann ein erstaunlich rascher Aufschwung: Währungsreform, Ende der Lebensmittelrationierung; schließlich eine „Bundesrepublik Deutschland" mit einer „sozialen Marktwirtschaft".

Erstmals wurde nach Kriegsende wieder ein großer Jahrgang in den Grundkurs der Diakonenschule Karlshöhe in Ludwigsburg aufgenommen, 30 junge Männer. Zwei waren erst vor kurzem aus der Kriegsgefangenschaft heimgekehrt. Die meisten hatten eine abgeschlossene Berufsausbildung, als Handwerker und Kaufleute vor allem. Weniger geschätzt, aber doch zugelassen, waren einige „nur Schüler", zu denen auch ich gehörte. Meine Schulbildung war mehr als dürftig: ausgesondert in eine NS-orientierte weiterführende Schule, kriegsbedingt mehrfacher Schulwechsel und nach Kriegsende ein halb geschenkter mittlerer Bildungsabschluss.

Wenig qualifiziert, aber dienstbereit

30 junge Männer – geistlich-theologisch gesehen war alles vertreten, vom feurig missionarischen Neupietisten bis zum liberal-normalen „Landeskirchler". Ein bunter Haufen, aber einig darin, um Gottes willen dem Nächsten zu dienen. Dieses hinderte uns aber nicht, leidenschaftlich theologische und gesellschaftspolitische Fragen zu diskutieren. Hatten die alttestamentlichen, harten Prophetenworte ihre besondere Bedeutung für hier und heute und mit welchen Konsequenzen? Waren die modernen neutestamentlichen, textkritischen Erkenntnisse hilfreich, wo ohne dies vieles ins Wanken geraten war und bislang Gültiges nicht mehr zählte?

Der Karlshöher Direktor konnte kirchen- und weltgeschichtlich große Zusammenhänge aufzeigen. Vieles war für mich neu. Über die alten Germanen und Friedrich den Großen, da wusste ich was, aber wie war das mit der Weimarer Republik? Dazu des Direktors eigenwilliges Verständnis von Demokratie: „Tut um Gottes willen nicht, was man tut! Die Mehrheit hat nur selten recht." Er war aktiv in der Friedensbewegung und – noch schlimmer – Sympathisant der SPD. Das ging nicht spurlos an uns vorüber. Für mich jedenfalls, gleichermaßen geprägt durch ein neupietistisches Elternhaus und die Hitlerjugend, wurde vieles noch fraglicher, als es ohnehin schon war.

Der Einsatz im folgenden zweijährigen Zwischenpraktikum geschah im Regelfall als „Gehilfe des Hausvaters" in einer diakonischen Einrichtung. Und dieser Gehilfe wurde dringend gebraucht. Also verkürzte man unser Grundausbildungsjahr um drei Monate. Und dann mein Auftrag, völlig überraschend: Bezirksjugendwart im Dekanat Neuenstadt am Kocher.

Wie war ich darauf vorbereitet? Bibelkunde ja, und eine leise Ahnung, einen Text zu exegesieren; Psychologie und Pädagogik – erste, spärliche Kenntnisse; Gruppendynamik aber, oder Methoden jugendgemäßer Bibelarbeit – null und nichts. Trotz ungenügendem Handwerkszeug und vielen Fragen folgte ich dem Sendungsauftrag widerspruchslos und zuversichtlich. Da vermischte sich jugendliche Unbefangenheit und pietistisch geprägte Theologie. Sei es, wie es sei. Auf dein Wort, Herr ...!

Fruchtbares Ackerland und steiniger Boden

Im Dekanatamt erfolgte dann die Diensteinweisung. Auf dem Tisch ausgebreitet eine Wanderkarte 1:50 000. Herr Dekan deutete auf das untere Jagsttal. Sein Zeigefinger wanderte von Jagstfeld über Siglingen, Möckmühl bis Jagsthausen, so etwa 30 Kilometer, meinte er. Parallel dazu das untere Kochertal von Kochendorf über Neuenstadt, Gochsen bis Kochersteinsfeld, 30 Kilometer seien das wohl in etwa auch. Dazwischen ein Höhenzug, der Hardthäuser Wald. Was die Kirchlichkeit anbelange, gebe es einen merkwürdigen Unterschied. Im Jagsttal sei der Boden ziemlich steinig, im Kochertal eher fruchtbar – abgesehen von Cleversulzbach, wo man immer noch an Mörike zu leiden habe, der zweifellos ein guter Dichter, aber ein unwilliger Gemeindepfarrer gewesen sei. Ich solle jetzt einmal die einzelnen Pfarrer aufsuchen. Daraus würde sich das Weitere schon ergeben.

Einquartiert wurde ich im Haus des Leiters der Altpietistischen Gemeinschaft in Brettach. Ein kleines Zimmer, gerade Platz für Bett, Schreibtisch, Kleiderschrank und ein kleines Bücherregal. Zur freien Wohnung kam die freie Kost und zwar reichlich. Familienanschluss gewissermaßen, samt hilfreicher, seelsorgerlicher Begleitung. Zu klären war noch, wie ich denn zu den Gemeinden hin komme. In Brettach war ein kircheneigenes Kleinmotorrad „NSU-Quick" geparkt. Da man es aber trotz vielem Bemühen nicht mehr zum Laufen brachte, schob ich es zur Inspektion in die Werkstatt. Befund: „Da is nix mehr zu machen." Dafür stand mir dann ein Fahrrad zur Verfügung, nagelneu und exklusiv: Dreigangschaltung, Kilometerzähler und Rückspiegel. 16 000 Kilometer habe ich damit in zwei Jahren und drei Monaten heruntergefahren.

Meine Rundreise von Pfarrhaus zu Pfarrhaus bestätigte die Einschätzung des Dekans, fruchtbares Ackerland und steiniger Boden. Hier Pfarrer, die voller Gottvertrauen zuversichtlich und zumeist freudig über die Jugendarbeit berichteten: Jungschar und Jugendkreis, CVJM-Bibelkreis für junge Männer und Frauen. Der Posaunenchor war ein Treffpunkt der Generationen, sogar Mädchen spielten mit! Die pietistischen „Stundenleute" schätzte man zumeist als die „tragenden Säulen" der Gemeinde. Dort Pfarrer, die müde geworden waren, enttäuscht – auch über ihr eigenes Versagen, etwa als „DC-Pfarrer" im Dritten Reich.
Ich hörte vor allem zu. Beim Bemühen, mein Verständnis von evangelischer Jugendarbeit vorzustellen, erwischte ich mich, wie

ich hier etwas frömmer, dort eher liberaler formulierte. Es war tatsächlich ein Wunder, dass ich trotz offenkundiger Unzulänglichkeit hier wie dort angenommen wurde. Auch vom Bezirksjugendpfarrer. Allerdings war seine erste Mitteilung: „Neben meinen vielen anderen Aufgaben habe ich nur wenig Zeit für Sie." Dafür aber hatte diese um so mehr der ehrenamtliche Bezirksleiter für die Jugendarbeit, ein leitender Angestellter bei NSU-Neckarsulm. Wir wurden Freunde. Zeit hatten für den Jugendwart auch die älteren Gemeinschaftsbrüder. Sie waren mit den Worten sparsam, hörten dafür aufmerksam zu und beteten.

Jugendarbeit schlicht und einfach

Der Jugendwart hatte „an der Basis" zu arbeiten, möglichst jede Woche einmal in jeder Gemeinde, schließlich wurde er auch per Gemeindeumlage finanziert. Bei 15 Gemeinden war dieses zwar nicht möglich, wurde aber trotzdem erwartet. Die Proteste bei einem Kirchenbezirkstag machten mich hilflos. Da war es dann doch der Bezirksjugendpfarrer, der mir hilfreich beistand.

Ich tat, was ich konnte, Tag für Tag. Am Nachmittag Jungscharstunde: Spielen, Vorlesen, Singen und eine biblische Geschichte. Am Abend Jugendkreis, 15- bis 16-jährige Jungen: Singen, Fahrten- und Bekenntnislieder, eher laut als schön; erstaunlicherweise wurden immer wieder simple Gesellschaftsspiele verlangt; die Bibelarbeit sollte möglichst kurz und spannend sein; dann und wann wurde eine Dia-Serie zum Höhepunkt, vorausgesetzt es gab im Pfarrhaus Projektor und Leinwand. Im Bibelkreis hörte man aufmerksam zu, brachte aber auch eigene Überlegungen mit ein, wagte gelegentlich sogar eine gegenteilige Meinung. Dabei blieb man meistens im eng begrenzt Persönlichen. Was gilt für mich als Christen, biblisch begründet, in meinem Alltag: Muss man immer die Wahrheit sagen? Kann denn Tanzen Sünde sein? Darf ich mit meinem Vater streiten, wenn er absolut nicht einsehen will, dass im landwirtschaftlichen Betrieb Neues dran ist? Es gelang mir nur selten, den Gesprächshorizont, ähnlich wie im Unterricht erlebt, weiter zu stecken. Etwa die Frage nach Schuld und Vergebung einmal am Versagen unseres Volkes im „Dritten Reich" zu bedenken.

Der Versuch, ehrenamtliche Mitarbeiter zu gewinnen, kam über einen bescheidenen Anfang nicht hinaus. Es waren nicht allein Hemmungen – kann ich doch nicht! – , die schwer zu überwinden waren. Die Jugendlichen waren in der Regel in einem harten Arbeitsalltag gefordert, zumeist im bäuerlichen Familienbetrieb oder aber als Lehrlinge in der Motorradproduktion bei NSU – nicht selten beides zugleich. Einige der Dörfer wurden noch in den letzten Kriegswochen erheblich zerstört. So war man zusätzlich mit dem Wiederaufbau von Wohn- und Stallgebäuden belastet.

Meine Jugendwarts-Tätigkeit war alles in allem schlicht und einfach. Wenn ich mich am frühen Nachmittag aufmachte und den Weg unter die Räder nahm, hatte ich auf dem Gepäckträger eine Mappe mit Bibel, Lieder- und Vorlesebüchern und einigen wenigen „Spielutensilien". Schlicht und einfach – offensichtlich konnte ich aber den Erwartungen der Kinder und Jugendlichen genügen. Und wohl auch denen des Herrn Dekan. Gerügt hat er mich nie, gelobt bei der Verabschiedung am Ende des Praktikums nach zwei Jahren und drei Monaten.

Mut machende Sternstunden

Sternstunden, doch die gab es ganz gewiss auch. Sogar wortwörtlich, wenn ich mich spätabends nach dem Jugendkreis und einem anschließenden Gespräch gegen halb elf Uhr in Bittelbronn auf mein Fahrrad setzte, über Roigheim nach Möckmühl hinunterfuhr, aus dem Jagsttal heraus bergauf mein Fahrrad durch den Hardthäuser Wald schob, in Kochersteinsfeld den Kocher überquerte, um dann gegen halb eins in Brettach gottbehütet, müde aber dankbar, anzukommen. Auf dem Küchentisch stand ein kräftiges Vesper bereit.

Sternstunden, wenn ich mit einem Jugendlichen und seiner Familie ein paar Stunden am Vormittag auf dem Acker beim Zuckerrübenhacken mit dabei war und anschließend beim Mittagessen. Da fand man zueinander! Und wenn dann der Vater augenzwinkernd meinte, ich könne ja tatsächlich auch was richtiges arbeiten, dann war da viel Wohlwollen mit drin.

Und dann: „Freizeiten" kamen trotz der erwähnten starken Beanspruchung der Jugendlichen tatsächlich zustande! Erst ein kleines Zeltlager beim Gasthof Brandhölzle im Hardthäuser Wald. Da brauchte man nicht allzu viel Zeit für die An- und Heimfahrt. Schließlich mit einem Dutzend Jugendlicher per Fahrrad – mitten im Sommer! – zum Zeltlager des CVJM Esslingen in Birnau am Bodensee. Eingeschlossen eine Busfahrt – aufregend! – über die Grenze, in die Schweiz, Vierwaldstädter See!

Eindrücklich der Bezirksjugendtag in Neuenstadt, Jungmänner- und Mädchenwerk gemeinsam. Festgottesdienst, Treff auf den Kocherwiesen. Zum Abschluss ein selbstverfasstes und mit viel Begeisterung eingeübtes „Verkündigungsspiel". Nicht weniger eindrücklich eine Jugendevangelisation. Am letzten Abend erzählt ein junger Mann, im Krieg Offizier der Waffen-SS, wie seine Ideale zerbrochen sind und er jetzt als Christ einen neuen Weg versucht. Er tat es mit einfachen Worten, kein frommes Pathos. In der vollbesetzten Kirche eine gespannte Aufmerksamkeit. Viele kennen den jungen Mann persönlich. Er muss das Gesagte an seinem Alltag messen lassen.

Was zählt, bleibt offen

Die Voraussetzungen für meine Jugendwart-Tätigkeit waren nicht erfolgversprechend. „Aber auf dein Wort, Herr …!" Ich habe es gewagt wie Petrus. Jeder weitere Vergleich verbietet sich allerdings – kein großer, zählbarer Erfolg, übervolle Fischerboote! Die Erinnerung stimmt mich trotzdem froh und dankbar. Manche Beziehungen blieben über mehr als fünf Jahrzehnte erhalten. Es hat seinen eigenen Reiz, wenn sich die Jungen von damals mit ihrem seinerzeitigen Jugendwart wieder treffen, alt gewordene Brüder und Schwestern.

Bernhard Kurrle | Neuendettelsau

Gott, wenn es dich gibt …

Der elterliche Bauernhof lag gegenüber dem Gemeindehaus. Abends musste ich im Stall helfen: Vieh füttern, ausmisten, melken. Ab und zu, zur Jungscharzeit, schaute ich sehnsüchtig zur Stalltüre raus. Die Jungscharler machten sich auf zu Geländespielen oder zu Lagerfeuern. Ich wandte mich wieder der Kuh zu, die ich zu melken hatte …

Nach der Konfirmation besuchte ich die Jungenschaft. Diese begann erst um 20 Uhr, also nach dem Stalldienst. Das Angebot gefiel mir – außer den frommen Andachten und Bibelarbeiten. Die ließ ich pflichtgemäß über mich ergehen.

Dann war ich knapp 18 – auf dem Absprung aus der Jugendarbeit. Doch auf einer Jungmännerfreizeit zum Jahreswechsel 1960/61 in Walddorf, wurde ich von der eindringlichen Verkündigung stark berührt und vom damaligen Jugendwart auf die Nachfolge Jesu angesprochen. Zunächst wich ich aus. Stark brach die Frage durch: „Gott, wenn es dich gibt …?"

Zwei Tage später erlebte ich durch Schuldbekenntnis und Lebensübergabe tiefgreifend Vergebung und Befreiung. Zurück in meinem Wohnort war ich schnell Mitarbeiter, Jungschar- und Jungenschaftsleiter. Meine (Mit-) Jungenschaftler hatten Mühe, mich so plötzlich als Leiter zu akzeptieren. Dienstbegleitend besuchte ich jetzt Mitarbeiterschulungen und Bibelkurse. Heute, nach 50 Jahren, blicke ich geprägt und dankbar auf diese erfüllte Zeit zurück und setze mich gern bei Fundraising, Hauskreisarbeit und im Förderverein des Evangelischen Jugendwerks Bezirk Neuenstadt ein.

Otto Ermold | Neuenstadt

Jugend wagt – risikoreiche Unternehmungen

Es gibt sie unter uns, unternehmerische Menschen.
Die nicht Achsel zuckend dastehen mit den lapidaren Sätzen:
„Da kann man nichts machen."
„Es wird schon jemand zuständig sein."
„Die da oben sollen es richten."
„Wir haben sowieso kein Geld, also darf es nichts kosten."

Unternehmerische Menschen sind oftmals Visionäre, die schon etwas sehen, wo noch nichts ist. Denen fällt dann auch ein, wie man zupacken könnte. Sie bauen keine Nörgelketten auf, sondern Ermutigung. Sie können andere begeistern. Das schaffen wir. Packen zu. Wagen etwas. Sind manchmal gefährlich, risikofreudig und manchmal auch ein bisschen verrückt. Genau diese Typen braucht man in der Jugendarbeit. Nicht nur damals nach 1945, als noch alles in Trümmern lag, sondern auch heute.

In den allermeisten Fällen, die das Evangelische Jugendwerk in seiner Geschichte mit solchen Typen erlebt hat, waren sie ausgestattet mit einem tiefen Grundvertrauen in die Gegenwart Gottes. Mit der Zuversicht, dass sie in dieses Unternehmen – Evangelisches Jugendwerk – ihre Gaben und Möglichkeiten einsetzen können.

Dadurch sind sie Ermutiger bis heute. Damals in Unterjoch, in Sils-Maria oder auf dem Kapf, heute in der „Rentnergang", in Aufbaulagern, in waghalsigen neuen Formen von Jugendarbeit. Es sind risikoreiche Unternehmungen, die zur Jugendarbeit gehören. Jugendarbeit braucht viele, kreative, leidenschaftliche Menschen, die Verantwortung übernehmen und sich für die nächste Generation einsetzen.

Manfred Bletgen | Filderstadt-Bernhausen

Jugend wagt –
risikoreiche Unternehmungen

... auf dem Weg nach Unterjoch

▪ • Im Herbst 1945 – ein halbes Jahr nach Kriegsende – hatte es mich nach zwei Jahren Kriegsmarine nach Nürtingen verschlagen – für mich eine fremde Stadt, schön gelegen, aber damals schon noch etwas langweilig. Zum Glück erhielt ich gleich meine Zulassung zum Studium, so dass ich noch vor Weihnachten 1945 mit dem Architekturstudium beginnen konnte. Unter schwierigen, primitiven Verhältnissen begann der Lehrbetrieb. Ein wesentlicher Teil unserer Zeit musste zum Überleben herhalten: Verpflegung, Heizung, Unterkunft.

Im Jahr 1946 kam es zu einem Kontakt mit dem Jugendwart der Evangelischen Kirchengemeinde Nürtingen, Adam Rauscher. In dieser turbulenten Zeit des Übergangs von einem Staatswesen der Zwänge und des Unrechts hin zu dem Versuch einer demokratischen Lebensgrundlage spielte die Kirche eine wichtige Rolle. Das habe ich auch dank der Betreuung durch Adam Rauscher erkannt. Ich wurde herzlich in einem Kreis meist ehemaliger Wehrmachtsangehöriger aufgenommen. Wir versuchten Halt zu finden, das turbulente Geschehen um uns herum zu erfassen und uns ein Ziel aufzubauen.

So war neben dem Studium dieser Freundeskreis ein wichtiger Eckpunkt. Durch die Kriegserlebnisse waren wir sicher weit über unsere Jugend hinaus geprägt. Wir wollten manches besser machen. Auch durch den außergewöhnlichen Pfarrer Martin Lörcher, der mit großer Schlichtheit und zugleich außergewöhnlicher Eindringlichkeit predigte, war die Nürtinger Kirchengemeinde für mich unversehens ein Stück Heimat geworden.

Dank glücklicher Umstände wurde ich zu den ersten Tagungen der neu gegründeten Evangelischen Akademie in Bad Boll eingeladen. Daraus ergab sich eine lebenslange Verbundenheit mit dieser außergewöhnlichen Tagungsstätte der Landeskirche. So verdanke ich meiner Kirche mit ihren vielfältigen Initiativen in der Nachkriegszeit bei all den Unwägbarkeiten der damaligen Zeit ein Stück Geborgenheit und einen Halt in der Unruhe jener Jahre.

Durch die Währungsreform im Juni 1948 und durch die Überfüllung meines Studiengangs (800 Studenten in einem Semester) gab es einen Einschnitt. Die Technische Hochschule ließ die Jüngsten, zu denen ich gehörte, ein Jahr lang pausieren. Als Bauleiter verdiente ich mir einen Teil meines zukünftigen Studiengelds. Ich hatte auch zeitlich ein wenig Luft und meldete mich zu einer Skifreizeit des Evangelischen Jungmännerwerkes Württemberg im März 1949 in Unterjoch im Altwürttemberger Haus an. Diese Skihütte gehörte eigentlich einer Wandersportvereinigung der Ludwigsburger Reichswehr. Die Besitzverhältnisse waren ungesichert, das Haus von der bayerischen Regierung beschlagnahmt. Die Freizeit wurde von zwei Frauen aus der Nachbarschaft, von Berta und Veva Haug, betreut. Leiter der Freizeit mit 42 Jungen und Mädchen war Heiner Völker aus Göppingen. Wir hatten Glück mit dem Wetter und dem Schnee. Viele von uns waren zum ersten Mal in einem alpinen Skigelände. Alles passte zusammen. Die Jungen und Mädchen dieser Freizeit, darunter viele Studenten, hatten ein ähnliches Schicksal, waren nach dem schrecklichen Kriegsende auf der Suche nach einem Sinn, nach einem Neuanfang, voller Tatendrang, voller Optimismus. Wir saßen oft nachts noch in der warmen Küche zusammen. Und plötzlich stand die Frage im Raum, ob wir nicht für das Jungmännerwerk ein solches Haus erwerben könnten und müssten. Es wurden Aufgaben verteilt: Heiner Völker sollte erkunden, ob nicht das Altwürttemberger Haus zu kaufen wäre. Wir anderen sollten erfragen, wo Berghäuser zum Kauf anstanden oder wo es einen besonders schönen Bauplatz gäbe.

Aus heutiger und sicher bei den damaligen Älteren, Erfahrenen auch aus deren damaliger Sicht eine Schnapsidee: Wir hatten gerade die Währungsreform hinter uns. Die Wirtschaft erholte sich mühsam. Die Zahl der Arbeitslosen war hoch. Das Flüchtlingselend war erschreckend. Noch immer gab es Nahrungssorgen. Aber wir waren elektrisiert: wir wollten unser eigenes Haus! Als wir am Ende der Winterfreizeit mit dem Bus nach Hause fuhren, war der Wille da, dieses Wunschprojekt einer Hütte in den Bergen zu realisieren – und wir hatten das Gefühl, das müsste gelingen, obwohl wir keinen Pfennig in der Tasche hatten. Es war geradezu eine missionarische Stimmung, ein Aufbruch, eine Aufgabe, die uns vor die Füße gelegt worden war. Wir hatten die Überzeugung, einen Weg zu finden. Diese Überzeugung und Sicherheit hat uns bis zur Verwirklichung unseres Traumes immer begleitet, obwohl diese Hoffnung eigentlich illusorisch war.

In Göppingen, dem Wohnort von Heiner Völker, bildete sich eine starke Gruppe. In Nürtingen suchte und fand ich Verbündete. Mein Jugendkreis spielte mit. Wir hatten keine Organisation hinter uns. Aber in mehreren Treffen wurden die Aufgaben verteilt. Bereits Ende April 1949 trafen wir uns in Stuttgart-Sonnenberg bei Howard Haemelmann. Howard war amerikanischer Pfarrer, der nach dem Kriegsende für einige Jahre nach Deutschland gekommen war, um beim Aufbau der evangelischen Jugendarbeit in Württemberg zu helfen. Er war von unserem Projekt sofort begeistert. Gerade zu Beginn unseres Unternehmens hatte er uns intensiv unterstützt und auch nach außen hin das Projekt ins Gespräch gebracht. Ein Aufruf an die evangelische Jugend des Landes wurde beschlossen. Eine Sammlung sollte die Grundlage für die Baukasse erbringen.

Was wir nur in unseren kühnsten Träumen erhofft hatten, ergab sich wie von allein: die Teilnehmer früherer Skifreizeiten engagierten sich. Die örtlichen Jugendkreise sammelten Geld. In vielen Zeitungen erschienen immer wieder Artikel über „unser" Unterjoch. Der Rundfunk schaltete sich ein, Filme wurden vorgeführt. Und das alles ohne einen hauptamtlichen Mitarbeiter, ohne Sekretärinnen, ohne Hauptquartier mit Telefon und Fernschreiber. Schon sechs Wochen später konnten wir das Ergebnis übersehen: rund 25.000,00 DM waren zusammengekommen – damals ein unvorstellbar hoher Betrag.

Ich weiß noch, wie ich mein Vorgehen in Nürtingen überlegte und nach einem Unternehmer als erstem Ansprechpartner suchte, von dem ich eine größere Spende erwarten konnte. Ich hatte Glück: ein Nürtinger Textilfabrikant nannte mir einen unerwartet hohen Spendenbeitrag und trug sich in die Liste ein. So konnte ich beim weiteren Klinken putzen immer auf dieses großzügige Vorbild verweisen. Innerhalb weniger Wochen hatte auch ich einen außergewöhnlichen, hohen Betrag beieinander.
Inzwischen war auch das Evangelische Jungmännerwerk offiziell eingeschaltet worden. Wir dachten über die Rechtsform nach und hofften, dass das Jungmännerwerk diesen Part übernehmen könnte. Aber so einfach war das nicht, denn auch innerhalb des Jungmännerwerks gab es Stimmen erfahrener Leute, die uns ein Scheitern voraussagten.

Schließlich kam es im Sommer 1949 zu einem dramatischen Treffen in Plochingen mit den Vertretern des Jungmännerwerks und vor allem des Evangelischen Oberkirchenrats. Der Grundtenor: glatte Ablehnung, eine Illusion, ein solches Haus zu finanzieren und später auch zu betreiben. Stundenlang wurde diskutiert. Die Fronten waren starr und unbeweglich. Howard Haemelmann, der Jugendpfarrer Willi Lauk und Heiner Völker waren auf unserer Seite. Aber es schien hoffnungslos zu sein. Schließlich schlug sich Manfred Müller, der für die Jugendarbeit zuständige Referatsleiter beim Evangelischen Oberkirchenrat, auf unsere Seite und erkämpfte eine Chance für uns. Paul Heiland, der Geschäftsführer des Evangelischen Jungmännerwerks sagte seine Unterstützung zu. Auch der spätere Bischof Helmut Claß wollte mithelfen. Spät in der Nacht verabschiedeten wir uns in Plochingen mit der Gewissheit, dass jetzt eigentlich nichts mehr schief laufen könne.

In der Zwischenzeit wurden die Erkundigungsergebnisse zum möglichen Kauf einer bestehenden Skihütte oder eines Bauplatzes geprüft und abgewogen. Es war nichts dabei, das uns begeisterte. Dann tat sich wiederum unerwartet eine Türe auf. Die unmittelbaren Nachbarn am Altwürttemberger Haus in Unterjoch, die Familie Konrad Haug, bot uns ein Hanggrundstück zum Kauf an. Die Rückfrage bei dem zuständigen Referat der Bezirksregierung in Augsburg ergab, dass eine Baugenehmigung wohl möglich wäre. Paul Heiland stellte eine Verbindung zu dem Ulmer Architekten Wilhelm Bauer her, der die Baugesuchs-Planung übernahm. Wir selbst hatten einige Architekturstudenten in unseren Reihen. Wir trafen uns in einem Gemeindehaus in Ulm-Söflingen und zeichneten in einer Woche die wichtigsten Werkpläne. Alles erschien irgendwie unwirklich und verrückt. Aber die fast unüberwindbar scheinenden Hindernisse ließen sich überraschenderweise auf die Seite schieben. Der Friedrichshafener Bauunternehmer Rostan, selbst sehr engagiert in der Jugendarbeit, sagte uns seine Unterstützung bei der Vorbereitung des Baues zu. Paul Heiland bemühte die Ämter. Die Naturschutzbehörde machte nach einigem Zögern mit. Dann vollends der Durchbruch: das Württembergische Kultusministerium versprach uns einen hohen Bauzuschuss. Damit war das Projekt auch finanziell bis zum Rohbau gesichert.

Auch die Suche nach einem Bauleiter erfüllte sich wie von selbst. Auf einer Skifreizeit im März 1950 im Kleinen Walsertal war ein angehender Architekt dabei, Martin Rehm, gelernter Zimmermann, der erst im Herbst einen Studienplatz bekam und der nach gutem Zureden bereit war, die Arbeiten vor Ort zu leiten und zu überwachen.

Unser großes Problem war die fehlende Zugänglichkeit des Bauplatzes und die ungeklärte Frage der Wasserversorgung. Es war uns klar, dass wir hier enorme Vorleistungen zu erbringen hatten. In diesem Gelände waren vor allem auch Arbeitskräfte gefordert, die mit Schaufel und Pickel die Baustelle überhaupt zugänglich machten. Howard Haemelmann hatte die zündende Idee, mehrere internationale Freizeiten für ein Aufbaulager auszuschreiben. Dafür brauchten wir wiederum eine Unterkunft, die uns Berta und Veva Haug in ihrem Haus gewährten. Eine junge Amerikanerin sollte die Aufbaufreizeiten leiten: Betsy Prince-Miller aus New York war uns angekündigt – und sie war ein besonderer Glücksfall! All diese Vorbereitungen geschahen ohne großen Stab, jeder langte zu, wo es notwendig war – und das neben unserem Studium oder unserem Beruf. Ich kann mich noch gut entsinnen, wie wir Ende Mai 1950 abends mit Paul Heiland nach Sonnenuntergang auf einem Stück Wiese in Unterjoch am Obergschwender Hang standen und sagen konnten: diese Wiese gehört uns morgen, morgen wird der Bauplatz gekauft.

Wenn ich an diese Jahre der Erwartung und des Baus in Unterjoch denke, ist es mir immer noch ein Rätsel, wie dieses eigentlich utopische Experiment geglückt ist. Nach menschlichen und vor allem auch wirtschaftlichen Maßstäben erschien dieser Gedanke, aus dem Nichts heraus in dieser noch von Elend und Armut gezeichneten Nachkriegszeit eine Freizeit-Heimat für Jugendliche zu schaffen, völlig utopisch. Ich vermute, dass wir heute so etwas gar nie mehr angreifen würden, weil wir viel zu ängstlich wären. Und hier ist eigentlich der springende Punkt zu suchen, um den sich alles dreht. Wir hatten ein unglaubliches Vertrauen in diese Aufgabe, die uns einfach zugefallen schien. Dieses Gottvertrauen hat uns die ganze Zeit über nie verlassen – und Unterjoch bleibt bis heute ein Geschenk. Heiner Völker hat einmal in einem Bericht über Unterjoch das Wort gewählt: „Wenn Du die Ziegelsteine lieferst, liefert Gott den Mörtel."

Prof. Eberhard Weinbrenner | Nürtingen

„Wo der Herr nicht das Haus baut"

❶─────── • März 1950 – vor 60 Jahren. Skifreizeit des Württembergischen Jugendwerks in Hirschegg/Kleines Walsertal. Ich, ein praktizierender Zimmermann und angehender Architekturstudent werde gefragt, ob ich im Sommer für mehrere Monate die Bauleitung für ein Freizeitheim des Jugendwerks in Unterjoch/Allgäu übernehmen könnte. Ohne genau zu wissen, was da auf mich zukommt, sage ich spontan zu.

Zur Vorbereitung auf diese Aufgabe arbeite ich mit an der Bauplanung. Es folgen Fahrten nach Unterjoch zur Besichtigung des Baugrundstücks, zu Besprechungen und Verhandlungen vor Ort und mehrere Wochen organisatorische Vorarbeiten in der Geschäftsstelle des Jugendwerks in Stuttgart.

Mitte Juni 1950 – Beginn des ersten Lagerabschnitts. Eine bunt zusammengewürfelte Schar von 30 Mädchen und jungen Männern rückt an. Sie kommen aus Holland, England, USA, der Tschechei, Australien und Kanada, West- und Ostdeutschland, die Mehrzahl aus dem „Ländle". Kaum einer kennt den anderen. Drei Ferienwochen geben sie dran für die freiwillige und kostenlose Mitarbeit am Bau. Später folgen weitere Lagerabschnitte mit immer neuen Helfern.

Die geistliche Leitung liegt in den Händen eines jungen Pfarrers aus den USA (Howard Haemelmann). Als Kriegsdienstverweigerer und Pazifist saß er dort im Gefängnis. Jetzt leistet er freiwilligen Friedensdienst durch seine Mitarbeit im Jugendwerk. Leider muss er uns vorzeitig verlassen. An seine Stelle tritt aus den Reihen der Lagerteilnehmer eine 21-jährige Pfarrerstochter aus New York (Betsy Miller). Rasch findet sie Anerkennung und Respekt als geistliche „Mutter" der Gemeinschaft.

Die Unterkunft in einem alten Bauernhaus ist spartanisch. In zwei Zimmern schlafen dicht gedrängt die Mädchen auf Feldbetten, die jungen Männer in der Scheune. Zum Waschen dienen Blechschüsseln im leer geräumten Stall, ein Brunnentrog vor dem Haus und der nahe Bach. Ein Plumpsklo neben dem Stall muss für alle reichen. Gegessen wird in der Wohnstube oder im Freien. Aus der Küche der Bäuerin kommt die einfache, aber kräftige Kost.

Die Bauarbeiten während der ersten zwei Monate umfassen das Abtragen der Grasnarbe, den Aushub von Baugrube und Leitungsgräben, das Anlegen einer Drainage und den Wegebau. Alles von Hand mit Spaten, Schaufel, Pickel und Schubkarren. Später kommt noch die Mithilfe bei den Maurer- und Zimmerarbeiten hinzu.

Und der Tagesablauf? Aufstehen um 5.30 Uhr, Waschen, Morgenandacht, Frühstück und dann 6 Stunden zum Teil schwere, für viele ungewohnte Arbeit am Bau. Nachmittags gibt es freie Zeit zum Ausruhen, Spazierengehen oder Baden. Und am Abend folgen dann Diskussionen um Kirche und Politik, Krieg und Frieden, Liebe und Ehe, Gott und die Welt, meistens im Zusammenhang mit einer Bibelarbeit. Eine große Rolle spielen das Singen von Liedern aus aller Welt und das gesellige Zusammensein, die bunten Samstagabende. Mit einer Gebetsgemeinschaft wird der Tag beschlossen.
Sonntags feiern wir morgens Gottesdienst, unternehmen Ausflüge in die Umgebung und machen Bergwanderungen. Soweit die äußeren Umstände und Bedingungen des Aufbaulagers, das unter die Losung gestellt ist: „Wo der Herr nicht das Haus baut, so arbeiten umsonst, die daran bauen (Psalm 127,1)."

Sie gilt im übertragenen Sinn gleichermaßen für den geistlichen Bau der Lagergemeinschaft, für die wachsende Verbundenheit im Denken, Fühlen und Glauben.

Was wir hier miteinander erleben, ist für mich und die meisten Lagerteilnehmer das Entstehen einer beglückenden Gemeinschaft. Sie beginnt schon bei der Arbeit auf der Baustelle. Viele persönliche Gespräche und gemeinsame Diskussionen in großer Offenheit helfen, einander kennen zu lernen, Vorurteile abzubauen und Verständnis füreinander zu gewinnen. Das gilt in besonderem Maß für das durch die Kriegsereignisse stark betroffene Verhältnis zwischen Holländern und uns Deutschen. Überkommene religiöse, nationale, soziale und kulturelle Grenzen werden in Frage gestellt. Unsere Denk- und Glaubenshorizonte erweitern sich. Für manche von uns bedeutet dies auch die Befreiung aus einer falsch gelebten religiösen Enge. Wir fühlen uns als eine große Familie, in der sich jeder in seiner Eigenart angenommen finden darf. Aber auch negative Gefühle werden offen geäußert und gemeinsam zu lösen versucht.

Die persönlichen Abschiedsreden am Ende der Lagerzeit und viele Briefe nach der Heimkehr zeugen von großer Dankbarkeit und Freude über das Geschenk des wunderbaren Erlebnisses: Ökumenisches Aufbaulager Unterjoch.

Für mich, der ich ganze vier Monate in dieser „anderen" Welt zuhause sein durfte, gilt das in besonderer Weise. Die Zeit in Unterjoch gehört zu den besten und eindrücklichsten Erfahrungen meines inzwischen sehr langen Lebens.

Martin Rehm I Nürtingen

„Die Baugeschichte unseres Hauses ist eine Kette freundlicher Führungen Gottes: von Jugend erbetet, von Jugend geplant, von Jugend finanziert, von Jugend erbaut. So möchte dieses Haus einmal Zeugnis ablegen vom Tatwillen schwäbischer Jungmannschaft und eine Burg des Heils werden für suchende, junge Menschen."

Prof. Eberhard Weinbrenner I (1955 im Rückblick auf die Baugeschichte Unterjoch):

Versöhnung durch gemeinsame Arbeit

∎——————• Mein Engagement mit Herzen, Mund und Händen für Versöhnung durch gemeinsame Arbeit hat beim ersten internationalen Aufbaulager zum Bau des Bergheims Unterjoch im Sommer 1950 begonnen.

Es war wohl im Holzgerlinger Posaunenchor, in dem von diesem internationalen Aufbaulager des Evangelischen Jungmännerwerks in Württemberg die Rede war. Ich war damals gerade 17 Jahre jung und Zimmermanns-Lehrling im 3. Lehrjahr. So etwas gab es für unsere Generation zum ersten Mal, so dass sowohl meine Eltern und mein Lehrmeister nicht so recht wussten, worauf ich mich da einlassen würde. Auch im Posaunenchor war das für alle etwas Neues und es fand sich außer mir niemand, der mit mir gehen wollte. Deshalb bin ich bis heute noch immer erstaunt, dass ich mich trotzdem entschlossen habe, ganz allein für zwei Wochen ins Allgäu zu reisen, um dort mit lauter Fremden, die ja auch zum Teil noch anders sprechen würden, ein Haus zu bauen. Die paar Brocken Englisch reichten dann auch hinten und vorne nicht, um sich zu verständigen.

Außer uns Flachland-Schwaben aus den CVJM- und Jungmännerwerks-Gruppen, ca. 30 bis 40 junge Handwerker und Studenten, waren noch einige Studenten und Studentinnen aus England, Holland und ein recht lustiger Tscheche dabei. Die Leiterin des Ganzen war eine junge Amerikanerin Namens Betsy, die mit Pfarrer Howard Haemelman als Bruderschafts-Mitarbeiterin aus den USA nach Württemberg gesandt worden war.

Bereits am zweiten Tag kam ein voll mit Bauholz beladener Laster von der Firma Rostan aus Friedrichshafen, so dass wir gleich mit dem „Aufschlagen" des zweistockigen Bergheims beginnen konnten. Es war fertig gezimmert und so konnten auf der Kellerdecke die Fachwerkwände zusammengesetzt werden. Einen Kran gab es damals auf solchen Baustellen nirgends. Deswegen mussten alle Balken bis zum Dachfirst per Hand mit dem Seil hochgezogen werden. Wir, die unter der Anleitung eines Zimmermeisters von der Firma Rostan mit „Aufschlagen" beschäftigt waren, machten nicht wie die anderen jeden zweiten Tag frei, um zu wandern und die Berge zu besteigen. Wir arbeiteten eine knappe Woche voll durch, bis der „Richtbaum" auf dem Dachfirst gesetzt werden konnte. Zum anschließenden „Richtfest" kam dann die gesamte Leitung des Evangelischen Jungmännerwerks in Württemberg aus der Zentrale in der Danneckerstraße in Stuttgart. Da ich zwar einer der jüngsten Teilnehmer des Aufbaulagers war, aber eine echt zünftige Zimmermanns-Kluft trug, durfte ich vom Dachfirst aus den „Richtspruch" sagen, das Glas austrinken und dann hinabwerfen. Beim Singen begleitete sogar ein kleiner Posaunenchor die Lieder. Nachdem dann der Fachwerk-Rohbau fertig war, durften die Beteiligten einige Tage frei machen, um auch zu wandern und die Gipfel zu besteigen.

Unterjoch war für mich der Beginn einer Reihe von mehreren Aufbaulagern und Bau-Einsätzen, da mir die Verbindung von Begegnungen im In- und Ausland bei Arbeit, Gesprächen und Freizeit besonders zusagte. So war ich von November 1962 bis Juli 1964 als Freiwilliger von „Aktion Sühnezeichen" in Lyon/Villeurbanne, also in Frankreich, am Bau einer „Synagoge der Brüderlichkeit" für eine deutsch-jüdische Emigranten-Gemeinde beteiligt. Nach der Ausbildung als Diakon und den ersten Erfahrungen in der Jugendarbeit folgte 1971 bis 1974 ein besonderer „Baueinsatz", die Arbeit als Länderverantwortlicher von „Aktion Sühnezeichen" in Israel.

Mit der sogenannten „Rentner-Gang" war ich als i. R. in den letzten Jahren mehrmals bei Aufbaulagern in Pomeyrol/Frankreich und in Unterjoch. Mein Lebensthema wurde und ist bis heute die Versöhnung von Christen und Juden nach den schrecklichen Ereignissen im Dritten Reich.

Rudolf Maurer | Faurndau

Ohne Geld – mit Gewinn gebaut

In der Sakristei überlebt

Der CVJM Renningen, gegründet 1890 als Jünglings-Verein, war im Dritten Reich wie überall verboten. Meine Freunde (Jahrgänge 1927 bis 1932) und ich waren gesetzlich verpflichtet, mit 10 Jahren in das Jungvolk und mit 14 Jahren in die Hitlerjugend einzutreten. Erlaubt war aber, dass wir uns mit unserem Pfarrer Günzler sonntags in der Sakristei um einen alten Eichentisch versammelten. Zur Bibelarbeit, zum Gebet, Singen, Erzählen und Vorlesen von Jugendgeschichten (z. B. „Die Abenteuer des Sven Hedin"). Wenn wir abends so gegen 22 Uhr von der Sakristei heimkehrten, heulten 1944/1945 oft schon die Sirenen auf, um die amerikanischen Bomber anzukündigen, die gleich darauf Stuttgart und die Umgebung bombardierten. Von Januar 1945 bis Kriegsende (bei uns genau am 20. April 1945) waren wir zum Volkssturm, d. h. zum Schutz von örtlichen Panzersperren, ausgebildet und eingesetzt. So lebten wir sozusagen in einer dreifachen Mitgliedschaft: In der kirchlichen Jugend, in der HJ und im Volkssturm.

Freie CVJM-Arbeit ohne eigenes Haus nach 1945

In einer ehemaligen Baracke für Nachrichtenhelferinnen vom nahen Flugplatz konnten wir Jugendarbeit frei gestalten. Mit viel Begeisterung, Ideen und Diskussionen, ohne Führer- und Befehlsprinzip. Wir bekamen einen Sport- und Spielplatz im ortsnahen Bergwald, den die Kirchengemeinde treuhänderisch besessen hatte, und nun wieder zurückgab. Wir konnten dort Handball und Faustball spielen und Andachten hören. Was fehlte, war ein eigenes Jugendhaus, ein „Häusle".

1953: Alles bereit zum Hausbau – nur kein Geld

Kurioserweise hatten wir einen ungefähren Bauplan im Kopf, aber nicht auf Papier. Auf dem alten Sport- und Spielplatz unserer Vorgänger (kurz „das Plätzle" genannt) stand noch die Grundmauer des früheren „Häusle". Im Jahr 1941 bestand die Gefahr, dass es zwangsweise beseitigt werden würde. Deshalb brachen es zwei Vorstandsmitglieder vorsichtshalber vorher ab. Das neue sollte schon etwa ein bis zwei Meter länger und breiter werden. Der uns sonst sehr wohlgesonnene Bürgermeister Bauer erlaubte dies jedoch nicht. Wir mussten auf den bisherigen Mauem bauen, was auch kein schlechter Grundsatz war. Das Allerwichtigste aber war ein Zimmermann, der das „Häusle" fachmännisch zu bauen hatte. Und siehe da, wir fanden ihn: Einen frommen Bruder und tüchtigen Fachmann, nur etwa 300 Meter von meinem Elternhaus entfernt. Er könne es uns zwar preiswert, aber nicht umsonst machen, da er eine Familie zu ernähren habe. Er hatte eine klare, baufachliche Vorstellung von Größe, Form, Stil und Material des „Häusles". Vor allem wusste er, wo Türe und Fenster hinkommen sollten. Alles sollte aus Holz sein; und zwar aus Rundholz, wie bei einer Blockhütte mit Satteldach. Doch wo sollten wir das Material herbekommen? Und wie bezahlen?

Da ich als Jugendleiter einen guten Draht zum Bürgermeister hatte, fragte ich ihn, ob wir nicht geeignete Rundhölzer aus dem Gemeindewald bekommen könnten. Der CVJM habe aber kein Geld. Doch, das sei möglich, auch ohne Geld. Die Gemeinde schenke uns das Holz. Wir müssten die Hölzer nur selbst im Stöckachwald holen und zuschneiden lassen. Gesagt, getan. Einen Sägewerksbesitzer kannte ich ebenfalls gut. Vielleicht war er früher einmal Mitglied einer CVJM-Jugendgruppe. Er sägte uns die Hölzer passgenau und kostenlos zu. Für die Bretter zum Innenausbau berechnete er etwa den halben Preis in Höhe von 100 DM. Unser CVJM-Vorsitzender Rudolf Ulrich spendete Dachziegel (Biberschwänze) und Fenster.

Der Bau – ein Gemeinschaftswerk mit Gewinn

Nun konnte es losgehen mit dem Bauen. Während meines dreiwöchigen Jahresurlaubs unterstützte ich den Zimmermann. Auch andere aus unseren Gruppen legten Hand an. Mein Vater spendete die Türe und setzte die Fenster. Im Sommer 1953, nach nur etwa 2 Monaten Bauzeit, konnten wir mit Begeisterung, Stolz und Dank unser eigenes Jugendhaus mit dem Lutherlied „Ein feste Burg ist unser Gott" einweihen. Doch es galt noch Kosten zu bezahlen, je 100 DM für den Zimmermann und die Bretter. Heute erscheint das gering. Damals entsprach diese Summe jedoch immerhin dem Monatslohn eines Daimler-Arbeiters. Man kann sich kaum vorstellen, dass wir bis 1953 im CVJM noch keine Vereinsbeiträge erhoben hatten. Für geringe Ausgaben baten wir um Spenden. Dabei erlebten wir eine blühende Jugendarbeit. Schulden machen, das gab es nicht. Wie sollten wir nun die 200 DM bezahlen? Unsere Idee: Der Verkauf von Eintrittskarten für Theaterspiele. In Schwäbisch Hall wurde in diesem Jahr „Jedermann – Das Spiel vom Sterben des reichen Mannes" von Hugo von Hofmannsthal auf der Treppe der Michaelskirche gespielt. Sodann dachten wir selbstbewusst: Was in Schwäbisch-Hall gespielt wird, können wir auch! Von dem Inhalt des Stückes waren wir sehr beeindruckt. Nicht mit Macht, Reichtum und guten Werken, sondern nur durch den Glauben und die Gnade Jesu können wir vor dem Richterstuhl Gottes einmal bestehen. Dabei nicht zu vergessen: Theaterspielen stärkt die Gemeinschaft und bringt Geld. Gesagt, getan. Eine Gruppe von etwa 12 Jungen und Mädchen aus unserem CVJM schwang sich zu einem Wochenendausflug aufs Fahrrad nach Schwäbisch Hall. Wir übernachteten in der Jugendherberge und hatten vor dem Theaterbesuch noch Zeit zu einer lustigen Kocher-Kahnfahrt. Das Theaterstück wurde durch eine Posaunenintrade eingeleitet, vom Kirchturm aus gespielt. Da uns unser Posaunenchorleiter leider nicht begleiten konnte und wir auch keine Noten von der Intrade bekamen, blieb uns nichts anderes übrig, als sie auf der Heimfahrt immer wieder vor uns her zu summen und zu pfeifen, um sie bis Renningen nicht zu vergessen. Zuhause pfiff ich die Melodie dann unserem Posaunenchorleiter vor, der daraufhin die Noten auf ein leeres Blatt übertrug. Nach diesen Noten spielte unser Posaunenchor schließlich die Intrade. Viele aus unseren Jungen- und Mädchenkreisen entwickelten sich dabei zu tollen Schauspielern. Die Aufführungen fanden einen solchen Zuspruch in unserer Gemeinde, dass wir das Stück zweimal in Renningen und je einmal in den Nachbargemeinden Weil der Stadt und Heimsheim aufführten. Jeder Zuschauer musste eine Eintrittskarte zum Preis von 1 DM bezahlen. Das Ergebnis: Gesamteinnahmen von 800 DM. Nach Abzug der Bauschulden in Höhe von 200 DM hatten wir ein schuldenfreies Jugendhaus und 600 DM Guthaben in unserer Kasse.

Das „Häusle" war nicht nur ein Gemeinschaftswerk, sondern wurde auch ein Gemeinschaftszentrum für Sport und Spiel, zum Feiern und für Bibelandachten. Um es auch im Winter zu Weihnachtsfeiern nutzen zu können, wurde ein Gasofen als Heizung aufgestellt. Immerhin hat es einen wichtigen Dienst für unsere CVJM-Arbeit von nahezu 50 Jahren erfüllt, bis es nun von einem größeren und komfortableren Jugendhaus abgelöst wurde.

Die Geschichte dieses Jugendhauses zeigt:
Jugend braucht Plätze und Räume zur Entfaltung
von Leib, Geist, Seele und Glauben –
christliche Jugend braucht Gemeinschaft
untereinander und mit Christus.
Jesus macht auch unmöglich Erscheinendes möglich wie bei der Speisung der Fünftausend: Von den ursprünglich vorhandenen 5 Broten und 2 Fischen wurden nicht nur alle satt, es blieben sogar 12 Körbe Brot übrig. Bei uns immerhin 600 DM. Die Zahl der CVJM-Mitglieder (ohne Jungscharen und Jungenschaften) wuchs von 1953 bis heute von etwa 30 auf 100.

Diese Erfahrungen haben mich in meinem späteren Berufsleben als Krankenhausverwaltungsdirektor folgendes gelehrt: Mit Gottvertrauen und Gemeinschaftsarbeit sollte man Wagnisse in die Zukunft eingehen. Die Ergebnisse sind überraschend positiv. Wer wagt, gewinnt.

Emil Lauffer ⏐ Karlsruhe

„Pflüget ein Neues"

Anfang der 1960er Jahre regte sich unter der jungen Generation in Deutschland ein immer stärkeres Unbehagen über die ungeordneten Beziehungen zwischen der Bundesrepublik Deutschland und dem Staat Israel. Fast 20 Jahre nach Kriegsende – und noch immer keine Normalität zwischen den beiden Staaten! Allzu schwer lasteten die ungeheuren Verbrechen der Nazi-Deutschen gegenüber den Juden in den 1930er und 1940er Jahren: 6 Millionen Juden ermordet! Das lässt sich weder durch diplomatische Schritte noch durch hohe Reparationszahlungen aus der Welt schaffen. Unzählige Israelis leben in dem neuen Staat, die nur knapp dem Blutgericht in deutschen KZs entronnen sind. Es gibt keinen Angehörigen des Volkes, der nicht nächste Verwandte im KZ verloren hätte.

Auch im Württembergischen Jungmännerwerk regte sich dieses Unbehagen. Es führte schließlich dazu, dass im Februar 1965 das Leitungsgremium des Werkes, der Landesarbeitskreis, den Beschluss fasste, sich mit einem Antrag an den deutschen Bundestag zu wenden. Ich habe als Leiter des Werkes dies dem Präsidenten des Bundestages, Dr. Eugen Gerstenmaier, in einem ausführlichen Schreiben mitgeteilt.

Unterdessen waren im Jungmännerwerk weitere Pläne gediehen. Eine Gruppe junger Menschen sollte nach Israel reisen und dort in einem Aufbaulager konkrete Hilfe beim Neuaufbau des Landes leisten und so den Willen zur Wiedergutmachung gegenüber Israel dokumentieren. Die Leitung dieser Gruppe wurde mir übertragen. Dieser Einsatz kam Ende März 1965 zustande.

35 junge Menschen flogen nach Israel und setzten ihren Urlaub für diese Aufgabe ein. Unter den Teilnehmern war auch mein langjähriger Freund Gerhard Keller, Architekt in Süßen. Nach

Ende dieser eindrucksvollen Reise, hat er einen Bericht geschrieben, der später in der Zeitschrift „unter uns" des Evangelischen Jungmännerwerks in Württemberg abgedruckt wurde. Hier ist der Wortlaut dieses Berichts, soweit er den Aufenthalt im Kibbuz betrifft:

„Die Schuld des deutschen Volkes an Israel kann nicht durch Wiedergutmachungs-Gelder abgezahlt werden. Sie wird auch nicht durch Verjährung aufgehoben. Es kann allein so geschehen, dass Deutsche immer wieder als Volk und als Einzelne Israel um Vergebung bitten."

Diese Worte von Pfarrer Theo Sorg vor der Kibbuz-Gemeinschaft in Tel Katsir machen deutlich, was die 25 jungen Männer aus dem Evangelischen Jungmännerwerk und die 10 Mädchen aus dem Mädchenwerk bewogen hat, nach Israel zu reisen und dort in ihrem Urlaub zu arbeiten.

8. März. Abflug in Zürich. Rasant zieht die vierdüsige Coronado hoch, durchstößt die Wolkendecke, dann haben wir einen unvergesslich herrlichen Blick auf die zahllosen Berggipfel der Alpenkette. Nach einer Zwischenlandung in Athen fliegen wir bei hereinbrechender Nacht weiter nach Tel Aviv. Glutrot färbt sich der Himmel im Westen. Wie wird die Begegnung sein mit Israel, mit den Menschen, deren Eltern, Schwestern, Brüder und nächste Angehörige von Deutschen gemordet wurden?

Die Empfangshalle des Flughafens Lodd ist großzügig, doch maßstäblich gestaltet, ohne übertriebenen Luxus in Dimensionen und Materialien. Rasche, reibungslose Pass- und Zollkontrolle. Lautsprecherdurchsage: „Evangelische Gruppe am Informationsbüro melden." Wir werden also erwartet. Zwei Mitglieder des Kibbuz sind da, um uns abzuholen. Die Begrüßung ist kurz, ungekünstelt, aber menschlich. Dann folgt eine Omnibusfahrt durch das nächtliche Israel, durch kleine Städte, Dörfer, neue Siedlungen, durch ebenes und hügeliges Gelände, vorbei am Berg Tabor, der aus der Jesreel-Ebene in den sternklaren Nachthimmel ragt.

Dann geht es steil abwärts. „Sea-Level" können wir im Scheinwerferlicht auf einem Straßenschild erkennen. Hinunter in die Jordansenke, vorbei an den Ufern des See Genezareth, noch einen kleinen Hügel hinauf, dann hält der Bus. Wir sind am Ziel – im Grenz-Kibbuz Tel Katsir. Die Lichter, die so nahe leuchten, sind bereits in Syrien.

Ein „Guard" mit Maschinenpistole, der gerade seinen Rundgang macht, geht prüfend durch unsere Reihen. Es gibt keinen großen Empfang. Wir werden in Gruppen zu 3 bis 5 auf kleine Gäste-Pavillons verteilt. Im „dining-room" ist noch Kaffee warm gestellt. Wir sammeln uns in einer „Freikirche" zwischen den Pavillons, um Gott zu danken für den reichen Tag und sein schützendes Geleit. Dann gehen wir schlafen.

Als wir am anderen Morgen heraustreten, umflutet uns sonnenwarme Sommerluft. Drunten liegt der See, umgeben von den galiläischen und syrischen Bergen. Wir sehen auf seine Ufer mit den vertrauten Namen der Orte Kapernaum, Tiberias, Berg der Seligpreisungen. Hier hat Jesus von Nazareth sein Wirken begonnen. Hier hat er Kranke geheilt, den Sturm gestillt, die frohe Botschaft verkündet. Hinter uns steigen steil die Berge Syriens und Jordaniens hoch. Die Häuser des nächsten Bergdörfleins sind Unterkünfte und Stellungen syrischer Scharfschützen – die andere Wirklichkeit. Was diese unmittelbare Grenzlage bedeutet, zeigen unmissverständlich die hohen Schutzmauern aus doppelten Spundwandprofilen mit Kiesschüttung, die vor dem Gemeinschaftshaus gegen die syrische Seite aufgestellt sind.

Ganz eigenartig berührt uns beim Gang durch den Kibbuz: Sogar vor den Kinderhäusern und dem Kindergarten ragt eine hohe Mauer aus Stahlbeton empor zum Schutz der Kleinsten. Da wird uns die Lage Israels deutlich: Von allen Seiten von feindlich gesinnten Nachbarn umgeben. Und noch etwas geht mir in diesem Kindergarten sehr nahe. Als wir hineingehen, flieht ein kleines

Mädchen schreiend und Schutz suchend in die Arme seiner jungen Mutter; da ist es geborgen. Es gab aber eine Zeit, da Deutsche ein so verängstigtes Kind aus den Armen der ohnmächtigen Mutter rissen und es auf den Todeswagen warfen oder es auf der Stelle grausam umbrachten. Und nun dürfen wir wieder diesen Kindern begegnen, die mit Dreirad und Roller auf den betonierten Gartenwegen fahren, auf die Kinderhände Sonne, Sterne und Blumen gezeichnet haben. Doch groß und fragend bleiben die Augen der Kinder auf uns gerichtet. Im Speisesaal wird ein reichhaltiges Frühstück serviert. Brot, Butter, Tomaten, Paprika, Quark, Joghurt, Eier, Käse, Oliven, Milch, Tee, Marmelade, Fisch ...

„Bananas" ruft eine kräftige Stimme. Das gilt uns. Wir sind der Arbeit in den Bananenfeldern zugeteilt. Die Mädchen arbeiten in der Küche, im Speisesaal oder auf den Gemüsefeldern.

Zusammen mit den Israelis fahren wir auf dem Lkw zu den Plantagen unten am See. Shelid weist uns die Arbeit zu. Durch kleine Steinhäufchen auf dem braunen, fruchtbaren Ackerboden sind die Reihen der neuen Pflanzung markiert. Wir müssen nun mit einem Gabelspaten und einer breiten Hacke Löcher graben, in die dann die neuen Pflanzen gesetzt werden. Bananensetzlinge sind aber nicht mit dem, was wir an Setzlingen von Tomaten, Gemüse oder Beeren her kennen, zu vergleichen. Es sind Triebe, die aus alten Stauden herauswachsen, sehr wasserhaltig 1 bis 1,80 m hoch und mit einem Gewicht von ca. 20 bis 50 kg.

Den meisten von uns fallen die ersten Arbeitstage nicht leicht, einmal weil ihnen diese Arbeit ganz ungewohnt war, zum anderen haben wir Deutschland in Eis und Schnee verlassen, während hier für uns schon hochsommerliche Temperaturen herrschen. Zu unserem Glück ist die Arbeit auf den Vormittag konzentriert. Der Tag beginnt für uns um 5:15 Uhr mit dem Wecken, 5:40 Uhr hatten wir Morgenwache, in deren Mitte eine „Seegeschichte", eine der Taten Jesu aus der für uns nun unmittelbaren

Umgebung steht. Wir halten es nicht nur für einen Zufall, dass an dem Morgen, da die Stillung des Sturmes auf dem See an der Reihe ist, der gefürchtete Fallwind von den syrischen Bergen herunter tost und den See in mächtige Wellen mit weißen Schaumkronen aufwühlt. So haben wir biblischen Anschauungsunterricht und können die Gleichnisse Jesu vom Senfkorn, von den Lilien auf dem Feld und den Vögeln unter dem Himmel ganz praktisch verstehen. Auch die Stadt, die auf dem Berge liegt, hat sich uns nicht verbergen können. Tagsüber sehen wir ihre Mauern, und nachts leuchten ihre Lichter zu uns herab. Von 6 bis 13 Uhr wird gearbeitet. Gegen 8:30 Uhr ist Pause für das kräftige Frühstück. Der Nachmittag steht zu unserer freien Verfügung. Meist gehen wir zum Baden an den See hinunter.

Die Kibbuz-Bewohner haben bald gemerkt, dass wir gekommen sind, um richtig mit zu helfen. So lassen sie uns nach einigen Tagen weitgehend selbständig arbeiten. Es ist eine Freude zu sehen, wie von Tag zu Tag die Pflanzung zunimmt. Am Ende unseres Einsatzes haben wir 9.700 neue Bananenstauden eingepflanzt. Wir bekommen es nun öfter zu hören, dass unsere Mithilfe dankbar angenommen wird, zumal nicht genügend eigene Arbeitskräfte da waren, um die schwere Arbeit des Pflanzens selbständig durchzuführen.

So hat sich dann auch die anfänglich sehr reservierte und verschlossene Haltung der Israelis uns gegenüber immer mehr geöffnet. Am Freitagabend zum Sabbatbeginn wurden wir in die Familien eingeladen. Wir sind überrascht von der geschmackvollen Einrichtung der geschickt entworfenen Zweizimmerwohnungen. Aber noch mehr, als wir nun die Kibbuz-Arbeiter privat kennenlernen. Das sind nicht einfach Landarbeiter. Die meisten haben High-School-Bildung und wollen auch weiter studieren. Sie verfolgen mit wachem Interesse die politische Lage, und wir können bei manchen die Reaktion auf die hin und her schwankende deutsche Außenpolitik registrieren. Es ergeben sich manche klärende Aussprachen, und als wir anschließend in den dining-room zum Sabbatessen gehen, spüren wir, dass wir nun in die große Kibbuz-Familie aufgenommen sind.

Der Kibbuz ist eine Lebens- und Arbeitsgemeinschaft, wie sie nur in Israel besteht, nicht zu verwechseln mit einer Kolchose, da er auf völliger Freiheit und ideeller Haltung der einzelnen Mitglieder beruht. Die Kibbuzim, es sind jetzt 230, spielen eine sehr wichtige Rolle in der Besiedlung, Erschließung und Verteidigung des Landes. Meistens werden sie in Grenznähe oder besonders schwierigem Gelände und Klima mit staatlichen Mitteln angelegt, und dann von einer jungen Gemeinschaft, die aus der Pfadfinderbewegung oder irgend einer anderen Jugendbewegung stammt, übernommen und bearbeitet. In dieser Gemeinschaft herrscht völlige Gleichberechtigung und gleiche Beteiligung an Gewinn und Verlust der Kibbuz-Arbeit. Sämtliche Mahlzeiten werden gemeinsam im Speisesaal eingenommen. Die Kinder wohnen und schlafen in Kinderhäusern und sind nur am Feierabend und am Sabbat in den Familien. So sind auch die Frauen frei zur Mitarbeit.

Es gibt hier keine Druckpöstchen. Die Verwaltung erfolgt durch einen Rat unter Vorsitz eines Sekretärs, der alle zwei Jahre neu besetzt wird. Ebenso wechseln auch die Arbeitsgebiete für den einzelnen. Der Bürochef hat diese Woche seine Zeit hinter sich und geht nun wieder auf das Feld. Ganz schlicht erzählt es uns der Israeli, ein junger, intelligenter Mann, der zum Sabbatbeginn in den Kibbuz gekommen ist. Er ist zur Zeit der Führer der 25000 Pfadfinder in ganz Israel, vom Kibbuz für 2 Jahre für diesen Dienst abgestellt. Wenn seine Zeit um ist, wird er wieder „in die Bananen gehen" oder dahin, wo er eben eingeteilt wird.

Wir spüren, dass solche Unterordnung nicht Resignation mit sich bringt oder stumpf macht, sondern dass hier Charakter geschult, Menschen erzogen werden, die ein klares Ziel haben und große

Bereitwilligkeit zum Dienst in sich tragen, die dann wohl auch fähig sind, ohne Überheblichkeit große Aufgaben im Staat zu übernehmen. Auch Staatspräsident Levi Eskol ist Mitglied im nachbarlichen Kibbuz Deganja, und an Sabbattagen mag es wohl sein, dass er als Kellner im dining-room serviert. Wie gut täte eine solche Umstellung manchem Ehrgeiz kranken und dem Geld versklavten Manager unserer Breitengrade!

Viel zu schnell geht die Zeit vorüber. Und als wir erst anfangen zu verstehen und verstanden zu werden, ist schon der letzte Abend da. Das Programm der „german night" wird von uns geboten. Am Anfang stehen die klaren Worte unseres Leiters, Pfarrer Sorg, die aufmerksam aufgenommen werden und spürbar beeindrucken. Unser Chor singt. Dann folgen lustige Wettspiele, wobei alle begeistert mitmachen, Darbietungen, die das Zwerchfell bis aufs äußerste anspannen. Zum Schluss zeigen die Israelis ihre Volkstänze und nehmen unsere Leute mit hinein in den hohen Reigen.

Wir haben in das Gästebuch zum Abschied die Losung unseres Dienstes geschrieben: „Pflüget ein Neues" (Jeremia 4,20). Und wir dürfen dankbar spüren und erkennen, dass dies in manchem neu geschenkt wurde ..."
(soweit der Bericht von Gerhard Keller)

Dr. Theo Sorg ׀ Blaubeuren, Landesbischof i. R., Leiter des Jungmännerwerks 1960-1965

Eine wunderbare Erfahrung

▪────────• Sommer 1976. Die drei Aufbaulager-Abschnitte in Manosque (Südfrankreich) sind zu Ende und die Einweihung der Kirche steht an. Ich fahre wieder nach Manosque. Eine Stuttgarter Künstlerin hat uns zur Einweihung und für die Kirche ein Relief mitgegeben: Das „Lamm Gottes". Dieses Geschenk soll ich bei der Einweihung übergeben.

Nach der gottesdienstlichen Feier sind die üblichen Ansprachen dran. Ich, als Verantwortlicher für die Aufbaulager, habe für das „Evangelische Jungmännerwerk in Württemberg" und für die Teilnehmer am Aufbaulager zu sprechen. Was ich damals gesagt habe, weiß ich nicht mehr. Aber, dass wir junge Menschen dort, wo wir als Deutsche viel Schuld auf uns geladen haben, ein Zeichen setzen wollten, als Bitte um Vergebung und Neubeginn, und dass ich dabei auf das Relief, das „Lamm Gottes", verwiesen habe, das weiß ich ziemlich sicher. Ich war mit meiner Ansprache gerade fertig, da drängte sich ein Mann durch die Menge der Anwesenden, kam zu mir ans Rednerpult, hob seinen entblößten Arm in die Höhe, zeigte auf die eingravierte Nummer und sprach in die Menge hinein und zu mir: „C'est maintenant fini, c'est termine!" Mehr sagte er nicht. Ich wusste sofort: Das war ein ehemaliger KZ-Häftling. Und für diesen Mann war mit dem, was wir in Manosque zeichenhaft getan haben, nach 12 Jahren ein Teil seiner Leidensgeschichte zu Ende gegangen.

Mit dem Mann konnte ich nicht sprechen, denn er zog sich so wie er gekommen war, durch die Menge der Anwesenden zurück, und ich habe ihn nicht wieder gesehen. Aber jene Szene, als der Mann seinen Arm hochhob und zum Ausdruck brachte: „Das ist jetzt Geschichte, das ist jetzt zu Ende!" – diese Szene werde ich nie mehr vergessen.

Walter Maier ǀ Albstadt

Wirkungen von Aufbaulagern

Aufbaulager Pomeyrol und Salon/Provence
1962 und 1963/1964

▪——————• Am 22. Januar 1963 wurde mit der Unterzeichnung des Elysèe-Vertrages durch Bundeskanzler Konrad Adenauer und den französischen Staatspräsidenten Charles de Gaulle der Aufbau eines Deutsch-Französischen Jugendwerks beschlossen. Bereits ein Jahr zuvor wurde im Sommer 1962 mit dem ersten Aufbaulager des ejw in Frankreich der Grundstein für die jetzt bald 50-jährige Zusammenarbeit mit den Schwestern der Communauté de Pomeyrol in Saint-Etienne-du-Grès bei Arles in der Provence/Südfrankreich gelegt.

So kurz nach dem 2. Weltkrieg war es noch gar nicht selbstverständlich, als 17-Jähriger eine so weite Reise in ein fremdes Land zu machen. Ich bin heute noch dankbar, dass ich die Chance bekam, durch dieses Aufbaulager eine für mich bisher fremde Lebens- und Glaubenswelt kennen zu lernen.
In Frankreich gab es damals noch keine Autobahnen. An einem Tag war die Reise in Privatautos über die kurvigen Straßen und die vielen Ortsdurchfahrten nicht zu schaffen. Wir hatten deshalb ein Zelt zum Übernachten dabei. Am ersten Tag kamen wir bis in die Nähe von Lyon und fanden am Ufer der Rhone einen abseits gelegenen, schönen Platz, an dem wir unsere kleinen Zelte aufschlugen. Am nächsten Morgen staunten wir nicht schlecht, als bereits um 5 Uhr in der Früh ein Lärmen losging. Kurze Zeit später waren wir eingekreist von vielen Männern, die ihre Angeln in den Fluss geworfen hatten. An Schlaf war nicht mehr zu denken. Als wir uns am Rhoneufer auch noch gewaschen und die Zähne geputzt hatten, haben die Angler ganz befremdet zu uns herüber geschaut.
Im Park von Pomeyrol standen damals noch zwei oder drei alte Wehrmachtsbaracken mit unseren Schlafräumen, einem großen

Aufenthaltsraum und Waschräumen. Die Arbeiten waren sehr vielseitig. Im Schwesternhaus Mas du Loup wurden die Sanitäreinrichtungen modernisiert, ein Schuppen für den Heizöltank und eine Garage für die „Ente", den „deux chevaux", gebaut. Wer als Bauarbeiter nicht unterkam, half im großen Park bei Baumfäll- und Rodungsarbeiten.

Der Tagesablauf war straff strukturiert. 4:15 Uhr war Wecken und Arbeit bis zum Mittagessen. Nach dem Mittagessen unternahmen wir meistens Ausflüge in die Umgebung. Wir haben damals viel von den Sehenswürdigkeiten der Provence und der Camargue kennen gelernt. Ab und zu haben wir auch am Nachmittag in der Bruthitze gearbeitet und wurden dafür am nächsten Tag mit einem Tagesausflug belohnt. Ziele waren u. a. Arles, Nimes, Pont du Gard, Les Baux, Glanum in St. Remy, Avignon, Orange, Les Saintes-Maries-de-la-Mèr, Aigues Mortes, St. Gilles. Ein richtiges französisches Menü in einem Restaurant durfte natürlich auch nicht fehlen.

Von dem Aufbaulager in Pomeyrol war ich so begeistert, dass ich mich ein Jahr später für das nächste Aufbaulager in Salon de Provence sofort wieder angemeldet habe. In Salon war das ein ganz anderes Erlebnis. Während wir in Pomeyrol stark in unsere eigene Gruppe und in die Communauté der Schwestern eingebunden waren, hatten wir in Salon sehr viel Kontakt zu der reformierten Gemeinde der Stadt.
Im Hinterhof des Pfarrhauses bauten wir einen Schuppen zu einem „Jugendhaus" um. Die Männer wohnten im Pfarrhaus, das Pfarrer Chabanon mit seiner Familie geräumt hatte. Die Frauen wohnten in der Stadt im Haus eines Arztes, der mit seiner Familie in den Urlaub gefahren war. Frühstück, Mittag- und Abendessen wurde unter den Platanen im Pfarrgarten serviert. Einige Male wurden wir von Gemeindegliedern in ihre Familien zum Abendessen eingeladen. Das war besonders beeindruckend. Fast keiner konnte etwas französisch sprechen und die Franzosen na-

türlich auch kein deutsch. Englisch half dann leidlich über die Runden. In der freien Zeit und am Wochenende machten wir Ausflüge nach Les Baux, Pomeyrol, Nimes und zum Pont du Gard.

Dass deutsche Jugendliche in ihrem Urlaub in Südfrankreich freiwillig und unentgeltlich ein Jugendhaus bauen, war auch der Lokalpresse am 16. Juli 1963 einen ausführlichen Bericht mit Bildern wert. Im „Le Meridional" stand auf Seite drei in fetten Lettern: „Der Glaube überfliegt die Grenzen ...", „Junge Leute aus Stuttgart bauen unter der Leitung eines alten Olympiachampions die Eglise Réformée." Gemeint war Architekt Gerhard Keller.
In der „Le Provençal" war auf der Titelseite Chruschtschow mit den Diplomaten Harriman und Haishan abgebildet. Sie hatten gerade in Moskau einen Vertrag über das Verbot von Nuklearversuchen unterschrieben. Und auf Seite drei dieser Zeitung war der Bericht zu lesen: „Die jungen deutschen Arbeiter verbringen ihre Ferien in unserer Stadt und bauen ein Jugendhaus der l'Eglise réformée."

Einmalig waren die Besichtigungen des Militärflughafens mit Luftfahrtschule in Salon, des Kriegshafens in Toulon und der Ölraffinerie in Martigues. Am Schlagbaum des Militärgeländes wurden wir von einem Omnibus abgeholt und durch das Gelände gefahren. Ganz Mutige durften in einen am Hangar abgestellten Düsenjäger Mirage oder in einen Hubschrauber klettern. Fast unwirklich wirkte auf uns die Beobachtung der Flugsicherung im fensterlosen Tower. Im Kriegshafen von Toulon wurden wir von einem Landungsboot erwartet und durch den Kriegshafen gefahren. Großen Eindruck hat der riesige Flugzeugträger auf uns gemacht, der gerade im Trockendock gewartet wurde. Am Eingang des Geländes der Ölraffinerie wurden wir ebenfalls von einem Bus abgeholt und durch das weite Werk mit den überdimensional großen Anlagen gefahren. Organisiert wurden die Besichtigungen von Gemeindegliedern der l'Eglise Reformée, die in diesen Einrichtungen an leitenden Stellen beschäftigt waren. Das hat beeindruckt.

Ein großes persönliches Problem hatte ich während des Aufbaulagers zu lösen. Nach meiner Musterung im Februar 1963 hatte ich den Kriegsdienst verweigert. Ende Juni teilte mir das Kreiswehrersatzamt mit, dass ich eine schriftliche Stellungnahme abgeben soll mit den näheren Gründen, die mich zur Kriegsdienstverweigerung veranlasst hätten. Ein paar Tage später erhielt ich die Mitteilung, dass der Verhandlungstermin auf Anfang August festgesetzt sei. Und dazwischen lagen dann noch die zwei Wochen des Aufbaulagers in Südfrankreich. Vor der Abreise schaffte ich es einfach nicht mehr, ein paar vernünftige Gedanken zu Papier zu bringen. Und im Pfarrhaus in Salon stellte sich heraus, dass durch die vielen Leute von früh bis spät in die Nacht ein geschäftiger Lärmpegel herrschte. Als Walter Maier, der Leiter des Aufbaulagers, von meinen Sorgen erfuhr, besorgte er mir über Pfarrer Chabanon ein altes Mofa und ein ruhiges Zimmer mit Schreibmaschine bei den Schwestern in Pomeyrol. Mitten im Park konnte ich dann im Pavillon in völliger Abgeschiedenheit meine Begründung schreiben und am nächsten Tag in der Mittagshitze die 50 km nach Salon wieder zurücktuckern. Mithilfe meines Beistandes Pfarrer Werner Dierlamm habe ich am 7. August 1963 die Anerkennung als Kriegsdienstverweigerer erhalten. Ganz bestimmt hat auch mein aktueller Bericht aus Frankreich die Kommission des Prüfungsausschusses beeindruckt.

Und dann ist auf diesem Aufbaulager noch etwas Seltsames passiert. Ich habe mich in ein junges Mädchen aus Geislingen verliebt. Was lag da näher, als dass wir uns auf die deutsch-französische Begegnungsfreizeit, die von der französischen Gemeinde von Salon gleich im nächsten Jahr wohl aus Dankbarkeit über ihr schönes Jugendhaus vom ejw angeboten wurde, gemeinsam angemeldet haben. Nun sind wir seit 45 Jahren miteinander verheiratet.

Diese Begegnungsfreizeit war durch nichts mehr zu überbieten. Die Männer haben wieder im geräumten Pfarrhaus und die Frauen beim Arzt übernachtet. Es wurde uns ein sehr abwechslungsreiches Programm geboten. Fast jeden Tag haben wir gemeinsam mit ein paar Franzosen Ausflüge mit unseren Privatautos gemacht. Zielpunkt war zumeist die evangelische Kirche in einer Stadt, z. B. in Marseille und Martigues, in Aix-en-Provence, in Arles und Nimes usw. Dort haben stets mehrere Gemeindeglieder auf uns gewartet und uns zum Mittagessen in ihre Familien mit nach Hause genommen. Die Camargue mit Aiges Mortes und Saintes-Maries-de-la-Mer und dem Stierkampf in Méjanes waren weitere Höhepunkte. Und an jedem freien Abend wurden wir von Gemeindegliedern am Pfarrhaus abgeholt und zum Abendessen in die Familien eingeladen.

In Pomeyrol wurden in weiteren Aufbaulagern 1970 die alten, baufälligen Baracken durch ein modernes Freizeitheim ersetzt, 1976 wurde ein Werkstattgebäude und 1998 ein neues Wirtschaftsgebäude mit Küche und Speisesaal gebaut.
Und vor 10 Jahren kamen einige der Pomeyrolfreunde der ersten Stunde – die meisten davon inzwischen im Ruhestand – auf die Idee, dringend erforderliche Sanierungsarbeiten an Gebäuden, Mauer und Park in einem Sondereinsatz durchzuführen. 2001 wurden die Gästezimmer renoviert und die Löcher in der Mauer geflickt. In den Jahren von 2002 bis 2011 wurden weitere Arbeitseinsätze der Senioren durchgeführt. Immer war die bröckelnde Mauer dabei, aber auch Fliesenlegen, Sanitärarbeiten, Schwesternzimmer sanieren, Gartentore und Fenster erneuern, Fahrradschuppen bauen, neue Betten organisieren, usw. Um die Heizkostenrechnungen nachhaltig zu reduzieren, wurden 2009 Sonnenkollektoren auf die Dächer gesetzt.

Über 100 Aufbaulager des ejw gab es seit 1962 in vielen Ländern Europas, Afrikas, Amerikas und dem Mittleren Osten. Ich bin mir ganz sicher: Das war jedes Mal ein segensreiches Werk und eine erfüllte Zeit für die Gastgeber und für die Teilnehmer.

Werner Klein | Kirchheim u. Teck / Jesingen

Das Hollerhaus –
ein Ort für christliche Gemeinschaft

▪——————— • Ab Ende der 70er Jahre suchte eine Abordnung des Bezirksarbeitskreises des Evangelischen Jugendwerks Bezirk Neuenstadt/Kocher – Hans Wieland, Udo Frank, Otto Ermold – einen geeigneten Platz mit Haus für Jugendfreizeiten und Mitarbeiterschulungen. Bisher wurden besonders Jungscharlager in Mannenweiler im Mainhardter Wald abgehalten, wobei als Küche die jährlich ausgeräumte Schnapsbrennerei diente.

Nach vielen Suchfahrten wurden die Mitarbeiter in Hollerbach bei Buchen fündig. Unser heutiges Hollerhaus gehörte damals, 1982, dem Katholischen Kinderheim „Klinge" bei Seckach. Glücklicherweise wollte dieser Besitzer das Anwesen nur an kirchliche Träger verkaufen und war bereit, von der ersten Kontaktnahme bis zum Kauf über ein Jahr zu warten.

In diese Zeit fielen besondere Ereignisse: Viele Informationsfahrten für Kirchengemeinderäte, Bezirkssynodale, Pfarrer und andere Interessierte. Der größte Bezirksflohmarkt „aller Zeiten" an zwei Wochenenden mit insgesamt 76.500 DM Reinerlös. Dies entsprach mehr als 10% des damaligen Kaufpreises von 750.000 DM. Innerhalb von nur drei Wochen waren Mitarbeiter und Freunde des Evangelischen Jugendwerkes bereit, 90.000 DM Spenden für dieses Projekt schriftlich zu zeichnen.

Ein herrliches „Wir-Gefühl", Zeichen von Gemeinschaft, wurde im Kirchenbezirk deutlich, das sich im Engagement fürs Hollerhaus bis heute erhalten hat.

Im Juli 1981 wurde eine Sondersitzung der Bezirkssynode für das Hollerhaus abgehalten. Große Zustimmung war deutlich.

Im November 1981 reagierte die Bezirkssynode einstimmig auf die Empfehlung des Kirchenbezirksausschusses und auf das Engagement im Evangelischen Jugendwerk: Die Finanzierung des Kaufs und weiterer 100.000 DM für den damaligen Umbau wurden beschlossen.

Natürlich waren zu diesem großen Vorhaben Finanzen und dadurch die Genehmigung von der Landeskirche nötig. Von der Kirchenleitung wurde weniger der Kaufpreis als Hauptproblem gesehen. Als in Zukunft schwieriger bezeichnete die Abordnung des Oberkirchenrates die Folgelasten wie Umbau, ständiger Unterhalt und anderes. Solche Häuser sind normalerweise ständige Zuschussbetriebe. Hier dürfen wir froh und dankbar auf die vergangenen Jahre zurückblicken. Ein segensreiches, ehrenamtliches Engagement bewirkte bei dem Selbstversorgerhaus einen jährlichen Überschuss im laufenden Betrieb, so dass dadurch ein Teil der Tilgung bewältigt und Rücklagen gebildet werden konnten. Dies machte auch die Durchführung der großen Umbau- und Erneuerungsarbeiten im Jahr 2000 leichter möglich. Architekt Werner Rüdele hat mit großer Geduld und Ausdauer ehrenamtliche Arbeiter und Handwerker „unter einen Hut" gebracht. Das Selbstversorgerhaus ist weit über unseren Bezirk hinaus begehrt, so dass es fast jedes Wochenende belegt ist und Schulaufenthalte auch an Wochentagen stattfinden. Tausende von jungen Menschen durften hier Freiheit, Freizeit, Austoben und Lagerromantik erleben.

Lebens-Werte durch Gemeinschaft unter der Botschaft der Bibel und ein jugendgemäßes Kennenlernen des Evangeliums von Jesus Christus haben Leben geprägt.

Otto Ermold | Neuenstadt

Umbruchzeiten – die 68er

In der Kulturgeschichte dieser Welt gibt es in verschiedenen Zeitepochen regelrecht verdichtete Umbruchzeiten. So zum Beispiel die Völkerwanderungen, die Entstehung der Industriegesellschaft, die Erfindung des Autos oder der Schritt ins Internet.

In den 68er Jahren waren vor allem junge Menschen auf den Straßen, in den Hörsälen der Universitäten, in öffentlichen Veranstaltungen, auch in Kirchen und Jugendevangelisationen, die dagegen waren. Manchmal wusste man nicht so genau wogegen. Aber an vielen Stellen war es sehr präzise formuliert. Öffentlich wurde demonstriert gegen übernommene Formen, „gegen den Muff von tausend Jahren unter den Talaren".

So wurde auch die Jugendarbeit neu aufgemischt. Es gab endlose, aber auch spannende Diskussionen, ob eine Andacht, Bibelarbeit oder Predigt nun gehalten werden durfte oder nicht. Ob es gemischte Schlafräume auf unseren Freizeiten gibt oder nicht. Außerparlamentarische Opposition nicht nur in Bonn, sondern auch im CVJM, in Gemeindehäusern, in Bezirksarbeitskreisen und Vorständen. Jede Menge Anträge zur Geschäftsordnung in den Delegiertenversammlungen des Evangelischen Jugendwerkes.

Umbrüche in der Gesellschaft, in der Kirche, in der Jugendarbeit bieten Chancen für Neues. Das „Neue" muss dann nicht spektakulär sein. Aber es zwingt die Verantwortungsträger, die Mitarbeiterinnen und Mitarbeiter, sich auf das Wesentliche, das Unverzichtbare zu konzentrieren. Das ist heute nicht anders. Wir leben heute in einer Diesseits-Versessenheit. Das Leben wird als letzte Gelegenheit gelebt. Das führt dann zum Missbrauch von ökonomischer Macht. Aus Menschen werden Waren gemacht.

Das macht etwas mit jungen Menschen und mit unserer Jugendarbeit. Umbruchzeiten sind nicht die schlechtesten Zeiten. Damals bei den 68ern nicht und heute auch nicht. Es gilt, hellwach zu sein.

Manfred Bletgen | Filderstadt-Bernhausen

Umbruchzeiten
die 68er

Eine bewegte Zeit

▪─────────── • Vor einigen Monaten begegnete mir Prälat i. R. Rolf Scheffbuch. Er erinnerte mich an die Jugendwochen, die wir vor über 40 Jahren gleichzeitig an vier Orten im Evangelischen Jugendwerk Bezirk Waiblingen durchgeführt hatten. Rolf Scheffbuch, damals einer der 4 Referenten, sagte: „Ich habe in meinem Leben viele Vorträge gehalten. Bei allen konnte ich danach ordentlich und gut schlafen. Aber damals bei der Jugendwoche bei euch war es mit dem Schlafen vorbei." Viele Verantwortliche litten damals an Schlafstörungen. Unsere Veranstaltungen wurden mit viel Intelligenz gestört. Wir Mitarbeiter waren sehr aufgewühlt und nicht nur die Nächte waren belastet. Aber der Reihe nach.

In der Jugendarbeit wurde es mühsamer
Auf 1. 1. 1962 wurde ich auf die neu geschaffene Stelle im Dekanat Waiblingen als Bezirksjugendwart, heute Bezirksjugendreferent (JR), berufen. Damals gab es in einigen Bezirksorten CVJM teilweise mit großem Programm. In den meisten andern Orten sammelten sich Jugendkreise, die überwiegend nach dem Krieg gegründet worden waren. Bald setzte eine traurige Entwicklung ein. Viele ältere und erfahrene Mitarbeiter zogen sich aus der Jugendarbeit zurück. Ich gehöre nicht zu denen, die mit Leichtigkeit Jugendliche begeistern können und bekam Selbstzweifel. Mein Eindruck war: Seit ich mich in der Jugendarbeit im Bezirk abmühte, ging es eher rückwärts.

Mein vorrangiger Auftrag war die Mitarbeiterschulung und -begleitung. Die Klagen der Mitarbeiter nahmen zu. „Wir wissen nicht recht, wie wir die zunehmend aufmüpfigen Jugendlichen ansprechen und interessieren können", hörte ich immer häufiger. Erschwerend kam dazu, dass die Jungmännerkreise, in denen sich die aus den Jugendkreisen heraus gewachsenen jungen Männer und auch die Mitarbeiter sammelten, in den meisten Orten aufgegeben wurden. Dadurch haben die Mitarbeiter ihre „Heimatgruppe" verloren und wurden „Einzelkämpfer". Das war sehr demotivierend.

In den 60er Jahren lief der Wirtschaftsaufschwung in der BRD auf Hochtouren. Die jungen Männer verdienten immer mehr, die individuelle Mobilität und damit der Zeitkonflikt nahmen stark zu. Viele Mitarbeiter und Begleiter der Jugendlichen zogen sich aus der Jugendarbeit zurück. Wir steigerten die Grundschulungen für die über 15-Jährigen. Aber in den Orten wurden die Mitarbeiter immer jünger und oft waren sie mit der Gruppenarbeit überfordert.

Die Probleme mit der örtlichen Gruppenarbeit habe ich dem BAK (Bezirksarbeitskreis) vorgetragen und ich bin heute noch den Verantwortlichen dankbar, dass sie sich intensiv mit den Problemen beschäftigt haben. Das führte zu einer Veränderung unseres Dienstauftrages. Wir Jugendreferenten sollten vorrangig dafür sorgen, dass in jedem Ort ein Mitarbeiterkreis gebildet werde, der mindestens 14-tägig stattfinden sollte. Wir mühten uns, diesen Auftrag auszuführen, aber viel Widerspruch kam uns entgegen. Was? – Wir sollen einen weiteren Wochenabend opfern? Dieses Zeitargument wog schwer. Viel Überzeugungsarbeit war nötig. Außerdem war uns bewusst, der Leiter des Mitarbeiterkreises muss ein weites und liebendes Herz für Jugendliche haben, viel von Jugendarbeit verstehen und den Glauben an Jesus Christus für junge Leute interessierend darstellen können. Wir erlebten Erstaunliches, für mich eine Gebetserhörung. In fast allen Orten fanden wir Männer und Frauen, die es wagten, den Mitarbeiterkreis zu leiten. Es war eine Herausforderung, denn an den Mitarbeiterabenden sollten die Teilnehmer alle Zweifel, alle Fragen, alle Kritik und alle Enttäuschungen sagen können. Der Leiter musste das aufnehmen und aushalten. Außerdem musste er eine Perspektive entwickeln und mit den Mitarbeitern nach einem gehbaren Weiterweg suchen. Hilfreich war, dass an jedem

Abend gemeinsam über einen Bibelabschnitt nachgedacht und gebetet wurde. Durch die vielen Begegnungen und Angebote des Bezirks sind die Mitarbeiter vor Ort und auch im Bezirk zu einer ermutigenden und sich gegenseitig stützenden Gemeinschaft zusammengewachsen.

Es wurde schwieriger

Unsere Ziele waren: Wir wollten den Jugendlichen zu einem frohen Heranwachsen verhelfen, ein gutes Miteinander ermöglichen, mit ihnen Verantwortung lernen. Die Grundlage dazu war für uns der Glaube an Jesus Christus. Darum bemühten wir uns, bei unseren Veranstaltungen zum persönlichen Glauben an Jesus Christus einzuladen. Dabei war es für uns unerlässlich, das Denken und Fühlen, die Wünsche und Sorgen der Jugendlichen mit viel Liebe wahr- und aufzunehmen. Besonders das Zusammenleben auf Freizeiten führte zu weiterführenden und intensiven Begegnungen. Wir beobachteten unter den Jugendlichen starke Veränderungen, denen wir mit einer gewissen Sympathie begegneten. Die Jugendlichen wurden kritischer. Mit den Fahrtenliedern konnten wir sie nicht mehr begeistern. Auch wir hatten mit manchen Traditionen viel Mühe. Dadurch konnten wir die oft berechtigten Wünsche der Jugendlichen bei den Veranstaltungen nicht genug beachten. Das große Engagement der Wiederaufbaugeneration erlebten viele Jugendliche belastend und oft lieblos. Die Kritik unter den Jugendlichen wurde heftiger. Irgendwo hatte ich gelernt: „Rebellion gehört zur Jugend und wir Jugendreferenten bekommen einen Teil des Verdienstes, um diese Rebellion auszuhalten." Aber das wurde immer schwieriger. Manche Veranstaltungen endeten nach unserm Eindruck in zerstörerischen Diskussionen. Das Wort „modern" war zu einem Qualitätsbegriff geworden. Für viele Jugendliche war das „Altmodische" einfach schlecht. Mit der Parole: „Wir schneiden alte Zöpfe ab!" betrieb damals eine Partei ihre Wahlwerbung. Unter den Jugendlichen kam der Slogan auf: „Trau keinem über 30!" und ich hatte damals gerade das 30. Lebensjahr vollendet. Die Mitarbeiterkreise mussten sich zunehmend mit der Frage beschäftigen: Wie gehen wir mit der oft sehr harten Kritik um?

Über eine andere Entwicklung waren wir etwas verwundert. Verhältnismäßig oft meldeten sich bei uns Jugendliche, die in der Jugendarbeit mitarbeiten wollten. Die Motive dazu waren vielfältig. Häufig, vielleicht sogar überwiegend, wollten die Jugendlichen die ideologisch gefüllte Kritik am Bestehenden entfalten. Damals tauchte plötzlich der Slogan auf: „Dieses Schiff (Kirche) sinkt!" Die jugendlichen Mitarbeiter haben das gern und häufig gesagt. Wir Älteren haben uns diesen Slogan verboten. Das gab manche Diskussion. Dabei merkten wir, mit welcher aggressiven Ideologie die Kritik besetzt war.

In diesem Negativklima wurden die Mitarbeiterkreise immer wichtiger. Die harte Kritik verdrängte das Evangelium. Irgendwie musste die geistige Auseinandersetzung stattfinden. Darum haben wir beschlossen: In der Jugendarbeit darf nur mitarbeiten, wer auch regelmäßig die Mitarbeiterkreise besucht. Das steigerte die Konflikte in den Mitarbeiterkreisen. Hilfreich wurden die weiterführenden Mitarbeiterschulungen.

Jährlich haben wir die Mitarbeiter neben allen anderen Zurüstungen zur Christusbruderschaft in Selbitz eingeladen. Dieses Angebot wurde zunehmend angenommen. Bei den Brüdern und Schwestern in Selbitz begegnete uns die vom Evangelium geprägte Gemeinschaft und das befreiende und erfreuende Erleben mit dem Wort Gottes. Das ermutigte uns, die Konflikte mit den Jugendlichen im Bezirk Waiblingen auszuhalten.

Die Konflikte verschärften sich

Immer wieder führten wir Aktionen und Bezirkstreffen für Jugendliche durch. „Songs of Christ", ein Konzert mit verschiedenen Musikgruppen aus der damaligen Jugendszene. Otto Haußecker mit Team habt diese Großveranstaltung vorbereitet und durchgeführt. Sehr viele kamen. Wir benötigten das größte Gemeindehaus. Für mich war diese Musik nicht „vergnügungssteuerpflichtig". Darum nahm ich gern die Aufgabe an, im Hintergrund für Gespräche und für die Mitarbeiter da zu sein. Es kam zu sehr vielen Kontakten und Gesprächen. Da das Lebensgefühl unter den jungen Leuten „modern ist in" sehr ausgeprägt war, wuchs die Anerkennung des Jugendwerkes. Auch das Interesse an der Mitarbeit nahm zu. Aber auch die zunächst eher latente Ablehnung der Bibel wurde immer lauter.

Eine andere Aktion: Gemeinsam mit den Mitarbeiterkreisen planten wir Jugendwochen, zu denen wir alle 17- bis 21-Jährigen im Bezirk Waiblingen einladen wollten. Mühsam suchten wir nach Themen. Diese sollten das Lebensgefühl der Jugendlichen berühren, zugleich aber auch die Botschaft des Evangeliums aufleuchten lassen. Ein Mal entschieden wir uns für das Wort „umdenken", ein anderes Mal formulierten wir „Leben mit neuem Sound". Dann beschlossen wir sehr mutig, eine ansprechende Zeitung zu erstellen, die das Interesse für die Veranstaltung wecken sollte. Da diese durch Spenden finanzierte Zeitung viel kostete, planten wir, die Jugendwoche in vier verschiedenen Orten des Bezirkes gleichzeitig durchzuführen. Durch die Verteilung der Zeitungen wurden die Jugendwochen bekannt. Sie wurden zum Stadt- und Ortsgespräch. Es gab auch viel Kritik.
Kurz vor Beginn der ersten Veranstaltung, der Saal war schon voll besetzt, kam ein Mitarbeiter angerannt und überreichte mir ein Flugblatt, das am Eingang den Besuchern ausgeteilt wurde. Ich las schnell ein paar Sätze und merkte, das ist ein Antiflugblatt. Die Kritiker hatten gezählt, wie oft wir in unserer Zeitung das Wort „Gott" benützt hatten. Hinter der Zahl stand ihre Gegenaussage: „Gott ist doch nur eine Leerformel". Die Veranstaltung begann. Der Referent, Siegfried Dehmel von der Stadtmission Berlin, konnte seinen Vortrag halten. Dann gaben wir Raum zum Gespräch und für Rückfragen. Die Flugblattverteiler, eine Gruppe Studenten aus Tübingen, meldeten sich sehr schnell zu

Wort. Wir mussten uns harte Kritik an unserer Zeitung und dem eben gehörten Vortrag anhören. Wir hielten anfangs dagegen, aber sie waren besser und diskutierten uns nieder. Unsere Gegendarstellungen wirkten eher lächerlich, so mein Eindruck an jenem Abend.

In den andern Orten war es ähnlich gelaufen. Mich begleitete eine große Unsicherheit, die sich in zunehmenden Ärger verwandelte. Meine Nacht verlief schlaflos. Einige von uns wussten, an den nächsten Abenden werden wieder Flugblätter verteilt. Bei der Mitarbeiterbesprechung vor dem zweiten Abend suchten wir nach Lösungen, wie wir auf diese Provokation der „Tübinger" reagieren könnten. Einer sagte: „Mit unserem Groll im Herzen finden wir nicht den rechten Weiterweg." Das war entlarvend. Danach beschlossen wir: Wir bemühen uns um Freundlichkeit. Einer sagte es so: „Besser ist, wir werden mit Dreck beworfen, als dass wir mit Dreck werfen." Mit diesem Beschluss hatte ich Mühe.

Die Jugend hat ein Recht auf Rebellion. Aber damals empfanden ich und andere diese Angriffe als Grenzüberschreitung. Wir Verantwortlichen hatten auch nach den weiteren Abendveranstaltungen, die ähnlich wie die ersten verlaufen sind, den Eindruck: Unser Ziel der Jugendwoche hatte sich ins Gegenteil verkehrt. Eine starke Resignation begleitete meinen Dienst. Das Jugendwerksprogramm lief weiter, aber die Einladung zum Glauben machte mir mehr Mühe. Die Ermutigungen der Mitarbeiter taten mir gut, aber ich fand keine Perspektive, wie es angesichts der lauter werdenden Kritik weiter gehen könnte.

Überraschende Veränderungen

Es war wohl 1970. Ein älterer Mitarbeiter rief mich an und erklärte: „Die Jugendlichen wollen mit mir die Bibel lesen. Aber die haben so viele Fragen. Ich schaffe das nicht, da musst du kommen." Ich war sehr überrascht und besuchte die Gruppe zu einem kurzen Zwischentermin noch in derselben Woche. Junge

Leute wollten Bibel lesen. Bisher bedrückte mich die Abwehrhaltung und jetzt staunte ich, sie saßen da und hatten ihre Bibeln mitgebracht. Von da an trafen wir uns wöchentlich am frühen Abend jeweils eine Stunde, weil meine Abende alle belegt waren.

Bei der nächsten Dienstbesprechung berichtete ich Otto Haußecker von der neuen Bibelgruppe. Zu meiner Überraschung erzählte er mir, dass die gleiche Bitte von einem anderen Ort auch an ihn herangetragen worden war. In immer mehr Orten wurden Bibelgruppen gegründet. Diese Veränderung hat alle Verantwortlichen sehr überrascht. Es wurden so viele Bibelgruppen, sie wurden modern „Bibelmeeting" genannt, dass wir öfters zwei Vorabendtermine wahrnehmen mussten. Auch die bisherigen Mitarbeiterkreise wurden eine Hilfe. In ihnen wurde schon immer ein Bibelabschnitt gelesen. Jetzt kamen neue und interessierte Leute hinzu. Unter den Jugendlichen war ein neugieriges Suchen und Fragen aufgebrochen.

Wir Verantwortlichen verstanden den überraschenden Wandel als Gebetserhörung und wurden sehr dankbar. Denn der Herr hat unser Tun erkennbar gesegnet. Natürlich waren die jungen Leute weiterhin auch ungestüm, manchmal verletzend, radikal, wie Jugendliche eben sein können. Wir Verantwortlichen hatten oft nach wie vor Mühe, den Weg der Liebe mit den Jugendlichen zu finden. Sehr viele kamen mit dem Wunsch, Mitarbeiter zu werden. Wir mussten das Schulungsangebot wesentlich steigern. Auch die Freizeiten wurden anders. Eine freudige Grundstimmung bestimmte die Freizeitgemeinschaft. Wir hatten nun viel mehr Mitarbeiter, die mit liebendem Engagement für andere da sein wollten. Die Teilnehmerzahlen bei unseren Veranstaltungen nahmen stark zu. Viele Jahre später hat mir ein Verantwortlicher aus dem Bezirk Waiblingen erzählt, dass immer noch viele aus jener Zeit mitarbeiten würden. Diese Nachhaltigkeit hat mich sehr gefreut.

Walter Dutt ❘ Nufringen

Die 68er Jahre

Ja, sie war schon ganz schön verrückt, die Zeit um 1968 herum. Da gab es Veranstaltungen mit schier endlosen Geschäftsordnungsdebatten. Da wurde alles, aber auch wirklich alles, hinterfragt. Wir Hauptamtlichen sowieso, aber auch die Bibel – und sogar Gott! Da kursierten dumme Slogans, wie „Trau keinem über 30!" und da war der alte Nietzsche-Satz groß in Mode: „Gott ist tot."

Aber es gab glücklicherweise auch andere Stimmen. Als eines Tages auf eine Mauer gesprüht war „Gott ist tot. Nietzsche", da war am nächsten Tag daneben gesprüht „Nietzsche ist tot. Gott." Wir in der Landesstelle wurden ebenfalls herausgefordert: Auf einer Freizeit war ein gewöhnliches Kaffeetrinken als „Agapefeier" tituliert worden. Wir stellten daraufhin fest und machten dies auch publik: „Ein Kaffeetrinken ist ein Kaffeetrinken und keine Agapefeier, und eine Agapefeier ist eine Agapefeier und kein Kaffeetrinken!"

Ein typischer 68er?

Der Deutsche Jugendhilfetag des Jahres 1968 fand in Stuttgart statt, und ich konnte als Vertreter des Evangelischen Jungmännerwerks daran teilnehmen. In einer Abendveranstaltung in der Stuttgarter Liederhalle gefiel sich ein Redner offensichtlich darin, möglichst kräftig zu provozieren. Jedenfalls gebrauchte er unter anderem mehrmals das Wort „Sch ...". Nun, schön war das gerade nicht, aber wir nahmen es hin. Als er sich dann jedoch dazu verstieg, sich über Gott lustig zu machen, erscholl aus unserer Mitte ein lautes „Buh". Ich muss gestehen, von mir kam es nicht. Aber als im nächsten Moment Dutzende lauter Buh-Rufe und auch jede Menge Pfiffe ertönten, war ich dabei. Jedenfalls konnte der Redner nicht mehr weitermachen und musste kläglich vom Rednerpult abtreten. Der Veranstaltungsleiter entschuldigte sich dann in aller Form „für die eben erfolgte Gotteslästerung". Ja, es war schon ziemlich turbulent damals in der 68er-Zeit!

Eine echte 68erin

Eine echte 68erin ist die kleine Evangelische Kirche in dem hübschen französischen Städtchen Gray an der Saone. Wir haben sie nämlich beim Aufbaulager 1968 gebaut. Wie üblich nach Plänen unseres unvergessenen Architekten Gerhard Keller. Dabei vergingen zwischen der Grundsteinlegung und dem ersten Gottesdienst in der bereits innen verputzten und mit selbst gefertigten Lampen erleuchteten Kirche gerade mal sechs Wochen.

Dass die Kirche sozusagen mit der Rückseite zur Straße steht, liegt an den französischen Behörden, die das halt so wollten. Die Evangelische Gemeinde hat jedenfalls der Kirche einen schönen Namen gegeben und ihn auch deutlich angeschrieben: „Chapelle de l'Amitie – Kirche der Freundschaft"!

Auch das war 1968

Während des letzten Abschnittes unseres Aufbaulagers 1968 mussten wir auch die Meldungen von der Niederschlagung des „Prager Frühlings" in der Tschechoslowakei vernehmen. Natürlich waren wir alle sehr traurig über diese Meldungen, fühlten uns aber daran völlig unbeteiligt. Schließlich waren es ja Truppen des Warschauer Paktes, die in Prag ihre Waffen eingesetzt hatten. Doch dann sagte einer unserer französischen Freunde sehr bekümmert und auch ein wenig vorwurfsvoll zu uns: „Und wieder waren Deutsche dabei!" Daran hatten wir, ehrlich gesagt, gar nicht gedacht, dass die Soldaten der DDR ja auch Deutsche waren. Durch die französische Sicht wurden wir ziemlich schmerzlich daran erinnert. Gott sei Dank ist die unselige deutsche Teilung inzwischen längst Vergangenheit ...

Gerhard Fey | Engelsbrand

1968

Ich denke, es muss 1968 gewesen sein. Ich war damals vierzehn. Willi Brandts Aufruf zu „Mehr Demokratie wagen" hatte auch die Arbeitsgemeinschaft Höhere Schule erreicht. Zum Sommerlager im Ferienheim Haslachmühle wurde mit der Überschrift „Demokratische Freizeit" eingeladen. Der Landesjugendpfarrer und seine Mitarbeitenden verfolgten damit wohl die pädagogische Intension, uns eher autoritär geprägte Jugendlichen zu selbstbewussten Demokraten zu erziehen. Und wir übten Demokratie! Nichts wurde mehr angepackt, was nicht zuvor im Plenum mit vielleicht 80 Jungen gründlich debattiert wurde und nach den Regeln der formalen Demokratie eine Mehrheit gefunden hätte. Ob dies nun ein Fußballspiel, einen Ausflug oder die Nachtruhe betraf. Alles stand zur Diskussion und wurde im Zweifelsfall niedergestimmt. Und wo einige Teilnehmer offenkundig bereits im Sitzungskampf erprobt waren, ging es bald nicht bloß um einfache, demokratische Mehrheiten, sondern um Alternativanträge, über die in der richtigen Reihenfolge abzustimmen war, oder komplizierte Anträge zur Geschäftsordnung, durch die die Komplexität meist ins Unlösbare erhöht wurde.

Ob außerhalb der parlamentarischen Spielwiese noch Wesentliches geschah, glaube ich eher nicht. Vermutlich hätten darum die Leiter dem endlosen Debattieren lieber bald ein Ende gesetzt. Aber sie kamen von dem Ritt auf dem Demokratietiger nicht mehr herunter. Gut in Erinnerung geblieben ist mir ein Mehrheitsantrag zur Abschaffung des Tischgebets, dem die Leitung ihr verzweifeltes Veto entgegensetzte. Dieses „autoritäre Diktat" musste selbstverständlich umgehend mit einer subversiven Aktion vom nächsten Vorbeter, einem der Jugendlichen, unterlaufen werden: „Stilles Gebet bis 15!"

Prof. Dr. Eckart Hammer | Reutlingen

Cevennen 1968

∎————————• Meine erste Erfahrung mit „dem Jugendwerk"
war das Landesjungenschaftslager in den Cevennen im Sommer
1968. In Le Chambon sur Lignon/Haute Loire. Neben meiner
Aktivität als Jungscharleiter war ich auch noch Mitglied unserer
Jungenschaft. Zusammen fuhren wir zum Landeslager nach
Frankreich – wir waren genau ein Zelt mit acht Jungenschaftlern
aus Wendlingen. Grün trugen wir auch als Jungenschaftler, aber
statt des Jungscharhalsbandes trugen wir eine weiße Schützen-
schnur, die wie eine Krawatte geknotet wurde und deren Ende in
der linken Brusttasche verschwand. Das Landeslager wurde geleitet von Landesjugendwart Adolph Luckan. Aufstehen nach Po-
saunenklang. Antreten um den Fahnenmast mit CVJM-Fahne
und Deutschland-Fahne, in Zelten zusammenstehen, genau im
Karree. Antreten zur Andacht. Hin und wieder fiel einer einfach
um – Kreislaufprobleme. Spielte aber keine Rolle. Tageslosung,
Andacht, Gesang. Gebet. Geordneter Abmarsch zum Frühstück.

Das Programm war vielfältig. Wir waren in den Cevennen unterwegs. Die Cevennen-Rundfahrt nannten wir „Tour de la Kotz".
Bei unserer dreitägigen Provence-Rundfahrt konnten wir ein
„Wein und Käseseminar" in der Jugendherberge von Avignon buchen. Sie wurde von einem alten Kumpel von Adolph Luckan
geleitet. Es war vergebliche Liebesmüh – wir verstanden gar
nichts. Natürlich wurde alles in Deutsch erzählt. Aber von den
Käsen kannten wir keinen, vom Wein wussten wir nichts. Wir
waren 15 Jahre alt – bei uns spielte Alkohol (heute glaubt man
das kaum) keine Rolle. Uns wurde allen schlecht. Einer übergab
sich in den Swimmingpool der Jugendherberge und verschwand
unentdeckt. Der alte Kriegskamerad von Adolph Luckan tobte
und suchte den Übeltäter in den Bussen. Vergebens. Wir haben
ihn nicht verraten. Über die Landesjungenschaftslager der nächsten Jahre haben wir später gehört, dass die Jugendherberge nur

noch über einen Nebeneingang verlassen werden durfte. Kein Jungenschaftler kam mehr am Pool vorbei.

Im Lager gab es ein Zelt, in dem die Mitarbeiter jeden Nachmittag um drei Uhr eine Spezialität anboten: Pommes Frites. Die kannten wir alle noch nicht. Vor unseren Augen wurden Kartoffeln geschält, in Stifte geschnitten und in eine Friteuse gefüllt. So etwas hatten wir noch nie gesehen. Für eine Mark gab es Pommes mit Ketchup (das kannten wir auch noch nicht) und wurde angekündigt als „französische Spezialität". Wir standen Schlange und gaben unser letztes Geld dafür aus. Viel hatten wir ja nicht.

Im Zeltlager habe ich einen Freund kennen gelernt. Martin Plieninger (keine Ahnung, wo der heute lebt). 1969 war das Jahr des Umbruchs. Die Aussöhnung mit dem Osten (Polen, UDSSR) spielte eine Rolle. Im Herbst 1969 gewann Willy Brandt die Bundestagswahl. Wir beide organisierten einen Diskussionsabend über die Ost-Denkschrift der EKD. Sie hat damals der Ostpolitik den Weg geebnet und der Aussöhnung mit dem Osten den Weg bereitet. Der Kniefall Willy Brandts in Warschau wäre ohne die Ost-Denkschrift der EKD nicht möglich gewesen. Von Seiten der CDU wurde das als „Verrat" diskutiert. Die Wogen gingen hoch. Im Lager auch. Als wir dafür warben – wir waren beide in der Redaktion der Lagerzeitung tätig – getippt auf Schreibmaschinen und über Spiritus-Wachsmatrizen-Vervielfältigern Blatt für Blatt gedruckt, und versuchten einen Handzettel in dieser Sache zu verbreiten – erschien Adolph Luckan. Jemand hatte uns denunziert, und wir wurden von ihm zur Brust genommen. Die Veranstaltung fand nicht statt und wir beide waren als „die Linken" gebrandmarkt.

Am Tag vor der Abreise, mit den ankommenden Bussen mit 140 neuen Jungenschaftlern sollten wir zurückfahren, war das Lager in Aufruhr. Unser Lager war auf einer Hochfläche. Unten im Tal, am Bach der Loire, war ein Lager der französischen Jugend. Sie waren in einfachen Holzhütten untergebracht. Wir hörten, dass dort am gleichen Tag eine Mädchenfreizeit begonnen hatte. Also beschlossen wir „Wendlinger", die jungen Damen aufzusuchen. Immerhin waren wir 15/16 Jahre alt. Nach Abendappell unter dem Fahnenmast mit Andacht, Gebet und „Nehmt Abschied, Brüder", Abmarsch zum Zähneputzen und dann ab ins Zelt, lagen wir lange wach. Nach zwei Wochen Lager wussten wir genau, wie die Nachtwache patrouillierte. Wir hatten auch zweimal Nachtwache und daher waren uns Zeiten und Abläufe bekannt. Wir warteten mit erhöhtem Adrenalinspiegel. Zum passenden Zeitpunkt rückten wir aus. Runter ins Tal, quer durch den Wald. Unten schlief schon alles. Niemand war zu sehen, Wir klopften an die Fensterläden. Gekicher war die Antwort. Ein paar konnten ein paar Worte Französisch. Ich leider nicht. Wieder Gekicher, Worte hin und her, nichts tat sich. Dann standen wir noch eine halbe Stunde herum, wussten nicht, was wir tun sollten und gingen schließlich den Berg hoch.

Vor unserem Zelt stand Adolph Luckan. Breitbeinig. Und faltete uns zusammen. Die Worte weiß ich nicht mehr. Aber das Ergebnis weiß ich bis heute: Strafdienst in der Küche. Kartoffelschälen. Die Neuen brachten Saitenwürste mit. Also gab es Saitenwürste mit Kartoffelsalat. In zwei Schichten. Wir waren 140, die Neuen auch. Plus die Mitarbeiter. Also Kartoffelsalat für ungefähr 350 Leute. Eher noch mehr.
Wir schälten Kartoffeln.
Wir schälten während der Morgenandacht.
Wir schälten, während die anderen ihre Sachen packten.
Wir schälten, als die Neuen ankamen.
Wir schälten, als unsere die Busse bestiegen. Die Jungs aus den Nachbarzelten hatten aus Solidarität unsere Sachen eingepackt. Als unsere Busse abfahren wollten, schälten wir immer noch. Die Neuen warteten aufs Essen.

Dann hieß es: Abfahrt! Rein in die Busse. Wir durften noch auf die Toilette und die Hände waschen. Der Kartoffelmatsch hing an meiner grünen Feldjacke. Mein Freund P. kam als Letzter rein. Uns war zum Heulen zu Mute. Er strahlte.

Adolph Luckan kam zur Verabschiedung auch in unseren Bus. Und machte uns erst mal runter. Zwei Wochen zusammen – und wir hätten kein Wort der Dankbarkeit geäußert. Eine Blamage. Dann ging er. P. grinste immer noch. Der Bus setzte sich in Bewegung. Nach einiger Zeit fragten wir ihn, warum er denn so grinsen würde. Nach dem stundenlangen Kartoffelschälen. Er erzählte: „In einem unbeobachteten Moment habe ich denen in die große Wanne mit geschälten und geschnittenen Kartoffeln rein gepinkelt." Die Stimmung hob sich schlagartig. Wir fuhren als Helden aus Frankreich zurück.

Die Ansprache von Adoph Luckan im Bus ließ mir keine Ruhe. Ich habe ihm nach der Rückkehr einen Brief geschrieben. In Dankbarkeit über viel Erlebtes. Aber auch mit Hinweisen über das, was nicht so gut war. Sehr verhalten natürlich, denn damals wagten wir noch nicht, gegenüber Autoritäten deutlich und ablehnend aufzutreten. Eine Antwort habe ich nie erhalten.

Vor wenigen Jahren hielt ich einen Vortrag, und ein Mann sprach mich anschließend an. Er war damals einer der Mitarbeiter in den Cevennen. Adolph Luckan ist schon tot. Der ehemalige Mitarbeiter erzählte mir, dass Adolph Luckan wohl meinen Brief immer wieder gezeigt hätte. Wir tauschten unsere E-mail Adressen aus – und wenig später konnte ich meinen Brief von damals nochmals eingescannt lesen. Das hat mich sehr berührt und gab meinem Bild von Adolph Luckan einen abschließenden Akzent.

„Boche!"
Während dieser Freizeit in den Cevennen gab es eine Tageswanderung durch die Berge. Meine Gruppe hatte den unwirtlichsten Teil erwischt. Wälder und Heide – so habe ich das in Erinnerung. Dazu Kompass, eine Kompassmarschzahl (als Jungenschaftler

konnten wir mit Karte und Kompass arbeiten) und eine undeutliche Karte. Immer drei Zelte zusammen bildeten eine Gruppe, die irgendwo ausgesetzt wurde (so habe ich das in Erinnerung), ein paar dürftige Informationen bekam und dann ging es los mit der Aufgabe, bis zum Abend den Lagerplatz zu finden. Wir irrten durchs Gelände und verliefen uns völlig. Als der Himmel sich verdunkelte und ein großes Gewitter aufzog, erreichten wir gerade noch eine Scheune neben einem alten, verfallen erscheinenden Gehöft. Während die Sintflut draußen niederging und wir im Trockenen saßen, ergab unsere Untersuchung der Scheune, dass diese bewirtschaftet war. Also entschlossen sich zwei von uns, im benachbarten Haus vorsichtig nachzuforschen. Sie kamen mit Baguette und Weinflaschen zurück. Da sie französisch sprechen konnten (sie trugen übrigens keine Fahrtenhemden, unsere Zeltnachbarn kannten so etwas überhaupt nicht und sahen sich in unserem Lager immer erstaunt um), hatten sie dem alten Besitzer von uns erzählt und von ihm Brot und Wein erhalten. Wir tranken den einfachen Landwein (und vertrugen ihn nicht) und aßen das knusprige Baguette, als auf einmal der alte Franzose mit Baskenmütze in die Scheune trat – er hatte noch mehr davon mitgebracht. Aber als er uns „Uniformierte" sah, erbleichte er, stellte alles auf den Boden, ergriff eine Mistgabel und schrie uns an. Noch heute habe ich seine Ausrufe „Boche! Boche!" im Ohr.

Wir wussten nicht, wie uns geschah. Mit der Mistgabel warf er uns aus der Scheune – hinein in den Gewitterregen. Nach Stunden kamen wir bis auf die Haut durchnässt in unserem Lager an. Auch dort war alles nass – auch unsere Koffer und Rucksäcke. Sie standen unter den Feldbetten im Wasser.

Dieses Ereignis hat mir keine Ruhe gelassen. Im Lager konnte sich niemand einen Reim drauf machen. Adolph Luckan gab uns keine Erklärungen.

Zuhause machte mir dieses Ereignis immer noch zu schaffen. Warum verkaufte uns der Franzose zuerst Wein und Brot, um dann mit einer Mistgabel auf uns los zu gehen? Wir hatten ihm doch nichts getan, nichts angestellt und wurden doch erst freundlich bei diesem Gewitter aufgenommen? Ich ging in die Stadtbibliothek und fand schließlich eine Erklärung. „Boche!" war das Schimpfwort für die deutschen Besatzer im 2. Weltkrieg. Gerade in den Cevennen gab es eine starke Widerstandsbewegung der Rèsistance. Die Widerstandskämpfer wurden gnadenlos verfolgt. Hier herrschte die Gestapo aus Lyon. Deren Chef Klaus Barbie, dem erst vor wenigen Jahren der Prozess gemacht wurde, war besonders grausam. Für jeden erschossenen Deutschen wurden auch in den Cevennen zehn Franzosen willkürlich zusammengetrieben und ermordet.

Als der alte Franzose uns in der Scheune in unseren Fahrtenhemden sah, mit dem Deutschland-Band über der linken Brusttasche, ist er ausgerastet. Ich habe aus der Literatur gelernt, ihn zu verstehen.

Und damit gleichzeitig gelernt, dass sich niemand auf „die Gnade der späten Geburt" (Ex-Bundeskanzler Helmut Kohl) berufen kann. Man ist hinein gewoben und damit auch verstrickt in die Geschichte. Dieser Verantwortung muss man sich stellen.

Jürgen Kaiser | Stuttgart

Über den Tellerrand hinaus – riskant und wirkungsvoll

Über den Tellerrand hinaus sehen, ist manchmal riskant aber wirkungsvoll. Wenn Christenmenschen dem Evangelium Jesu Christi glauben, darin und daraus leben, dann können sie nicht nur auf bzw. in den eigenen Teller schauen. Das geht vom Evangelium her nicht. Jesus hat seinen Jüngern im Johannes-Evangelium (17,18-21) gesagt: „So sende ich sie in die Welt ... damit sie alle eins seien."

Das mit dem eigenen Teller geht also vom Evangelium her nicht und damit auch nicht für das Evangelische Jugendwerk in Württemberg. Zumal es für das Jugendwerk eine sehr sinnvolle Zugehörigkeit zum CVJM-Gesamtverband und darüber zu einem weltweiten Jugendverband, dem YMCA, gibt. Da gibt es Schwestern und Brüder, Freunde in Nigeria, Eritrea, Sudan, Partnerschaften in Osteuropa, Slowenien und Rumänien. Besonders am Herzen lagen uns unsere Schwestern und Brüder in der ehemaligen DDR.

Vor wenigen Wochen in Berlin. Ich kam mit der U-Bahn am Bahnhof Friedrichstraße an, ging die Treppe hinauf und dachte: Hier standen sie immer, die Volkspolizisten. Hier ging der ganze „Grenzkladderadatsch" los, besonders wenn man etwas unverfroren mit den beiden Plastiktüten voll Bananen, Apfelsinen, Kaffee, Schokolade dastand. Löcher in den Bauch gefragt bekam, jonglieren musste, um nicht zu erzählen, dass man zum Jugendwartetreffen nach Ost-Berlin wollte.

Ähnlich war es mit den Grenzbeamten am Autobahnübergang nach Eisenach, die mein Auto besonders nach Büchern, Bibeln, Predigtmanuskripten durchstöberten. Obwohl sie wussten, dass es eine Partnerschaft zwischen der Thüringischen und der Württembergischen Landeskirche, damit auch zwischen dem Evangelischen Jungmännerwerk in Thüringen und dem Evangelischen Jugendwerk in Württemberg gab. Jugendarbeit/CVJM hat in unserer Gesellschaft eine wichtige Brückenfunktion.

Manfred Bletgen | Filderstadt-Bernhausen

Über den
Tellerrand hinaus –
riskant und wirkungsvoll

Vergesst die Brüder im Osten nicht

▪────────• Bewegendes

Als junger Bursche durfte ich an einem Reichstreffen des deutschen CVJM in Stuttgart teilnehmen. Das war ein besonderes Erlebnis, kam ich doch aus Thüringen dorthin. Mein Daseinsbereich war die DDR, wo man den „Sozialismus" aufbauen wollte und den Kommunismus als glückliche Endstufe menschlicher Entwicklung anstrebte. Atheistische Propaganda, Diktatur des Proletariats! Christen waren Leute aus dem „gesellschaftlichen Gestern". Junge Christen hatten es daher schwer in Schule, Berufsausbildung oder Studium. Aber in dieser Welt war ich damals durch evangelistischen Dienst Jesus begegnet und in seine Nachfolge und Mitarbeiterschaft gekommen. Da es noch keine Mauer gab, war es mir möglich, ins Ländle zu reisen und Anteil zu haben an dem großem Treffen vieler junger Leute. Besonders beeindruckend war für mich die Abschlussveranstaltung im Neckarstadion.

In einer Ansprache verwies der damalige Leitende Referent des Jungmännerwerkes in Württemberg (heute ejw) Walter Tlach auf ein großes Spruchband, worauf zu lesen war: „Wir vergessen die Brüder im Osten nicht!" Das war uns Mitarbeitern aus der „Sowjetzone" besonders tröstlich angesichts der Tatsache, dass wir dahin wieder zurückfuhren, um jungen Menschen im roten Osten das Evangelium zu bringen. Ich wusste nun: Im Westen haben wir Brüder, die an uns denken, für uns beten, uns besuchen und praktische Hilfe zu leisten bereit sind. Solches haben wir hernach reichlich erfahren und sind heute dafür noch dankbar.

Überraschendes

Hauptberuflich war ich als Landesjugendwart und Evangelist in Thüringen und darüber hinaus tätig. Der Kontakt nach Württemberg war stabil und herzlich. Jugendreferenten und leitende Mitarbeiter besuchten uns treu und sorgten dafür, dass wir dringend benötigtes Arbeitsmaterial, Fachliteratur, Büroartikel und Pkw-Hilfe bekamen. Dies oft auf abenteuerlichem Wege. Besonders die Begegnungen in Ostberlin oder in Thüringen waren ein besonders Geschenk. In brüderlichem Austausch und Gebet wurde uns Mut zugesprochen für die Arbeit unter schwierigen Bedingungen. Interessiert hörten unsere Patenbrüder zu, wenn ich meine Lieder zur Gitarre sang und baten, doch eine Tonbandaufnahme zu erstellen, was geschah. Sie wanderte unentdeckt durch die Grenzkontrollen. Bei einer Adventsbegegnung in unserer Ostberliner Zentrale wurde ich überrascht. Rolf Scheffbuch, damals Leitender Referent in der Danneckerstraße und sein Geschaftsführer Robert Seiler zauberten unter ihren Hemden kleine Single-Schallplatten hervor mit dem Titel: „Halleluja, gelobt sei Gott", Lieder gesungen von Hardy Eberle. Da hatte man doch tatsächlich die Lieder vom Band ohne mein Wissen zur Platte gepresst. Die Freude war groß.

Nun war ja die Ausfuhr von „Kulturgut" ohne staatliche Genehmigung streng verboten. Behörden und Stasi achteten darauf. Deshalb erschien die Platte mit Decknahme. Allerdings war auf der Rückseite der Hülle mein Konterfei zu erblicken. Es ging gut, obwohl unsere Genossen von der Sache Wind bekamen. So wurden diese Songs reichlich in Württemberg gesungen, z. B. „Wohin soll ich gehen?"

Unvergessliches

Jahre später erreichte mich eine Einladung zu einem Dienst beim Posaunentag in Ulm. Ich war verblüfft. Das war zu schön, um wahr zu sein. Die Brüder wollten mich bei diesem tollen Fest mit meinem Dienst dabei haben. Durch Vermittlung des Thüringer Landesbischofs wurde die Reise bewilligt. Ich konnte mir den begehrten Reisepass in Berlin abholen und von Tegel direkt nach Stuttgart fliegen, frei wie ein Vogel aus dem Käfig. Es war ein Traum. Nach vielen Jahren wieder im anderen Teil Deutschlands zu sein! Unvergesslich – bei der Ankunft sah ich Fritz Gaiser in der Empfangshalle auf mich warten, um mich zu begrüßen und brüderlich zu umarmen. Mit Gerhard Elser reiste ich nach Ulm. Der Wohlklang der 8000 Posaunen bewegte mich tief. Zusammen mit Dr. Theo Sorg und Rolf Scheffbuch durfte ich von der Münsterkanzel predigen. Dazu noch ein Einsatz im Theater. Konzert mit Liedermacher „Hardy Eberle" aus Thüringen, jetzt live. So sang ich „Gott ist immer noch Gott" und vieles andere mehr. Es hat mir Freude gemacht, da zu singen, wo treue Freunde dabei waren und lauschten. Schade, Frau und Kinder blieben weggesperrt. Ein Grund mehr, baldigst heimzukehren und als Evangelist mit einer Jugendmannschaft durchs Land zu reisen und den Dienst zu tun, den der Herr mir aufgetragen hatte. Und die Verbindung über den Zaun hinweg hatte Bestand, auch über die friedliche Revolution hinweg. Die Brüder und Schwestern im Ländle waren uns ein Geschenk und Werkzeuge Gottes, um fröhlich zu dienen, den Mut nicht zu verlieren, keinen Mangel zu haben und durchzuhalten. Dank euch, Ihr treuen Freunde.

Eberhard Laue | Gotha

Kontakte nach „drüben"

• Zu DDR-Zeiten war ja das Evangelische Jungmännerwerk Thüringen unsere Partnerorganisation „drüben",
und so trafen wir uns öfter in Ostberlin mit den „Thüringern".
Das war immer sehr schön und bereichernd, wenn wir auch dabei stets die oft recht schikanösen Kontrollen der Volkspolizei
über uns ergehen lassen mussten. Einmal konnte ich einen Besuch direkt in Erfurt bei meinem persönlichen Partner Eberhard
Laue machen. Und bei mir kam damals noch etwas hinzu: Ich
sollte während meines Besuches in Erfurt auch einen „Vertreter
des Bezirks" treffen, was sich leider nicht vermeiden ließ. So traf
ich denn den guten Mann in einem Erfurter Café und trank auf
Staatskosten eine Tasse Kaffee. Der Mann war sehr nett. Aber
schon nach wenigen Minuten fragte er, ob er noch einen Freund
zu unserem Gespräch hinzu bitten dürfe. Das konnte ich natürlich schlecht ablehnen. Und so kam der „Freund" dazu und übernahm auch deutlich die Gesprächsführung. Zum Glück merkte
ich ziemlich schnell, dass ich hier ganz schön ausgefragt werden
sollte und stellte mich dann einfach dumm. Zum großen Bedau-
ern der beiden beendete ich nach einiger Zeit das „interessante
Gespräch" und erzählte anschließend Eberhard Laue davon. Der
schüttelte nur den Kopf und murmelte irgendwas von „Staatssi-
cherheit". Er bestätigte damit, was ich die ganze Zeit vermutet
hatte: Offensichtlich wollten sie mich als „westlichen IM" oder
etwas ähnliches anwerben. Ich konnte es zwar noch nicht über-
prüfen, aber höchst wahrscheinlich gibt es bei der Stasi-Unterla-
gen-Behörde in Berlin auch über mich eine Akte ...

Gerhard Fey Engelsbrand

Grenzenlose Glaubensgemeinschaft

▎────────── •... lernte ich kennen und schätzen, wenn wir mit unserem Jugendwart des Evangelischen Jungmännerwerks in Erfurt für ein Wochenende nach Berlin fuhren, um uns dort mit Ehrenamtlichen aus Württemberg zu treffen. Als Erfurter Junge Gemeinde hatten wir den besonderen partnerschaftlichen Kontakt mit den Aktiven vom Evangelischen Jugendwerk in Ulm. Sie erzählten uns von ihrer Arbeit in der Jungschar, Jungenschaft ... Außerdem brachten sie uns Literatur und Liederhefte mit zur Verwendung in unseren Junge-Gemeinde-Gruppen in Erfurt. Wir haben die Erfahrung gewonnen, wie gemeinsam unsere Dienste sind, unseren Kindern und Jugendlichen in den Gruppen von Jesus zu erzählen. Ich erlebte in Berlin eine Gemeinschaft wie die in einer guten Familie. Das Wissen um unsere gemeinsame Basis, die Bibel, hat gestärkt und ermutigt. Als ich später im hauptamtlichen Dienst als Jugenddiakon beim Jungmännerwerk in Thüringen gearbeitet habe, erlebte ich immer wieder, dass wir als Geschwister, die sich um die Nachfolge Jesu bemühen, grenzenlos miteinander verbunden und gemeinsam auf dem Wege sind. Wir im Osten haben viel Hilfe und Ermutigung erfahren. Wir wussten von der Fürbitte der Schwaben für unsere Arbeit und empfingen viel Unterstützung. Als mit dem Fall der schrecklichen Grenze zwischen den beiden Teilen Deutschlands 1989/90 die Menschen versuchten, wieder zusammen zu finden, haben wir nicht von vorn beginnen müssen. Unter der Fürsorge unseres Herrn waren wir nie getrennt. Den Weg als Christus-Zeugen gehen wir unter neuen Voraussetzungen gemeinsam weiter – in Ost und West, in Nord und Süd. Gott sei Dank!

Dieter Oberländer | Erfurt

Ruf zur Leiterschaft

• Die eigentliche Überschrift könnte auch lauten: Ein Lebensbericht, der Gott die Ehre gibt und Jesus bezeugt. Er berichtet davon, dass der, der sich in Jesu Hände begibt, wunderbar geführt wird. Rückblickend erkenne ich, es muss „Berufer" geben und solche, die den Ruf annehmen. Eine Werkstatt, dieses zu lernen, sind die christlichen Jugendwerke. Dank euch, ihr „Rufer". Alle Männer und Frauen, die darin einen Auftrag erkannten, sind die „Meister an Gottes verlängerter Werkbank". Sehr gerne hätte ich alle meine „Meister" mit Namen genannt. Ihr steht im Buch des Lebens. Freut euch. Ihr habt bei Gott einen Namen. Von einigen wenigen, die zuerst „Steine des Anstoßes" in meinem Leben, dann aber zu „Meilensteinen" meiner Biografie wurden, will ich berichten. Der 14-jährige Günter bekommt den Auftrag von Pfarrer Wolfgang Breithaupt in der Lutherkirche zu Erfurt: „Mittwoch, 16 Uhr, wirst du die Jungschargruppe übernehmen." „Aber, ich kann das nicht und überhaupt, ich habe keine Zeit." „Liebst Du Jesus, hast Du eine Bibel, Gesangbuch? Erzähle ihnen von deinem Glauben. Anschließend dürft ihr für eine Stunde die Kegelbahn im Keller des Gemeindehauses Gerberstraße benutzen. Solltest Du noch Fragen haben, dann nach der Veranstaltung." Ende der Ansage! Ergebnis: Ich lernte, frei zu sprechen, las regelmäßiger die Bibel. Aus Pflicht wuchs Verantwortung. In der Folge absolvierte ich ein kirchliches Fernstudium (um es noch besser zu lernen) und stehe seitdem in der Freude der freien Wortverkündigung.

Jahre später. Ich arbeite auf dem Hof meines Handwerksbetriebes. Ich hatte einen Betrieb für Korbwaren und Möbelbau. Der Landeswart des Jungmännerwerkes Thüringen, Kurt Eis, kommt herein: „Hallo, Günter! Am Wochenende wählen wir einen neuen Vorstand. Mir gefällt nicht, dass es so wenige Kandidaten gibt. Alles soll doch, wenigstens bei uns, streng demokratisch zugehen. Stell dich zur Wahl. Also, Tschüss, bis dahin." „Wie, Wo, Was soll ich? Ich kenne doch euren Haufen gar nicht. Und überhaupt?" Kurtchen war schon weg und Günter ging zur Wahl und wurde gewählt. Ergebnis: Die christliche Jugendarbeit, die Jesus Christus als ihren Herrn und Meister anerkennt und diese Botschaft weiterträgt, erschloss sich mir in einem weltweiten Maße. Welch ein Reichtum, welche Fülle des Lebens taten sich da auf. Ich lernte Position zu beziehen, politisch, gesellschaftliche Gratwanderung junger Leute im Osten zu begleiten, wurde sprachfähig, lernte aus der Enge die theologisch-ökumenische Weite, andere Meinungen zu akzeptieren. Der Umgang mit extrem gegensätzlichen Jugendlichen unter dem Dach der Kirche war ein eigenes Lehrstück. Unter diesen jungen Leuten gab es ganz aktive, sehr offene, von der Gesellschaft/Stasi beäugte bis hin zu den ganz Frommen, die das alleinige Heil in ihrer charismatischen Gruppe zu finden hofften. Seelsorge und Management – was für eine Zeit war das. Fazit: Ich erwarb eine umfassende „Leiterschaftsausbildung." Heute würde man ergänzen, mit der Methode: Learning by doing. Die Mauer fiel. Meine größte Freude war, als Vorsitzender des Bruderrates der Jungmännerwerke der DDR in eine Kommission gewählt zu werden, in der ich als Leiter zusammen mit dem Generalsekretär des Deutschen CVJM, Ulrich Parzany, den seit 1934 verbotenen und nach dem Krieg im Osten nicht wieder genehmigten CVJM zusammenführen durfte. Halleluja, Gott alle Ehre! Welch ein Dank und Jubel. Ja, Herr Jesus, dich wollen wir als unseren Herrn und Heiland vor aller Welt bekennen. Besonders jungen Leuten wollen wir von dir erzählen, deine Botschaft ihnen nahe bringen. Damit auch sie an deinem Heil teilhaben dürfen. In dieser Zeit und in Ewigkeit.

Ein neues Arbeitsangebot machte mir ein Mitgliedsverband des CVJM, das Christliche Jugenddorfwerk Deutschlands (CJD). Einer der 150 Standorte des CJD in Deutschland ist nun in Erfurt. Wir fördern, begleiten, bilden aus. Arnold Dannenmanns Grundlage, das christlichen Menschenbild, gilt auch heute. Das Leitmotiv heißt: „Keiner darf verloren gehen." Das CJD bietet jährlich 150.000 jungen und erwachsenen Menschen Orientierung. Ich wurde angefragt, ob ich helfen würde beim Aufbau einer Einrichtung in Mitteldeutschland. So sagte man, weil man nicht diskriminieren wollte. Ich sagte zu und übernahm in Folge eine Einrichtung für Menschen mit Behinderungen aller Arten in Erfurt. Was ich dort erlebte, wäre eine längere Würdigung dieser Arbeit und seiner Menschen wert. Gott sei Dank, ihm alle Ehre!

Fazit der Betrachtung: Sag Ja, wenn Gott Dich ruft. Er tut das manchmal ganz unspektakulär durch Menschen, immer für Menschen! Das tut er, damit sein Reich gebaut wird und auch nicht EINES von seinen geliebten Kindern auf ewig verlorengeht. Jugendarbeit war eine spannende Brücke in meinem Leben. Ich bin noch unterwegs. Amen und Danke euch allen aus Jungmänenrwerk, CVJM, ejw, CJD und Kirchen.

Günter Steffenhagen | Erfurt

Geschichten aus der Landesstelle

Unser guter Hausmeister Walter Freund traf im Treppenhaus der Danneckerstraße auf einen Besucher, der ihn fragte:
„Gibt es in diesem Haus einen Aufzug?"
Nein, mein Herr, sagte Walter Freund kurz angebunden,
wir sind ein Jugendwerk. Bei uns läuft man.

Helga Strübel | Waiblingen

Meine Begehrlichkeit seid ihr

■————————• Eine alljährlich stattfindende Begegnung der Vorstände und einiger interessierter Mitarbeiter des Thüringer Jungmännerwerks mit dem Evangelischen Jugendwerk in Württemberg sollte stattfinden. Um umständliche Einreisegenehmigungen über Gastfamilien, die wiederum mancherlei an den Haaren herbeigezogene Gründe für den Besuch brauchten, zu umgehen – wir wussten, an einer Stelle im Staat wurde das Puzzle sowieso erkannt – trafen wir uns in Berlin. Bundesbürger und Gäste aus dem westlichen Ausland konnten gegen Gebühr ein Tagesvisum zum Besuch der Hauptstadt der Deutschen Demokratischen Republik erwerben. Als Ort der Tagung wählten wir eine diakonische Einrichtung in Berlin-Weißensee. Dort traf ich sie, die Brüder-West. Freude und Neugierde auf beiden Seiten. Für manchen von ihnen war es die erste Begegnung mit dem „Osten". Gastgeschenke wurden ausgepackt. Schokolade, echte wohlschmeckende, und Zigaretten für die „Süchtigen". Einiges, für die Arbeit sehr Hilfreiches wie Büromaterial, Benzingutscheine und manch ein Geldschein, konnten nur hinter geschlossenen Türen übergeben werden. Als Laienvorsitzender wollte ich das auch gar nicht genau wissen. Ein herzliches, lautstarkes Begrüßen wallte durch den Tagungsraum. Da war einer dabei, der mir besonders auffiel. Ein sportlicher, direkter Typ aus Pfullingen, Wilhelm Koch! Er muss mich beobachtet haben. Am Abend, nach dem offiziellen Teil des Tages, fragte er mich, warum ich mich nicht von den mitgebrachten Geschenken bedient hätte? Ich versicherte ihm, dass andere bedürftiger sind. Mal sehen, wenn etwas übrig bleibt, dann nehme ich gern Schokolade für die daheimgebliebenen Kinder mit.

Meine Begehrlichkeit seid ihr! Von euch will ich hören, wie ihr das Bekenntnis zu Jesus Christus mit dem Alltag in der westdeutschen Wirklichkeit lebt und umsetzen könnt. Na, da hatte ich in Wilhelm den richtigen Partner. Was hat er nicht alles zum Besten seiner Stadt angestellt. Stadtrat neben seinem Beruf, dem das Wohl der Kinder und Familien Herzensanliegen war. Leiter von Männerchören, Gründer eines Hauses für die CVJM-Familienarbeit im Ort, Naturfreund und Naturschützer, sehr interessierter Zeitgenosse mit Bodenhaftung. Ein rechter Kerl.

Da war es nicht verwunderlich zu fragen, wie legt ein Ostler, wie ein Westler einen Satz aus der Bibel aus. Er steht in dem Propheten Jeremia 29,7: „Suchet der Stadt Bestes." Gilt dieser Hinweis nur für Bürger eines Landes mit christlicher Regierung oder sollte man sich auch im Osten gesellschaftlich engagieren? Heiße Debatten am Rande. In der Folge dieser ersten Begegnung gab es genug Neugierde füreinander, die unsere Familien näher brachten. Die vergriffene Schokolade von einst gab es bei seinem Besuch in reichlichem Maße als Zugabe zu mancherlei Freundlichkeiten. Die Verbindung hielt, auch über den Bruch der Mauer und der neuen Freiheit zum Reisen. Gleich nach den ersten Tagen der Grenzöffnung lud uns die Familie Koch für ein paar Tage in die Stadt der Sehnsucht meiner Frau ein. Wir erlebten Wien mit seinen schönsten Seiten. Stadtführer war der Generalsekretär des CVJM in Österreich. Der Zauber eines Konzerts der Wiener Philharmoniker, die alte Weinstube mit Schrammelmusik in Grinzing, Mozart, das Schloss, der Dom, die Donau – herrlich! Danke, lieber Wilhelm, danke dir, liebe Margret!

Die Zeit verging. Schwere Schicksalsschläge und Anfechtung kamen über diese aktive, aus der christlichen Jugendarbeit erwachsene Familie. Es war ein Weg voller Schmerzen, der immer noch währt. Ich habe bis heute viel für euch gebetet. Spüre auch meine Hilflosigkeit. Wir sind Brüder, Kinder des einen Herrn. Ich schreibe diesen sehr persönlichen Bericht in einer besonderen Situation meines Lebens. Ich befinde mich im Krankenhaus. Genau vor einer Woche wurde ich operiert. Grund: Krebserkrankung. Nach Bekanntwerden dieser Mitteilung, meldeten sich viele Geschwister im Herrn und teilten mir mit: Wir beten für dich, sei getrost! Das ist Bruderschaft, gewachsen über Zeit und Grenzen. Für alle gilt der zur Zeit viel zitierte Vers des Liederdichters Arno Pötsch „Du kannst nicht tiefer fallen als nur in Gottes Hand, die ER zum Heil uns allen barmherzig aufgespannt."

Die Mauer aus Steinen und Stacheldraht, die uns trennte, ist gefallen. Gott sei Dank! Wir haben sie damals mit vielen Einfällen und großer Liebe überwunden. Mögen die nachfolgenden jungen Menschen im ejw und CVJM alles unternehmen, damit keine neuen Mauern der Trägheit und Selbstbezogenheit in ihrem Herzen entstehen. Wir würden ärmer und einsamer. Bei diesem Unternehmen dürfen wir uns auf Gottes Zusage verlassen.
Josua 1,5: „Niemals werde ich dir meine Hilfe entziehen, nie dich im Stich lassen."

Günter Steffenhagen | Erfurt

Mein Name ist Siegfried Ley

▪——————— • Aufregende Tage in der Evangelischen Jugend Thüringens. Ein Landesjugendsonntag sollte in Eisenach stattfinden. Solch eine Genehmigung war in der DDR nicht selbstverständlich. In Eisenach schlug das Herz der Evangelischen Lutherischen Kirche Thüringens. Der Bischofssitz lag auf der Höhe eines großen Park- und Waldgebietes. Hier sollte der Jugendtag stattfinden. Zehntausend junge Leute werden erwartet. Alles will organisiert sein. Vor zwei Tagen gab es noch ein mächtiges Problem. Die Durchführung stand auf der Kippe. Voraussetzung, eine solche Großveranstaltung stattfinden zu lassen, war die Aufstellung von Toilettenwagen. Die zuständige Abteilung der Ordnungsbehörde beim Rat des Bezirkes gab keine Zustimmung, weil der Antrag nur vom obersten Repräsentanten der Kirche eingereicht und unterschrieben, gültige Rechtsgrundlage einer Zustimmung der staatlichen Stellen sein kann. So war das. Nichts wurde dem Zufall überlassen. Für alles gab es Ordnungen, Gesetze, Anweisungen und Autoritäten. Schön von oben nach unten, mit Stempel und Unterschrift. Einen Namen musst du haben. Die Wichtigkeit des richtigen Namens macht es.

Zum Ereignis: Das Jungmännerwerk war nur Teil der gesamtkirchlichen Jugendarbeit. Wir erfreuten uns aber eines hoch respektierten, missionarischen, frei gestaltbaren Arbeitsauftrages in der Jugendarbeit der Kirchen. Es gehörte zum Procedere eines solchen großen Festes, „internationale" Gäste einzuladen, natürlich auch die Partnerkirchen und deren Werke aus der Bundesrepublik. Damals wurden die Brüder und Schwestern privat bei Freunden unserer Jungmännerwerksarbeit untergebracht. Als Vorsitzender des Werkes war mein Gast „selbstverständlich" der Vorsitzende des ejw. In der Vorbereitung der Durchführung wurde mit den Eisenacher Brüdern ausgemacht, dass Gerhard Elser bei Eberhard Laue in Erfurt untergebracht ist. Der von mir hochgeschätzte Geschäftsführer des ejw, der „spiritus rector", ein Mann, der in stiller, liebenswürdiger Art, ganz schwäbisch, bei entscheidenden Fragen sehr kompetent und großherzig handelte, ein Mann mit Weitblick und Herzensgüte. Er bringt den Vorsitzenden des ejw mit. Ich wohnte zu der Zeit in Ohrdruf. Wir vereinbarten die Übergabe meines Gastes an der Autobahnabfahrt Gotha. Der Anruf kam von Kurt Eis, dem unvergessenen, damaligen Leiter der Bildungsstätte im Neulandschlösschen. Dieses Haus wurde mit vielen Spenden und persönlichen Einsätzen der Geschwister des ejw seinerzeit saniert. Eine Geschichte für sich, wenn ich allein nur an die Mühen und Kosten des Fenstereinbaus denke. Danke euch Damaligen!

Kurt also rief an: „Sie sind da! 11:30 Uhr an der Ausfahrt Gotha. Gerhard fährt einen roten Kombi. Tschüss, bis bald!" So fuhr ich zum vereinbarten Treffpunkt. Das war aber kein Parkplatz, nur eine Haltespur, die in Richtung Erfurt auf die Autobahn mündet. Ich stellte mich trotzdem hin. Das rote Auto kam. Gerhard hielt an. Wir begrüßten uns. Der Vorsitzende des ejw stieg aus. Unterdessen nahten sich Beobachter der Szene. Ich hatte schon bei meiner Ankunft bemerkt, dass da zwei Polizeiautos und ein Zivilwagen stehen. Die Herren hielten sich aber diskret zurück. Jetzt standen sie neben uns. Die informierte „Überwachung" der DDR wusste bereits alles. Ich ging wenigstens davon aus. Einer der Beamten, er sah gut dekoriert aus, sicher der Ranghöchste, salutierte (sagt man das so?) und fragte: „Hat das auch seine Richtigkeit mit dem, was Sie da gerade unternehmen?" Mein Gast sagte: „Mein Name ist Siegfried Ley." Ich ergänzte schnell und nicht ganz korrekt: „Der Vorsitzende der evangelischen Jugendarbeit der Bundesrepublik. Sie wissen doch Bescheid meine Herren! Nun habe ich noch eine Bitte an Sie. Seien Sie so nett und sperren für einen Augenblick die Autobahnausfahrt Richtung Gotha. Dann kann ich ungefährdet rückwärts fahren und unseren Staatsgast gesund ans vereinbarte Ziel bringen."

Die Polizisten salutierten und gaben mir das Zeichen rückwärts auf die Ausfahrt zu stoßen, um meinen Weg nach Ohrdruf fortzusetzen.

Am Tag des Landesjugendsonntags in Eisenach. Ich fahre mit meinem Gast, dem Vorsitzenden des ejw, zum Veranstaltungsort. Wer schon einmal in Eisenach war, weiß, diese Stadt liegt auf vielen wunderschön bebauten, grünen Hügeln, oftmals gekrönt mit einem prächtigen Haus aus der Jugendstilzeit. Auf einem solchen Berg hat die Kirchenleitung ihren Bischofssitz. In dieser Umgebung soll auf Bühnen und in Zelten das Fest stattfinden. Ich ging mit meinem aufmerksam um sich blickenden Gast die Straße hinauf. Wir trafen den ersten mir bekannten Jungen aus Erfurt. Er grüßte freundlich und kam näher. Mein Gast gab ihm die Hand, schaute ihm in die Augen und sagte mit schwäbischem Wohlklang der Stimme langsam und deutlich: „Mein Name ist Siegfried Ley." Dieses Procedere wiederholte er mit all den Vielen, die uns noch im Laufe des Tages begrüßten und es waren nicht wenige!

Es war für mich eines der einprägsamsten Erlebnisse, von mir erst sehr viel später verarbeitet und bedacht. Siegfried Ley erlebte ich als klugen und feinsinnigen Mann. Er war Dozent am Pädagogisch theologogischen Zentrum in Stuttgart. Bei einem Besuch fuhr er mit mir zu den bedeutendsten Orten des württembergischen Pietismus. Wie verstand er es, mir die Glaubensväter lebendig vor Augen und Herz zu stellen. Was hat ihn bewegt, einem Namen soviel Aufmerksamkeit zukommen zu lassen? Sagte einer seinen Namen nicht oder verstand er ihn nicht deutlich, fragte er nach. Offensichtlich ging es um den Namen jedes einzelnen Menschen, den Siegfried Ley traf, ob es ein Kind war oder der Herr Bischof. Du hast einen Namen! Ich habe die Bibel dazu befragt und bekam folgende Antwort, hier nur eine kleine Auswahl. Mose redet mit Gott. Er will etwas von ihm und er tut das mit dem Hinweis: Gott, du kennst doch meinen Namen (2. Mose 33,12).

Im Propheten Jesaja, Kapitel 43, berichtet uns die Bibel: Gott hat uns geschaffen. Fürchte dich nicht, denn ich habe dich bei deinem Namen genannt; du bist mein! Jesus sagt: „Freuet euch, dass eure Namen im Himmel geschrieben sind." Paulus schreibt in Philipper 4 in überschwänglichen Worten an seine lieben und ersehnten Brüder, seine Freunde: „Eure Namen sind im Buch des Lebens."

Ich denke, hier setzt mein „Verstehen" an, was Siegfried Ley bewegte. Er trifft seine lieben und ersehnten Brüder. Seine Freude ist groß, weiß er doch, ihre Namen sind im Buch des Lebens geschrieben. Aber noch viel mehr steht dahinter seine Art, dem Leben und den Menschen zu begegnen, seine Menschenfreundlichkeit, sein Respekt vor Gottes Kindern. Ich habe einen Namen. Ich bin ein einmaliges, unverwechselbares Geschöpf Gottes. Von ihm haben wir unsere Würde. Unser Name macht uns zu Gottes ansprechbarem Gegenüber. Ich/ Du darfst ihn anrufen wie Mose und sagen: Gott, du kennst doch meinen Namen.

Siegfried Ley lehrte mich, den Nächsten als Gottes geliebtes Kind zu sehen. Deshalb gebührt ihm, dem Kind oder dem Erwachsenen, dem Kleinen oder Großen die gleiche, ganze Aufmerksamkeit. Gott hat unseren Namen ins Buch des Lebens geschrieben. Schon deshalb sollte uns der Nächste nie gleichgültig sein. Wer ist mir denn von den vielen Menschen in Ost und West in Erinnerung geblieben? Bei aller Schwachheit meines Verstandes und meiner Vergesslichkeit, es waren die, die mich mit Namen kannten. Für wen konnte ich denn beten und vor Gott einstehen? Es waren die, deren Namen ich kannte. Danke, lieber Siegfried, dass ich das bei dir lernen und vertiefen durfte. Gott helfe uns, aufeinander in dieser Erkenntnis zuzugehen und dann in Würde miteinander umzugehen.

Günter Steffenhagen | Erfurt

Deutsch-deutsche Grenzübertritte

▪ ——————————• Unsere Partnerschaften mit dem Evangelischen Jungmännerwerk Thüringen und dem Evangelischen Mädchenwerk Thüringen waren eine wichtige Aufgabe für uns. Und wir Württemberger sind immer wieder dankbar von den Begegnungen zurückgekommen. Uns hat immer der Ideenreichtum und der Mut unserer Schwestern und Brüder für ihre Arbeit an und mit jungen Menschen überrascht und gefreut. Das wird an anderer Stelle in diesem Buch deutlich. Aber die Grenzübertritte in die DDR waren ein besonderes Abenteuer. Dazu drei Episoden:

Ich war mit Annelise Bausch (unserer unvergessenen Studienleiterin im Bernhäuser Forst) im Auto nach Thüringen unterwegs. Am Grenzübergang in Eisenach kam vom „Kontrolleur" wie immer die stereotype Frage: „Haben Sie Waffen und Munition dabei?" Annelise hat auf diese Frage in ihrer unnachahmlichen Art zurück gefragt: „Ist das jetzt Vorschrift bei Euch?" Der Fragende war so verdutzt und hat uns einfach durch gewinkt. So schnell war ich bisher noch nicht über die Grenze gekommen.

Ein anderes Mal war ich mit einer anderen Mitarbeiterin wieder am Grenzübergang. Die DDR-Methode war davon geprägt, Unsicherheit zu vermitteln. Und die Zeichen zum Weiterfahren waren deshalb nicht immer eindeutig. Wir waren der Meinung, wir hätten ein Zeichen zum Vorfahren zum nächsten Kontrolleur bekommen. Aber weit gefehlt. Wir wurden angeschnauzt, wie wir dazu kämen, weiter zu fahren. Die Mitarbeiterin: „Wir dachten, der Beamte da vorne hätte uns ein Zeichen gegeben." Antwort: „Wir haben keine Beamten, wir sind ein Arbeiter- und Bauern-Staat." Die Mitarbeiterin antwortete darauf: „Also, wir waren der Meinung, der Bauer da vorne, hat uns ein Zeichen gegeben." Auch hier wieder die gleiche Situation: So schnell waren wir sonst nie durch.

Für eine Fahrt wählte ich den Grenzübergang Meiningen. Dieser war nicht stark frequentiert. Vor mir und nach mir war kein Auto in Sicht. Dieses Mal war eine Frage des Kontrolleurs: „Haben Sie Drucksachen dabei"? Ich verneinte diese Frage. Und dann musste ich meinen Koffer öffnen. Da lag mein Losungsbüchle und meine Bibel. Frage: „Sind das keine Drucksachen?" Antwort: „Doch, aber beides sind sehr persönliche Dinge und das sind für mich Grundnahrungsmittel." Diese Antwort akzeptierte er. Und dann blätterte er eifrig in der Bibel und fragte: „War das Alte Testament nicht mehr gut genug, so dass man ein Neues Testament schreiben musste?" Da keine weiteren Autos kamen, hatte er viel Zeit. So konnten wir uns zehn Minuten über den Inhalt der Bibel unterhalten.

Gerhard Elser ⏐ Nebringen, Geschäftsführer des ejw 1978-1998

Unterwegs in feindlich-freundlichem Gebiet

Mikhail Guskov, heute Regionalsekretär des YMCA Europe in Russland, war vor Ende des Kalten Krieges Offizier der russischen Streitkräfte. Als er Deutschland das erste Mal Anfang der 90er Jahre besuchte, war er mit deutschen Freunden des CVJM in der Nähe von Heilbronn unterwegs. Während sie miteinander fuhren, kam es ihm vor, als sei er schon einmal hier gewesen. Dabei wusste er definitiv, dass es sein erster Besuch in Deutschland war.

Er wunderte sich über diesen Eindruck, der sich verstärkte, je länger sie fuhren. Allmählich wurde ihm unheimlich, denn er konnte sich keinen Reim darauf machen, warum ihm die Straßen so seltsam vertraut waren. Dieses beklemmende Gefühl verließ ihn auch in den nächsten Stunden nicht, bis ihm klar wurde, woher diese „Erinnerung" kam. Bei strategischen „Planspielen" des russischen Militärs war er einst beteiligt, als es darum ging, sehr detaillierte Pläne gerade dieser Gegend bei Heilbronn aufzukleben und zu bearbeiten. Dabei hatte er sich die Details der Landschaft und der Straßen offensichtlich so fest eingeprägt, dass allein die Fahrt durch diese Gegend zu einem Déjà-vu-Erlebnis wurde.

Als er das realisierte machte sich in Mikhail eine große Erleichterung breit. War er doch jetzt nicht mit militärischen Zielen in feindlichem Gebiet unterwegs, sondern mit Freunden in der europäischen Gemeinschaft des YMCA, um voneinander zu lernen und miteinander Glauben zu feiern.

Markus Häfele | Remshalden

Nigerianische Demokratie

■—————• Der Nigerianische YMCA schmückte sich mit einem richtigen Häuptling, der zur Weltratstagung 1957 nach Kassel kam, Chief Oyesina. Er war der einzige Delegierte aus Nigeria und hinterließ einen mächtigen Eindruck, als er bei der Abschlussrunde mit lachendem Gesicht und weit ausgebreiteten Armen den Delegierten aus der Weltgemeinschaft mit eindringlichen Worten zurief: Kommt herüber nach Nigeria und helft uns. Das war der Startschuss. Der deutsche CVJM hat sich mit jeweils einem Bruderschaftssekretär in Südamerika und Ghana hervorgetan, nun sollte Nigeria folgen. Egon Slopianka wurde 1963 beim Jungmännertag in Stuttgart ausgesandt und arbeitete seitdem in Ibadan, im westlichen Teil Nigerias. Doch im riesigen Norden, im bedeutend größeren Teil des Landes, war noch viel Aufbauarbeit zu leisten. Das war die Vision von Chief Oyesina, dass ohne CVJM im Norden kein Nationalverband denkbar, sondern immer unvollendet bleiben würde.

Das war auch meine Meinung, und wir waren bereit, uns nach Kaduna, Hauptstadt Nord-Nigerias, aussenden zu lassen, was dann auch im Rahmen des Jungmännertages 1966 passierte. In der Zwischenzeit überschlugen sich die Turbulenzen. Wir waren in Ibadan bei Slopiankas, lernten eifrig Hausa und warteten ab, zu welchem Einsatzort wir letztendlich aufbrechen würden.

Die politische Lage machte vielen Angst. Den Norden zu diesem Zeitpunkt zu unterstützen, schien nicht ratsam. Die meisten Männer, die das Sagen hatten, plädierten für Benin als den neuen Schwerpunkt unserer Arbeit. Der südliche Teil vom Westen bis nach Osten wäre mit dabei, der riesige Norden allerdings bliebe unberücksichtigt.

Unser Chief jedoch hegte ganz andere Vorstellungen. Die Männer redeten sich heiß, niemand kam auf die Idee, den Norden zu unterstützen. Der Chief ließ jeden ausreden, niemand wurde schäbig behandelt. Jeder konnte seine Bedenken ausdrücken, bis die Entscheidung fallen musste. Sie war überaus wichtig.

Wenn die Entscheidung so ausfiel, wie wir nach dem Stand der Diskussion annehmen mussten, hieße das für uns ein rasches Umdenken von Nord nach Süd, von den Hausas zu den Middle Beltlern, von der heißen Savanne, nördlich des Flusses Niger, woher Nigeria seinen Namen hat, hoch bis nach Sokoto, Kano und Maiduguri.

Uns war schon etwas bange. Konnte unsere Aufgabe gelingen, CVJM zu gründen und sie in unseren Nationalverband zu integrieren? Ich sehe ihn noch vor mir, den Chief mit seinem freundlichen Gesicht, seiner Kleidung, als säße er auf dem Chiefsessel und würde raten und richten.

Dieser Chief stand auf. Er gab sich und den Diskutanten Zeit, ruhig zu werden und sich wieder innerlich neu zu ordnen. Er fasste das Für und Wieder kurz zusammen und dann fiel die Entscheidung! Ich, Chief, habe mich für Kaduna entschieden. Die Männer klatschten und alle freuten sich, dass bei solch einer strittigen Frage das Machtwort nur eines Mannes den Ausschlag gab. „Afrikanische Demokratie!" Ich war einmal mehr um eine wichtige Erfahrung reicher.

Wären wir nach Benin gekommen, so hätten wir unsere Koffer schon wieder ein halbes Jahr später gepackt und wären heimwärts geflogen. Denn die biafranische Armee ist bis kurz vor Lagos vorgerückt. Was wäre aus dem Norden geworden?

Fritz und Brigitte Mast ı Grötzingen

Vielfältige Nebenwirkungen

Auf einem Zeltlager am Ledrosee fiel mir als Freizeitleiter auf, dass sich gegen 15:00 Uhr einige Jungs täglich am Küchenzelt einfanden. Als ich näher kam, stand ein 15-Jähriger mit einem „Gsälzbrot" vor mir, strahlte mich an mit den Worten: „Süß braucht's der Bua." Im Küchenzelt machte Gertrud, unsere Köchin, lächelnd den Marmeladeneimer wieder zu.

An dieser Stelle sei ein großes Dankeschön an alle Frauen, manchmal auch Männer, gesagt, die auf Zeltlagern, Aufbaulagern, Freizeiten in der Küche mitarbeiten. Wenn man Propangas-Hockerkocher unter einer Zeltplane Küche nennen kann. Jede Freizeitleiterin, jeder Freizeitleiter weiß, dass eine gute Verpflegung mindestens „die halbe Miete" zum Gelingen der Freizeit oder des Aufbaulagers ist. Hungrige Mägen können Ohren blockieren. Ermöglicherinnen und Ermöglicher waren und sind sie alle mit ihren Gaben, die sie einbringen.

Menschen, die ein Herz, einen Blick, Zeit für Menschen haben. Die nicht nur Termine und Programme durchziehen, Inhalte abspulen, sondern die präsent sind mit ihrer ganzen Person. Solche Nebenwirkungen sind nicht nur auf Freizeiten wichtig, sondern genauso in der kontinuierlichen Jugendarbeit. Welch eine Vielfalt von Begabungen, Fähigkeiten handwerklicher, kaufmännischer, kreativer, musikalischer Art, werden wie Nebenwirkungen eingebracht, aber nur dadurch wird das Ganze ermöglicht.

Sie sind oftmals die eigentlichen Mentorinnen und Mentoren, die eine Wegstrecke mit einem Menschen mitgehen. Durch die man Gott verstehen kann, in deren Nähe man Vertrauen entwickeln kann.

Verkündigung des Evangeliums geschieht nicht nur in Monologen, sondern dort, wo Menschen mit Menschen das Leben teilen. Da können dann Nebenwirkungen zur Hauptwirkung werden.

Manfred Bletgen | Filderstadt-Bernhausen

Vielfältige
Nebenwirkungen

Haben Sie Zeit für mich?

■─────────── • „Spreche ich mit Elisabeth Rostan in Friedrichshafen? Schön, ich bin Dieter Eitel vom Evangelischen Jugendwerk in Stuttgart und möchte fragen, ob Sie am kommenden Donnerstag Nachmittag eine Stunde Zeit für mich hätten. Ich bin auf dem Weg nach Sils Maria und würde gerne bei Ihnen vorbeikommen." So ähnlich muss es sich angehört haben, das Telefongespräch Anfang der 80er Jahre, als es mir für einen Moment die Sprache verschlug! Hatte ich richtig gehört?

Dieter Eitel, Leitender Referent im Evangelischen Jugendwerk rief mich an, eine Jugendleiterin in der Provinz? Ohne die vorherige Stimme einer Sekretärin – „Moment, ich verbinde ..." – einfach so, direkt für mich am Telefon: Dieter Eitel?

Und, was hatte er gesagt: Ob ich Zeit für ihn hätte ... „Umgekehrt wird ein Schuh draus", dachte ich. Mein Überraschungs-Zögern muss wohl etwas länger gedauert haben: „Sind Sie noch dran?" , fragte er und weiter „Sagen Sie, wenn es ihnen nicht passt, sicher ergibt sich sonst wieder eine Gelegenheit."

„Doch, doch, das passt mir gut. Ich freue mich sehr und bin einfach nur total überrascht!" „Schön, dann können wir uns bei einer Tasse Kaffee ein wenig unterhalten. Ich denke, dass ich gegen 15 Uhr bei Ihnen bin. Sollte ich erst später wegkommen, rufe ich noch einmal an."

Es wurde dann ein wunderschöner Nachmittag. Was wir genau gesprochen haben, weiß ich nicht mehr. Er fragte viel und ließ mich erzählen. Die ganze Zeit hatte ich den Eindruck, es interessiert ihn wirklich, was wir hier in der Jugendarbeit erleben. Und: es interessiert ihn, wie es mir damit geht.

Auch wenn ich bald die Einzelheiten unseres Gesprächs vergessen hatte, so ist mir der Nachmittag vor allem deshalb in bleibender Erinnerung, weil ich als ganz normale Jugendleiterin in der Provinz, weit weg von Stuttgart, eine Wertschätzung erfuhr, die mir einfach gut getan hat.

Dieter Eitel wurde mir zum Vorbild. Und ich dachte noch oft an den Nachmittag in unserem Wohnzimmer, als es dann später auch zu meiner Aufgabe gehörte, Mitarbeiterinnen und Mitarbeiter zu begleiten.

Elisabeth Rostan ׀ Friedrichshafen

Gefragt werden und gefragt sein

Es muss so 1964 gewesen sein. Kurz nach der Konfirmation fragte mich ein Freund aus der Schulklasse, ob ich nicht Lust hätte, heute Abend in die Jungenschaft mitzukommen. Es gäbe einen „Witzabend". Das muss ich damals wohl toll gefunden haben. Dass mich jemand gefragt hat und zum anderen, Lachen ist doch immer gut. Als ich dann an dem besagten Abend im Gruppenraum des CVJM ankam, wartete ich den ganzen Abend vergebens auf die „Witze". Stattdessen gab es viele Fragen. Ich war nicht beim „Witzabend", sondern beim „Quizabend" gelandet. Die Fragen und die Atmosphäre haben mich damals wohl ziemlich beeindruckt. Auf jeden Fall waren Jungenschaft und viele andere Gruppen aus meinem Leben seit dieser Zeit nicht mehr wegzudenken. Der erste Impuls kam aber durch die persönliche Frage eines Klassenkameraden. Das ist wichtig für junge Menschen, gefragt zu sein, gefragt zu werden. Eine Frage, auch wenn sie auf einem Missverständnis beruht, kann ein Leben entscheidend verändern.

Werner Bitzer ׀ Walddorfhäslach

Der schweigende und der redende Gott

■──────── • Sommer 1965. In Tonzanso, einem Jugendzentrum nahe Tokio in Japan, findet die Weltratstagung des CVJM statt. Mehr als 300 Delegierte aus 46 Nationen der Erde treffen sich dort für eine gute Woche, um den weiteren Weg des Weltbundes zu beraten. Ich gehörte zu der kleinen deutschen Delegation. Es war meine erste Begegnung mit Ostasien, auch mit der dortigen Welt der Religionen. Deshalb waren die Eindrücke für mich und für uns besonders stark.

Schon die Reise nach Japan war ein Erlebnis. Zwischenstation war Bangkok, die Hauptstadt von Thailand. Wir besuchten dort ein Buddha-Heiligtum, das in der weiten Welt nicht seines gleichen hat. In der Mitte des golden leuchtenden Tempelbezirks sehen wir im dämmrigen Innenraum des Tempels eine Statue des Emerald Buddha, eine sitzende, menschliche Gestalt aus grün schimmerndem Jaspis. Uns Besuchern erstirbt beim Betreten dieses Heiligtums jedes Wort auf den Lippen. Mit bloßen Füßen nähern wir uns dem Buddha, der in stummer Erhabenheit dem Getriebe der Welt entrückt ist. Der Blick des Gottes verliert sich in der Ferne. Um seine Lippen liegt ein leichtes Lächeln. Weit entfernt von den Fragen und Sorgen seiner Verehrer thront diese Gestalt, nimmt gleichzeitig ihre Gebete und Opfer entgegen – und schweigt.

Ein anderes Bild! Kyoto – die alte Kaiserstadt in Japan: 600 heilige Schreine und Tempel bestimmen das Bild dieser Stadt. Wir nähern uns einem dieser Tempel. Es ist ein Bauwerk von riesenhaften Ausmaßen. Eine weite Halle tut sich vor uns auf: Tausend Buddha-Gestalten stehen hier in Reih und Glied nebeneinander und hintereinander. Jede Gestalt in Menschengröße, wie ein Krieger gekleidet, die Lanze in der Faust, den Blick in die Ferne gerichtet, von Kopf bis Fuß mit Gold überzogen.

Was soll denn ein solches Aufgebot von Gottheiten in dieser Tempelhalle? So fragen wir unseren Reiseleiter. Die Antwort: Die Allmacht dieses Gottes soll dem staunenden Besucher demonstriert werden. Die Welt ist groß, doch Buddha ist größer. Die Menschen sind stark, doch Buddha ist stärker. Tausend Buddhas! Und einer ist stummer als der andere. Alle schweigen sie die Besucher an.

Hingerissen von diesem Bild der Macht stehen wir im Tempel. Niemand weiß etwas zu sagen. Mir kommt ein Wort aus dem 50. Psalm in den Sinn: „Unser Gott kommt und schweigt nicht." Er hat Jesus, seinen Sohn, in unsere Welt gesandt, in der Gestalt eines Menschen, dem Schicksal der Menschen unterworfen von der Geburt im Stall bis zum Tod am Kreuz. Aber Gott hat ihn dem Tod entrissen. Jesus lebt. Er redet. Er lädt uns ein. Wirklich, es gilt: „Unser Gott kommt und schweigt nicht." In Jesus ist dieses alte Psalmwort erfüllt. „Wohl mir, dass ich Jesus habe!"

Dr. Theo Sorg | Blaubeuren, Landesbischof i. R., Leiter des Jungmännerwerks 1960-1965

In Sitzungen und Protokollen aufgeschnappt

„Das ist nicht auf der Miste der Gänsheide (Sitz der Kirchenleitung), sondern auf dem Humus der Danneckerstraße (Landesstelle des ejw) gewachsen."

Jugendsekretäre

▪——————• Im Dezember des Jahres 1965 kam ein dicker Brief des Evangelischen Jungmännerwerks aus Stuttgart. Ein Brief von einem Landesjugendwart Heiner Völker unterschrieben, den ich vorher nicht kannte, mit der freundlichen Botschaft, dass es erfreulich sei, dass ich mich zu diesem Lehrgang in Plattenhardt im Sonnenhaus angemeldet hätte. Beginn Montag nach Neujahr. Mitzubringen ... Ich hatte mich doch nur informieren wollen und hatte mich überhaupt nicht dazu angemeldet. Nach zähem Abwägen kündigte ich in meinem Handwerksbetrieb mit der Aussicht, in zwei Jahren wieder weiterbeschäftigt zu werden.

Mein Vater war nicht sehr begeistert von dieser Idee. „Schließlich hast du doch ein angesehenes Handwerk gelernt und verdienst ordentlich Geld, was man von der Kirche nicht sagen kann!" Es ist ja nur für zwei Jahre, versuchte ich ihn zu beschwichtigen. Innerlich war ich auch nicht so ganz überzeugt, dass dieser Weg für mich richtig sein sollte. Wer eine Handwerkslehre dreieinhalb Jahre überstanden hat, kann auch zwei Jahre in der Kirche aushalten, dachte ich.

Mit gemischten Gefühlen fuhr ich nach Neujahr mit meinem VW-Käfer mit Schreibzeug, Papier, Bibel und Ersatzkleidung nach Plattenhardt. Die Einweisung in das Programm folgte anhand eines Vierteljahresplanes. Nach der Vorstellung der einzelnen Teilnehmer war schnell klar, dass ich als VW-Spezialist für den Fahrdienst mit dem Jungmännerwerks-VW-Bus zuständig war. Fast jedes Wochenende war mit Exkursionen und Veranstaltungen ausgebucht. Nicht mehr mit Jungenschaft, Posaunenchor Eichenkreuzsportgruppe in meinem CVJM-Verein in Dettingen/ Erms. Eine neue Welt in der Großstadt öffnete sich mir. Unvorstellbar für mich jungen Pietisten war es, dass man Bibelarbeit und Tabakspfeife oder Zigarre miteinander verbinden konnte. Ich gewann Einblicke in Strukturen und Probleme der Jugendarbeit, die ich so als ehrenamtlicher Mitarbeiter noch nie bedacht hatte. Fast alle Landesjugendreferenten referierten in unserem Sonnenhaus über ihre Arbeitsbereiche. Auch Themen zum Glaubensbekenntnis, ob Gott in der Rangfolge über Jesus stand oder ob Jesus Gott gleich sein kann. Ich hatte mir darüber noch nie Gedanken gemacht, und es war für mich auch nie ein Problem. Wenn solch angesehene Männer wie Rolf Scheffbuch, Professor Dr. Helmut Lamparter und Heiner Völker das alles glaubten und dabei in der Diskussion dann noch ihre Tabakspfeife anzündeten, kann es ja nicht ganz verkehrt sein. Rauchen war in meiner pietistischen Erziehung keine christliche Tugend.

„Aus der Praxis für die Praxis"

Vom erfahrenen Jugendwart Heiner Völker lernte ich sehr viel für den hauptamtlichen Dienst. Das waren Geschichten und mit Anekdoten geschmückte Lebens- und Berufserfahrungen. Wenn wir manchmal etwas in Sorge gerieten wegen der vielen neuen Einblicke in den innerkirchlichen- und Jugendwerks-Bereich, ermunterte uns Heiner Völker mit dem Spruch aus Prediger 11,1: „Lass dein Brot über das Wasser fahren; denn du wirst es finden nach langer Zeit." Oder: „Es wartet auf euch ein schöner und wichtiger Dienst ... springt froh in diesen Teich hinein, es wird so tief nicht sein." Oder: „Schenkt der Herr das Häschen, so schenkt er auch das Gräschen." Damit wollte er uns Mut machen, auch unkonventionelle Wege in der Jugendarbeit oder, wie er auch manchmal zu sagen pflegte, in der „Reichgottesarbeit" zu gehen.

Oder: „Dekane sind auch Menschen." Mit diesen Worten bereitete er uns auf die Aufgaben und den Umgang mit unseren zukünftigen Chefs und Jugendpfarrern vor. Oder zur Frage der Dienstgemeinschaft: „Kriecht euren Chefs nicht in den Hintern. Es kann euch sonst passieren, dass schon andere drinsitzen, mit denen ihr nicht gerechnet hättet." „Wenn ihr bei Gastfamilien zum Essen eingeladen werdet, dann achtet darauf, dass dies unter Umständen nicht immer ganz uneigennützig sein kann, wenn sie Töchter in eurem Alter haben."

Auf Schritt und Tritt merkte ich später, dass dieser Mann nicht von der Theorie, sondern aus der Praxis kam. Er war schließlich der dienstälteste und erfahrenste Jugendreferent im Lande und hatte die Katastrophe der Jugendarbeit im „Dritten Reich" und den zweiten Weltkrieg erlebt.

Die Kurzausbildung oder „Schnellbleiche für die hauptamtliche Jugendarbeit", wie es manche nannten, neigte sich Ende März 1966 dem Ende zu. Alle hatten ihren zukünftigen Einsatzort in einem Verein oder Bezirk gefunden, der mit einem Jugendwart besetzt war. Nur ich hatte noch kein Angebot bekommen. War ich nicht tauglich für den hauptamtlichen Dienst?

Zwei Wochen vor dem Lehrgangsende bat mich Heiner Völker in sein Büro, um über die weitere Planung zu reden. Ich war total gespannt und verspannt. Gibt es für mich keine Stelle? Das war meine zentrale Frage. Sollte ich wieder zurück in meinen Beruf gehen? In die Großstadt Stuttgart zu gehen als einer, der aus der dörflichen Jugendarbeit kam, konnte ich mir irgendwie nicht so recht vorstellen.

Heiner Völker stellte mir die Frage: „Könntest du dir auch vorstellen, in einem Bezirk alleine zu arbeiten?" Diese Frage überraschte mich, weil eigentlich alle Kursteilnehmer zusammen mit einem erfahrenen Jugendwart arbeiten sollten. Etwas zaghaft fand ich ein Ja mit der Bedingung, dass ich eine Struktur vorfinden müsste, in der ich mich integrieren und einbringen kann. „Im Kirchenbezirk Münsingen wird in einem halben Jahr die Stelle des Bezirksjugendwarts frei. Könntest du dir vorstellen, nach einem halben Jahr Einarbeitungszeit diese Stelle zu übernehmen?" Ich hatte fast keine andere Wahl, außer ein Ja zu finden. Dabei spielten in diesem Moment Erinnerungen eine Rolle, die zwar untauglich für eine Bewerbung waren, aber trotzdem in mir steckten: „Der Herr hat dir das Leben (mit dem Motorrad bei Münsingen) noch einmal geschenkt, als es schon verloren schien." (Psalm 103,4 n. Jörg Zink). Diese Gedanken ließen mich nicht mehr los. Mit etwas Bauchgrimmen, jedoch voller Zuversicht ging ich nach Münsingen und siehe da, Dekan Leube und Jugendwart Reinhold Müller nahmen mich auf wie einen angesehenen Gast. Das war großartig für mich. Hier erlebte ich Kirche zum Anfassen und Liebhaben.

Alle meine schriftlichen Einladungen zu Veranstaltungen habe ich auch an das Dekanatamt zu Dekan Leube geschickt. Fast jede Woche war ich zum Mittagessen bei der Dekansfamilie eingeladen. Anschließend fand dann eine kurze Dienstbesprechung statt. Somit musste ich keine schriftlichen Berichte abgeben, und der Dekan war immer auf dem Laufenden, was in der Bezirksjugendarbeit geschah. Weil ich nie einen Schreibmaschinenkurs gemacht hatte, fiel es mir anfangs recht schwer, die Matrizen für die Informationsschreiben herzustellen und die Texte zu vervielfältigen. Die Orginalschreiben von mir waren nur echt mit Fehlern.

Mein Chef, Dekan Leube, bekam einmal eine Rückmeldung von einem Pfarrer, er solle mir sagen, dass ich nicht so viele Fehler in meinen Schreiben machen solle. Das führte dazu, dass ich auf Anweisung des Dekans bei ganzseitigen Schreiben das handschriftliche Manuskript der Dekanats-Sekretärin geben durfte, die es dann mit der Maschine tippte und vervielfältigte.

Oft war für mich die Landesstelle in der Danneckerstraße 19A der Fluchtpunkt für allerlei Fragen, auch seelsorgerlicher Art. Manchmal fuhr ich spontan und unangemeldet zu meiner Landesstelle nach Stuttgart, in der Hoffnung, außer einem guten Buch in der „Schriftenniederlage" auch einen Ansprechpartner zu finden. Heiner Völker oder Rolf Scheffbuch, Erwin Breitmayer, Klaus Strittmatter, Klaus Wirtz, Robert Seiler – einer war immer da, wenn ich nicht weiter wusste. In meinem Nachbarbezirk Urach hatte ich ebenso einen erfahrenen Jugendwart, Manfred Wittmacher, an meiner Seite. Wir veranstalteten zusammen Bezirksjungenschaftslager, Skifreizeiten, Mitarbeiterschulungen. Das hat mich hineingenommen in den Sog der evangelischen Jugendarbeit in Württemberg.

Willst du Jugendwart werden?

Diese Entscheidung war für mich damals sehr schwer. Als angehende Jugendsekretäre machten wir mit Heiner Völker eine Besichtigung der Diakonen-Ausbildungsstätte Karlshöhe in Ludwigsburg. Wir besichtigten Unterrichtsräume, Lehrpläne und auch die Unterkünfte der Studierenden. Die ganze Atmosphäre dort passte nicht so ganz in mein pietistisches Weltbild.

Als ich schon fast zwei Jahre in Münsingen war, wurde ich von Heiner Völker wieder eingeladen, um zu einem zweitägigen „Auswahlkurs" für CVJM-Sekretäre nach Kassel zu gehen. Ich war hin und hergerissen zwischen der Entscheidung, mich in meinem angestammten Beruf weiter zu entwickeln, Meisterprüfung zu machen oder in den Dienst der Kirche als Jugendwart zu treten. Meine Unsicherheit führte mich nach Kassel zur CVJM Sekretärsschule. Ich wollte nicht absagen, ohne diese Ausbildungsstätte gesehen zu haben. Heiner Völker war stolz auf mich, hatte ich doch von den 25 Testpersonen den zweiten Platz belegt. Ich hatte gar nicht vor, die Tests alle zu erfüllen. Aber irgendwie war es wie im Sport: Wenn du einmal gestartet bist, dann läufst du eben so gut, wie du kannst.

Diesem Grundsatz bin ich in der Evangelischen Jugendarbeit in Württemberg über vierzig Jahre lang in vier Kirchenbezirken treu geblieben.

Ulrich **Seeger** | Reutlingen

Spuren Gottes in meinem Leben – Freizeiten in Sils

■ —————• Weit über 20 Jahre kam ich mit Gruppen von Erwachsenen in die Schweizer Bergwelt ins Engadin. Zunächst wurden die Freizeiten für junge Männer in Maloja angeboten. Meist mussten wir im Frühjahr auf den schneebedeckten Bergen die ersten Spuren treten. Eines Morgens brachen wir früh auf zum Piz Corvatsch. Zuerst ging es dem Silser See entlang, bis wir in Sils-Maria aufsteigen konnten. Das Wetter war gut, und tatsächlich erreichten wir auch den Gipfel des Berges, eigentlich sind es drei Gipfel. Alle waren wir fasziniert von dem klaren Ausblick auf die wunderbare Bergwelt im Glanz der Sonne. Doch plötzlich sah man im Westen Wolken aufsteigen, und in kurzer Zeit waren wir von ihnen eingehüllt. Ein starkes Gewitter brach los. Wo wir auch suchten, es gab nirgends einen schützenden Unterschlupf. Über lange Zeit mussten wir im Gewitter unter strömendem Regen weitergehen. Endlich im Tal angekommen, fragte ich Pfarrer Walter Tlach, mit dem ich zusammen die Freizeit leitete (er war in dieser Zeit Leiter unseres Jungmännerwerks):

„Was hast du bei diesem gefährlichen Abstieg gedacht?" „Ich habe gebetet." Ja, so habe ich es auch getan. Und unser großer Gott und Vater hat seine Kinder erhört und uns unter dem Schirm des Höchsten das Ziel erreichen lassen.

Ein andermal bei einer Freizeit im Silserhof in Sils Maria hatten wir eine junge Teilnehmerin, von der wir bald merkten, dass sie psychisch krank ist. Deshalb gab meine Frau besonders Acht auf sie. Doch eines Abends vermissten wir sie. Weil schon die Nacht hereinbrach, schickten wir kleinere Gruppen in die verschiedensten Richtungen. Hatte sie etwa bei einem Spaziergang den Weg verfehlt? In diesen Tagen war auch Landesjugendwart Ernst Schiele zu Gast im Silserhof. Er hatte einst für solche Bergfreizeiten diese Gegend ausfindig gemacht und für ideal entdeckt. Und wie hat sich seine Mühe gelohnt! Schon seit Jahrzehnten. Als ich ihm in großer Sorge von unserer vergeblichen Suchaktion berichtete, sagte er sofort: „Wir müssen unbedingt in die Richtung Silser See gehen. Dort auf der Halbinsel müsst ihr suchen. Nach meiner Erfahrung hat es psychisch Kranke immer da hinaus gezogen."

Man findet dort an einem Felsen eine große Tafel mit schwermütigen, tiefsinnigen Worten von Friedrich Nietzsche. Dieser deutsche Philosoph war zum Schluss in geistiger Umnachtung. Einige Zeit verbrachte er in Sils Maria. Tatsächlich, als wir, mit Taschenlampen ausgerüstet, am Beginn der Halbinsel waren, wo auch der See beginnt, hörte ich aus dem vorgelagerten Sumpfgebiet in der Dunkelheit ein lautes Röcheln. Und wirklich, da lag unsere Vermisste bewusstlos und völlig durchnässt. In großer Eile trugen wir sie ins unweit geparkte Auto und in schneller Fahrt ging es ins Krankenhaus nach Samedan. Da wir diese Frau noch rechtzeitig finden durften, konnte sie doch noch gerettet werden. Diese Autofahrt mit dem steifen, durchnässten, kalten Menschenkind auf meinem Schoß, bleibt mir unvergessen; damit allerdings auch die sonst so gesegnete Freizeit trotz oder vielleicht gerade wegen dieser notvollen Unterbrechung. In jener Nacht wurde im Silser Hof viel gebetet. So wurde für die Teilnehmer diese Gebetserhörung sicher eine Mut machende Erfahrung.

Karl Ramsayer | Oberndorf

Landung im Lautertal

Unendlich langsam quälte sich der Zug die Geislinger Steige hoch. Mit trübsinnigen Gedanken schaute ich nach draußen, denn seit Stunden saß ich in diesem Zug. Immer wieder fragte ich mich, warum ich wegen eines verlängerten Wochenendes von Hamburg hier her fahren musste. Aber ich habe es meinen Nachfolgern versprochen, dieses eine Mal noch die Leitung unseres großen Jungenschafts-Pfingstlagers zu übernehmen. Sie versprachen, alles vorzubereiten.

In Ulm erwartete mich eine Abordnung der Jungenschaft. Sie erzählten mir enthusiastisch, was und wie sie alles geplant hatten. Auch einen Hubschrauber hätten sie für ein gigantisches Geländespiel organisiert. „Wie organisiert man einen Hubschrauber?" „Indem man zu den Amis nach Neu Ulm fährt und einfach fragt, ob man einen Hubschrauber bekommt", meinte Detlef. „Aha, einfach so fragt – und das geht?" „Naja, wir hatten Glück, einen hohen Offizier zu treffen. Dem schilderten wir unser Anliegen. Der sagte uns, er wäre früher auch im YMCA gewesen und hätte diesem viel zu verdanken. Deshalb käme er sogar selbst geflogen. Wir waren dann mit ihm im Kleinen Lautertal, und er hat sich die Gegend genau angesehen. Und heute bringen wir ihm noch die Sachen vorbei, die er abwerfen soll."

In der Zwischenzeit waren wir vor unserem CVJM angekommen. Fünf mit Zement aufgefüllte Marmeladeeimer standen auf der Wiese vor dem Haus. In rohrähnlichen Vertiefungen waren Botschaften als Spielanweisungen gesteckt. An jedem Eimer baumelte schlaff ein Stofffetzen, der wahrscheinlich der Fallschirm war. Ich hob einen Eimer, wollte ihn heben. Es gelang mir nicht. Das Ding war elend schwer. Meine leisen Zweifel ließ man nicht gelten; das müsse so sein, wegen Wind und der Fallgeschwindigkeit und wegen dies und das.

Ich hatte eine unruhige Nacht, sah die wildesten Bilder von durch Marmeladeeimer zerstörten Autos, schwer verletzten Spaziergängern, erschlagenen Jungs und einfach nur Chaos überall. Am frühen Morgen rief ich in Stuttgart Adolph Luckan an. Von ihm als Landesjugendreferent erwartete ich Rat und Hilfe in meiner verzweifelten Situation. Geduldig hörte er sich meine Geschichte an und sagte: „Ich weiß gar nicht, warum du dich aufregst. Wenn die Amis so blöd sind und schmeißen Betonkübel aus Flugzeugen, ist das doch deren Sache. Wer wirft, ist verantwortlich. Und du wirfst ja nicht." Ganz hat mich diese Argumentation nicht überzeugt. Aber sollte und konnte ich dieses Geländespiel überhaupt absagen? Jetzt hoffte ich auf die Vernunft amerikanischer Offiziere.

Pfingstsonntag 1969 um 14:00 Uhr. 60 Jungen sind in den Startlöchern für ein großes Geländespiel. In der Ferne tönt Motorenlärm und plötzlich taucht über den bewaldeten Hügeln einer der größten Hubschrauber auf, die ich je gesehen habe. Im Tiefflug warfen sie die fünf Marmeladeneimer-Fallschirme ab. Wie es aussah, gekonnt professionell. Anscheinend haben sie das so ähnlich schon oft gemacht. Dann ein erneuter Tiefangriff. Schon setzen sie zur Landung auf unserem Lagerplatz an. Drei Offiziere und ein Schäferhund entstiegen freudig winkend dem Hubschrauber. Keiner der Jungen sah jetzt die Notwendigkeit, nach Botschaften in Marmeladeeimern zu suchen, geschweige denn das Geländespiel zu spielen. Alle waren beim Hubschrauber und jeder durfte auf den Pilotensitz und an allen Hebeln spielen. Stunden später verabschiedete man sich und war sich einig: Es war ein großartiger Nachmittag der Begegnung. Die Jungenschaftler waren begeistert und auch den Soldaten hat es gefallen.

Die Fallschirme mit den Marmeladeeimern müssten heute noch irgendwo im Wald zwischen der Weidacher Höhe und dem Kleinen Lautertal liegen.

Karl-Ludwig Fink ǀ Gerstetten

Zwei Posaunenwarte
bei einer Konfirmation

■——————• Ende der 40er Jahre war der damalige württembergische Landesposaunenwart Hermann Mühleisen krank und man wusste nicht genau, wie lange er noch arbeiten könnte. Er sagte meinem Vater, Wilhelm Mergenthaler, dass er ihn gerne als seinen Nachfolger in Württemberg vorschlagen würde. Die beiden kannten sich von Chorbesuchen von Hermann Mühleisen im Posaunenchor Möglingen/Landkreis Ludwigsburg.

Mein Vater machte eine Ausbildung zum Jugendwart an der CVJM-Sekretärschule in Kassel und studierte anschließend als Gaststudent an der Kirchenmusikschule Esslingen. Dann fragte ihn der damalige Bundeswart des CVJM-Westbundes, Pfarrer Johannes Busch, ob er nicht als Bundesposaunenwart in den CVJM-Westbund kommen wolle. In der Erwartung auf eine kurze Einsatzzeit wurde mein Vater sozusagen „an den Westbund ausgeliehen". Da es Hermann Mühleisen wieder besser ging, wurde aus dieser geplanten kurzen Einsatzzeit der Langzeiteinsatz von 1949 bis 1967. Fünf der sechs Mergenthaler-Kinder wurden in Essen bzw. in Velbert geboren.

1965 war meine Konfirmation in Velbert und da Hermann Mühleisen mein Taufpate und Wilhelm Mergenthaler mein Vater war, waren zwei Posaunenwarte bei meiner Konfirmation. Für mich als junger Bläser, der 1959 mit dem Blasen angefangen hatte, war dies natürlich eine besondere Sache.

Bei einem Westbundtreffen 1965 in Trier, bei dem ich als Bläser selbst mitwirkte, kam der damalige Leiter des Evangelischen Jungmännerwerks Württemberg, Pfarrer Dr. Theo Sorg, auf meinen Vater zu und fragte ihn, ob er nun nach Württemberg zurückkommen wolle. Hermann Mühleisen würde 1968 in den Ruhestand gehen.

Mein Vater wollte schon, nur wir sechs anderen der Familie wollten nicht. Meine schwäbische Mutter und wir rheinländischen Kinder waren zwischenzeitlich in Velbert zu Hause und gut verwurzelt. Wir hatten Freunde und Bekannte. Ludwigsburg und Möglingen waren uns bisher lediglich als Ferienorte von Besuchen bei den Großeltern bekannt. Doch jeder Widerstand war zwecklos. Der Möbelwagen aus Ludwigsburg kam im Sommer 1967 und das Heulen war groß, als wir unser schönes Häuschen und alle guten Freunde im Rheinland verlassen mussten. Wir zogen in das große Haus unserer Großeltern mütterlicherseits nach Ludwigsburg. Besonders für meine Mutter war dies nicht leicht. Sie zog als selbständige Frau und Mutter von fünf Kindern wieder zurück zu ihren Eltern in ihr Elternhaus.

1968 wurde mein jüngster Bruder Andreas geboren. Er ist der einzige „waschechte Schwabe" von uns Mergenthaler-Kindern. 1968 war auch der Landesposaunentag in Ulm, bei dem die Übergabe des Dirigentenstabes von Landesposaunenwart Hermann Mühleisen an den Landesposaunenwart Wilhelm Mergenthaler erfolgte. Der Anfang war für meinen Vater in Württemberg nicht ganz leicht, denn als Nachfolger von Hermann Mühleisen zu arbeiten, war für jeden schwer. So war Hermann Mühleisen der prägende Pionier der württembergischen Posaunenarbeit und mein Vater der „Gießer und Pfleger" und Nachfolger. Die Zahl der Chöre und Bläser wuchs zur großen Freude aller ständig an.

Beide Posaunenwarte waren und blieben gute Freunde bis zum Tode von Hermann Mühleisen. Mein Vater besuchte ihn jeden Mittwoch in seinem Haus auf der Karlshöhe Ludwigsburg über viele Jahre, ja Jahrzehnte hinweg.

Helmut Mergenthaler I Walheim

Brunnen ohne Wasser

Hans Buck nahm kein Blatt vor den Mund. Dieser Jugendwart machte aus seinem Herzen keine Mördergrube. Im Bezirk Sulz/Neckar hatte er das Sagen. „Konrad, du hilfst in der Jungschar." Das habe ich getan. „Konrad, du übernimmst die Jungschar." Das habe ich befolgt. „Konrad, du lernst das Posaunenspielen." Das habe ich gelernt. „Konrad, du übernimmst den Posaunenchor." Das habe ich übernommen. Ich war ein gehorsamer Typ. Als er aber dann sagte: „Konrad, du wirst Pfarrer.", entgegnete ich: „Hans, du spinnst." Das Abitur an einer neusprachlichen Oberschule wies in eine andere Richtung. Er aber blieb dabei, ständig, nervig, stur: „Konrad, du wirst Pfarrer." Der Tropfen höhlt den Stein – und das Wort das Herz.

Bonhoeffer schrieb einmal, dass das Wort des Bruders stärker sei als das, was man sich selber sage. Ich wechselte vom Werkspraktikanten in Oberndorf/Neckar zum Theologiestudenten in Tübingen.

In den ersten Semesterferien verpflichtete mich Hans als sein Freizeitassistent. Während er mit seiner umweltfeindlichen NSU voraus knatterte, begleitete ich die 50 minderjährigen Fahrradfahrer Richtung Österreich. Trotz Pech und Pannen erreichten wir den Bahnhof Bregenz. Dort stand die Bregenzer-Waldbahn schon unter Dampf. Der Schaffner schaffte das Kunststück, den ganzen Tross in die Waggons zu verladen. Dann ruckelte und zuckelte es durch die Berge bis nach Bezau. Dort wurde wieder aufgesessen und bis Mellau gestrampelt. Das letzte Teilstück musste zu Fuß bewältigt werden. Mit schwerem Gepäck erreichten alle Hochforseß, die Hütte direkt dem gewaltigen Felsbrocken Kanisfluh gegenüber.

Ein Fünf-Sterne-Hotel war es nicht. Tausende Sterne funkelten nachts durchs löchrige Dach. In den Viehboxen wurde geschlafen. Im Heustadel wurde gegessen. Am Brünnlein vor dem Tor wurde gewaschen und getrunken. Alles nahm seinen guten Gang, wenigstens zwei Tage lang. Dann wurde der Wasserstrahl am einzigen Brunnen dünner und dünner. Bald war nur noch ein Silberfaden zu sehen. Schließlich saßen wir ganz auf dem Trockenen. Eine Katastrophe für das Lager. Schnell benachrichtigten wir den Bergbauern im Tal. Der schnaufte umgehend den Berg herauf. „Kein Problem", meinte er und begann zu blasen und zu saugen. Nach kurzer Zeit beförderte er eine tote und aufgedunsene Kröte ans Tageslicht. Deshalb dieser seltsame Geschmack des Wassers. Aqua krotta mineralis! Keiner nahm Schaden. Sprudelndes Wasser und sprudelnde Freude waren gesichert.

Bei der abendlichen Andacht am Lagerfeuer wurde darauf Bezug genommen. „Es gibt nicht nur Quell-, sondern auch Lebenswasser. Wenn das dünner und dünner wird und schließlich ganz versiegt? Eine Katastrophe für das Leben. Nun gibt es aber einen Rohrputzer, den heiligen Geist. Wenn der anfängt zu pusten, dann werden Rohre frei, Wasser fließt wieder, Blumen blühen, Früchte gedeihen. Deshalb: „Komm heiliger Geist." Zugegeben, auf der Alm kam schnell der süße Schlaf, kein guter Geist. Aber das Psalm-Wort ist auch wahr geworden: „Seinen Freunden gibt er es im Schlaf" (Psalm 27,2).

Konrad Eißler | Hülben, Vorsitzender des CVJM-Landesverbandes 1969-1989

Der Schwabenapostel

▪ —————————• Zum festen Jahresprogramm im Jugendwerk gehören schon seit langem die Stillen Tage für junge Männer bei
der Christusbruderschaft in Selbitz, heute im Bernhäuser Forst.
In der ersten Zeit waren wir dabei noch im Untergeschoss des
Mutterhauses untergebracht, später jedoch, nach Fertigstellung
in den schönen und hellen Zimmern des Gästehauses. Das ist
aber nur das Äußere. Viel wichtiger war und ist das Innere: Unser Ansprechpartner, Bruder und Seelsorger war über viele Jahre
hinweg Bruder Matthäus. Was er sagte, nahmen wir ihm ohne
Wenn und Aber ab, denn er lebte, was er sagte! Sicher ist es eine
ganze Reihe von jungen Männern in unserem Ländle, die durch
ihn nachhaltig geistlich geprägt worden sind. Scherzhaft nannten
sie ihn in Selbitz den „Schwabenapostel".

Genauso wichtig wie Bruder Matthäus war für viele von uns
auch Walter Hümmer, der Gründer und Leiter der Christusbruderschaft. Seine Bibelarbeiten waren nicht nur jedes mal herzer-
frischend für uns, sondern auch ein großer innerer Gewinn. Walter Hümmer hatte die Gabe, sehr Ernstes sehr humorvoll zu sagen. So bekannte er uns einmal voller Freude: „Ich fühle mich
leicht wie ein Spatz!" Dabei hatte er doch als Leiter der Christusbruderschaft mit ihren inzwischen nicht wenigen Einrichtungen
eine Riesenverantwortung, die andere niedergedrückt hätte.
Einmal ermutigte er uns, Gott immer wieder um Vergebung zu
bitten, indem er sagte: „Wenn dann der Verkläger zu Gott kommt
(ich höre noch sein Fränkisch: Verkläächer!) und ihm unsere
Sünden vorhält, dann kann Gott sagen: „Du kommst zu spät, der
war schon selber da (wieder sein Fränkisch: Der woar scho selber doa). Ich bin Gott von Herzen dankbar, dass ich den großen
Seelsorger Walter Hümmer persönlich kennenlernen durfte.

Gerhard Fey | Engelsbrand

Meine ersten Auseinandersetzungen mit Atheisten

■——————•... erlebte ich als Jugendlicher bereits in den Jahren 1953 bis 1960. In besonderer Erinnerung ist mir eine Veranstaltung in Erfurt, zu der als Gast der Chefkommentator und Propagandist der kommunistischen Staatspartei SED auftrat und in scharfer Form gegen die Kirche und kirchliche Würdenträger hetzte. Er wurde besonders bekannt durch seine Fernsehsendungen „Der Schwarze Kanal" montags im DDR-Fernsehen, in der er Vorgänge in der Bundesrepublik hetzerisch negativ kommentierte (unser Witz dazu: „1 Schnitz" ist die Zeiteinheit, die man zum Umschalten des Fernsehkanals benötigt, wenn Schnitzler erscheint).

Zu der öffentlichen Veranstaltung waren vor allem Jugendliche eingeladen worden. Dadurch war der Saal gefüllt mit jungen Leuten, die von der FDJ (Freie Deutsche Jugend, der einzigen erlaubten Jugendorganisation in der DDR) geschickt worden waren. Wir wussten das und haben uns als junge Christen im Saal verteilt und dazwischen platziert. So haben wir uns dann zu Wort gemeldet und diskutiert aus allen Ecken und Enden des Saales.

Solche öffentlichen Auseinandersetzungen gab es in späteren Jahren nicht mehr. Es genügte manchmal schon das Tragen unseres Bekenntniszeichens, das Kreuz auf der Weltkugel, um in der Berufsschule oder im Betrieb angefeindet zu werden. Wenn ich daran zurück denke, wird mir bewusst, dass die damalige Herausforderung zum persönlichen Bekenntnis unseren Glauben gestärkt hat.

Dieter Oberländer | Erfurt

Ein halbes Leben mit Leib und Seele Jugendarbeiterin

▪─────────• Zwei großartige Frauen waren es, Lisbeth Wurst und Ruth Winkler, die als Gemeindehelferinnen in meiner Heimatstadt Leonberg die ersten Samenkörner „kirchliche Jugendarbeit" in mein Mädchenherz streuten. Mit allen Sinnen genoss ich alles, was die beiden biblisch-theologisch und musisch begabten Frauen mir schenkten: Biblische Gespräche, Singen, Musizieren, Spielen, Basteln, Ausflüge, Adventssingen bei Alten und Kranken und, und, und.

Mit 18 Jahren traute man mir zu, eine eigene Mädchenjungschar zu leiten: „Du singst und spielst zuerst mit den Mädchen", meinte man, „und dann hältst Du eine Andacht über den Wochenspruch: „Lasset eure Lenden umgürtet sein und eure Lichter brennen und seid gleich den Menschen, die auf ihren Herrn warten." Was ich damals wohl „voll des Heiligen Geistes" in die andachtsvollen Augen der armen 12-jährigen Mädchen über das „adventliche Warten auf ihren kommenden Herrn" hinein gepredigt habe, frage ich mich bis heute noch sehr belustigt.

Sei's drum: Ich war auf alle Fälle begeistert von meinem Tun, und bald war klar, dass ich nicht länger „Tippse" bei der Leonberger Bausparkasse bleiben, sondern meine Begeisterung in einen befriedigenderen Beruf einbringen wollte. Und der liebe Gott wollte das auch.

Nach zwei guten und schönen Ausbildungsjahren im Diakonieseminar in Denkendorf landete ich hochmotiviert als Bezirksjugendleiterin in Herrenberg. Mit großer Freude betreute ich nicht nur meinen eigenen Mädchenkreis, sondern auch alle Mädchenjungscharen und Mädchenkreise des Kirchenbezirks und wagte auch schon Mitarbeiterinnen-Schulungen.

In den Pfarrhäusern da und dort wurde ich immer dankbar und herzlich aufgenommen. Manne Fritz, der Bezirksjugendwart, brachte mich mit seinem Fiatle gern von Ort zu Ort und bald waren auch gemischte Unternehmungen wie festliche Abende, Ausflüge, Laienspiele und eine Skifreizeit im Herrenberger Bezirk ganz selbstverständlich.

Nur drei Jahre währte diese erste schöne Jugendarbeitszeit. Dann holte mich Pfarrer von Keler im Mai 1961 als Reise- und Freizeitenreferentin in die Landesstelle des Mädchenwerks nach Stuttgart in die Danneckerstraße. Mit dem nötigen Respekt vor den altgedienten Mitarbeiterinnen Elisabeth Wiedenhöfer, Lisbeth Wurst und Annelise Bausch reihte ich mich unternehmungsfreudig in die 10-köpfige Mitarbeiterinnenschar ein. Bald wurden mir für den Reisedienst nicht weniger als neun Dekanatsbezirke im Hohenlohischen zugeteilt. Bald bekam ich auch den ersten Mädchenwerks-Dienstwagen, einen strahlend-weißen VW.

Meine jeweils einwöchigen Besuchsreisen bei Eis und Schnee in „Schwäbisch-Sibirien" waren arg strapaziös. Wohlmeinende Pfarrer hatten aus mehreren Dörfern ihre ehemaligen Konfirmandinnen zusammengetrommelt für einen Abend mit dem „Fräulein aus Stuttgart". Und da saß ich dann meist mit 30 schweigenden Mädchen im Kreis, zappelte mich ab mit meinen bewährten Liedlein und Spielen und einer gut ausgearbeiteten, möglichst anschaulichen Andacht – und erhielt kein einziges Wort zurück, kein Lächeln, kein Lachen, nichts! Im gastlichen Pfarrhaus, wo ich übernachtete, wurde ich danach dann bei einem Glas Wein getröstet und aufgeklärt: „Ja, so ist das halt hier. Jetzt, auf dem Heimweg, da reden die Moidlich. Denen hat's schon gefallen. Sie müssen wissen, hier im Hohenlohischen, da heißt es halt: Mr moch nix soche, na ka koiner soche, mr hätt was gsocht!"

Umso befriedigender war dann mein zweiter Schwerpunkt beim Mädchenwerk, die Freizeitenarbeit.

Freizeitenarbeit

Fünf Sommerfreizeiten und zwei Skifreizeiten pro Jahr traute man mir zu und einen ebenfalls Jugendarbeit begeisterten Pfarrer der Landeskirche teilte man mir zu. In einer einwöchigen Klausur erarbeitete das ganze Mädchenwerksteam zusammen mit dem Mädchenwerkspfarrer Hans von Keler, später Traugott Scheytt, die biblischen, thematischen und musischen Inhalte für die Freizeiten. Beim jährlichen „Freizeit-Vorbereitungstag" auf dem Stuttgarter Frauenkopf konnte alles, sorgfältig ausgearbeitet, an die interessierten Freizeitleiterinnen und -leiter der Landeskirche weitergereicht werden: Bibelarbeiten, Themenabende, Buchbesprechungen, Feste und Feiern, Gemeinschafts-Tänze, Singen und Musizieren, Bastelideen ...

Eine der abenteuerlichsten Freizeiten war Jahr um Jahr, heute unvorstellbar, die mit achzig 13- bis 15-jährigen Mädchen in der Haslachmühle. Den weißen Mädchenwerks-Dienstwagen voll bepackt bis unters Dach mit Tonbandgerät, Plattenspieler, Bücherkiste vom Buchlädle, Bastelmaterial, Spiel- und Sportgeräten und Kruscht und Krempel zum Festen und Feiern fuhren Lisbeth Wurst und ich schon einen Tag früher ins romantisch gelegene, rustikale Freizeitheim, um es von den Hinterlassenschaften der vorausgegangenen Schülerfreizeit einigermaßen zu säubern. Anderntags dann brachten drei Busse unsere achzig erlebnisfreudigen Mädchen mit drei weiteren Freizeitleiterinnen ins Tal. Bald waren alle in den zehn Schlafräumen mit je zehn Betten und zehn Kleiderspinden untergebracht.

Nach dem ersten Mittagessen im schönen großen Speise- und Gemeinschaftsraum fragten ein paar flotte 15-Jährige, ob sie nicht in der Mittagspause „in die Stadt" dürften. Dann stelzten sie, zu unserer nicht geringen Belustigung, auf Stöckelschuhen durch den Wald ins etwa drei Kilometer entfernte Dorf – mit dem Ergebnis, dass abends dann die männliche Dorfjugend einen Gegenbesuch bei uns machte.

In einem späteren Jahr besuchten uns die Jungmannen spätabends sogar motorisiert. Die couragierte Rosl Stiefel stürzte in die stockdunkle Nacht hinaus, um die Störenfriede zu vertreiben. Wir staunten nicht schlecht und lachten uns halbtot, als sie nach nur fünf Minuten ein konfisziertes, schweres Motorrad ins Leiterzimmer schob. Die folgende Nacht im Benzingestank war nicht unsere beste im Freizeitheim Haslachmühle.

Unsere Freizeittage begannen mit dem „Morgenkreis" auf der Wiese mit Morgenlied, Psalmgebet und einer kurzen Meditation. Nicht selten kippte dabei eine unserer pubertierenden, Kreislauf geschwächten Schutzbefohlenen um. War weiter nicht schlimm. Beim Frühstück mit Muckefuckkaffee und Gsälzbrot war alles wieder gut.

Ganz selbstverständlich nahmen dann alle Mädchen an der Sing- und Musizierrunde teil und danach an einer der vier Bibelarbeitsgruppen. Nach dem bescheidenen, aber guten Mittagessen unserer Hausköchin, Frau Krause, durften unsere Mädchen eine der Interessengruppen wählen: Spiel und Sport, Basteln, Theater, Musizieren. Gut ausgearbeitet und ideenreich waren die gemeinsamen Abende: Quiz- und Ratespiele, Lebensbilder, Buchbesprechungen, Modenschau, Theater und Scharaden und dann der Höhepunkt jedes Jahr, das Lagerfeuer. Nie vorher im Leben ist mir der wunderbare Satz aus Matthias Claudius Abendlied so nahe gewesen wie an so einem Abend auf der Wiese vor dem Wald im Haslachmühletal: „Der Wald steht schwarz und schweiget und aus den Wiesen steiget der weiße Nebel wunderbar."

Das Feuer und die leuchtenden 80 Augenpaare, die Wärme und Geborgenheit in der Gemeinschaft, die Gitarrenklänge und Lieder und die guten Worte, die wir einander sagten – wie glücklich war ich da!
Unsere Jüngsten, die zum Teil das erste Mal in ihrem Leben „in Urlaub" waren, hatten wohl dann und wann schon ein bisschen

Heimweh und klagten über ein nicht so recht erklärbares Weh-Wehle. Wieder war es die phantasiebegabte Lisbeth Wurst, die dann, bewaffnet mit ihrer Zahnpastatube, hinüberging ins Krankenzimmer und die wunde Stelle einrieb und massierte, was dem wunden Heimwehseelchen gut getan hat.

Nicht immer hatten wir strahlendes Sommerwetter in der Haslachmühle. In einem Jahr, ich leitete damals hauptverantwortlich die 60-köpfige Mädchenschar, regnete es an neun der zehn Freizeittage und es war höchst ungemütlich kalt. Weil beide Häuser nicht beheizbar waren, hatten wir größte Mühe, unser Freizeitprogramm durchzuziehen. Von Tag zu Tag hoffend auf besseres Wetter bestellten wir zwei Busse für den obligatorischen Ausflug an den Bodensee. Es regnete in Strömen! Auf der Fähre zur Insel Mainau sangen wir noch trotzig-fröhlich „Wir lieben die Stürme, die brausenden Wogen, der eiskalten Winde raues Gesich ...“

Beim Besuch der Pfahlbauten in Unteruhldingen waren wir weniger fröhlich. Es goss gnadenlos. Früher als geplant eilten wir zu unseren parkenden Bussen. Die waren verschlossen und die Fahrer weg. Mit meinem Schirm machte ich mich auf die Suche nach ihnen und klapperte Lokal um Lokal im Ort ab – vergebens. Am Ende meiner Nervenkraft heulte ich mit dem Regen um die Wette und haderte mit dem lieben Gott: „Warum tust du mir das an? Das habe ich nicht verdient!“ Endlich fand ich die Beiden in einer Kneipe und wir konnten nass, aber etwas getröstet, wie geplant weiterfahren nach Bad Schachen ins Haus der „Lern- und Dienstschar“.

Unsere mitgebrachten Würste konnten wir natürlich nicht grillen im schönen Park. Sie wurden uns freundlicherweise gekocht und wahrscheinlich bekamen wir auch einen Tee zum Aufwärmen. Gern und immer noch feucht traten wir die Heimreise an. Noch in den Bussen verkündeten wir: „Daheim angekommen geht ihr sofort auf eure Zimmer, zieht eure nassen Klamotten aus und legt euch ins Bett. Wir Leiterinnen kommen dann mit Tee an eure Betten. Keine von uns darf krank werden – bitte!" Und der erbarmende Gott tat dann ein wirklich großes Wunder: Keine von uns schniefte oder hustete anderntags. Niemand wurde krank.

In einem späteren Jahr hatten wir schon am dritten Tag eine Riesen-Klo-Katastrophe. In den Toilettenanlagen beider Stockwerke waren sämtliche Kloschüsseln übergelaufen. Unser Hausmeister Krause bemühte sich, in Gummistiefeln durch die Pampe watend, vergeblich um den nötigen Abfluss. Die Rohrreinigung musste gerufen werden. Schnell grub der gute Mann uns dann ein Not-Klo im Wald mit Donnerbalken. Unsere Mädchen hatten ihren Spaß, besonders nachts. Jeweils in Grüppchen liefen sie, mit Taschenlampen funzelnd und laut kreischend, in den Wald, um ihre Notdurft zu verrichten. Ach wie schön war das alles! Mit Wehmut denke ich heute an meine wunderbaren fünf Haslachmühle-Freizeiten zurück. Natürlich weiß ich, dass nach bald 50 Jahren alles ein wenig verklärt ist, aber ich kann mich beim besten Willen nicht an irgendetwas Schweres oder Böses, an Streitigkeiten oder ein Unglück erinnern. Es war ein bisschen wie bei den ersten Christen: Wir waren zehn Tage lang „einmütig beieinander, hielten die Mahl- (und Frei-)zeiten mit Freude und lauterem Herzen und lobten Gott und fanden Wohlwollen untereinander."

Elsbeth Zuleck | Ludwigsburg

Ein Besuch beim Freundeskreis im Jugendhaus Schmie

Unlängst backte meine Frau wieder einmal Apfelbrot. Ein köstlicher Duft stieg in meine Nase, als ich die Wohnung betrat. Meine Frau lachte über die gelungene Überraschung, denn sie weiß, dass ich dieses Apfelbrot besonders gerne mag. Auf der Arbeitsplatte am Küchenfenster lag das Rezept in der Form eines schönen, runden Apfels aus rotem Tonpapier. Es ist noch dasselbe, das ich einst von der ersten Fahrt ins Haus Schmie mitbrachte. Meine Gedanken wanderten zurück.

Es war im Jahr 1979, bald nach meinem Beginn im ejw, als Frau Ulmer auf mich zu kam und mich einlud: „Kommen Sie doch im Herbst auf unsere Freundeskreis-Freizeit nach Schmie für eine Bibelarbeit und berichten Sie auch über Aktuelles aus dem Jugendwerk. Wir sind älter gewordene Frauen aus Mädchenwerkszeiten und machen immer zwei Sommerfreizeiten und im November eine Freizeit in Schmie." Gerne sagte ich zu, denn schließlich führte meine „Ahnenreihe" auf die Mädchenwerks-Pfarrer zurück. Erwartungsvoll, aber leider wegen mancher noch zu erledigenden Dinge etwas verspätet, fuhr ich von Degerloch über die Autobahn bis Pforzheim-Ost, das Enztal entlang nach Mühlacker und dann Richtung Maulbronn. Würde ich noch rechtzeitig ankommen? Doch, was für eine schöne Landschaft! Die Weinberge des Strombergs grüßten herüber. Fünf Kilometer vor Maulbronn stand das kleine Hinweisschild „Schmie". Und da war es zum Glück auch schon, das „Jugendhaus Schmie" direkt am Ortseingang. So bin ich gerade noch rechtzeitig angekommen.

Vom Parkplatz aus sah man durch eine Hecke in einen wunderschönen Park. Am Zaun entlang führte der Gehweg zum Haus. Zwischen zwei nach vorne gerichteten Seitenflügeln ging ich durch eine liebevoll angelegte Gartenanlage zur Eingangstür im

Mittelbau. Da wurde ich auch schon freundlich begrüßt und durch den Flur mit seinen zum Verweilen einladenden Sitznischen und durch den gemütlichen Speisesaal in das Otto-Riethmüller-Zimmer geführt. Dorthin waren auch die Freizeitteilnehmerinnen unterwegs. Man merkte, sie sind hier zuhause und fühlen sich wohl. Ja, sich wohlfühlen und zur Ruhe kommen, das konnte man in dieser warmen, heimeligen Atmosphäre des Hauses. Auch ich war auf einmal in einer anderen Welt und spürte, wie in mir Ruhe einkehrte. „Wir freuen uns schon von einem Jahr zum anderen, hierher zu kommen in die Gemeinschaft, ins Haus und in den Park. Kennen Sie die Geschichte dieses Hauses? Vielleicht haben Sie an der Wand des Flurs die Bilder gesehen; die erzählen davon."

Und dann bekam ich eine kleine Nachhilfe in einer besonderen Geschichte. Eine Teilnehmerin erzählte:
„Als Otto Riethmüller 1924, im Jahr des 25. Jubiläums des Württembergischen Mädchenwerks, Vorsitzender wurde, war es ihm von Anfang an wichtig, dass es einen Ort gibt, wo man sich aus dem ganzen Land treffen kann, Mädchen von Ravensburg bis Weikersheim, von Freudenstadt bis Aalen. Er wusste, wie wichtig solche Orte sind, um Gemeinschaft unter Gottes Wort zu erleben, miteinander ernst und fröhlich zu sein, zu beten und zu singen. Bei der Suche nach einem geeigneten Haus wurde der Vorstand auf eine im Rohbau steckengebliebene Edelsteinschleiferei am Rande von Schmie aufmerksam gemacht. Er entschied sich dafür und wollte nun das Anwesen für den neuen Zweck um- und ausbauen. Menschliche Edelsteine sollten dort neu zum Glänzen gebracht werden. Vom Alltag mit seinen Mühen und Auseinandersetzungen müde und matt gewordene junge Frauen sollten mit neuer Strahlkraft zurückkehren. Mitarbeiterinnen sollten ihre Gaben entdecken und entfalten und mit neuen Erkenntnissen und neuer Freude in ihren Gruppen weiterarbeiten.

Aber es fehlte das Geld. Für Riethmüller und das Mädchenwerk war das jedoch kein Grund, den Plan aufzugeben. Gleich beim

Jubiläumstreffen in Stuttgart zündete die Idee und wurde mit großer Freude aufgenommen. Diese Freude brachte viele kleine und auch große Geld- und Sachspenden hervor. Die Opferbereitschaft (die Mädchen brachten monatlich 50 Pfennige in ihre Gruppen mit) und phantasievolle Ideen halfen, dass das Jugend-, Erholungs- und Freizeitheim Schmie schon zwei Jahre später, am 11. Juli 1926, eingeweiht werden konnte. Im Oktober begann dann der erste Kurs der Haushaltungsschule.

Wie schön war es geworden! Die Freude und die Dankbarkeit waren riesengroß. Alle wollten das Haus mit seinem großen Park sehen und dort bald eine Freizeit erleben. Der Park freilich brauchte noch einige Jahre, bis er in seiner späteren Schönheit erlebt werden konnte. Alle schätzten den ermutigenden, einfühlsamen, mitnehmenden Ton von Otto Riethmüllers Bibelarbeiten. Unsere ganze Jugendarbeit hat er auf das Bibellesen aufgebaut. Zum Bibellesen wollte er einladen und zum Bezeugen des Evangeliums befähigen. Er prägte uns immer wieder den Satz ein: „Die Bibel soll mir zur Heimat werden. Das ist nicht von heute auf morgen geschehen, das ist Lebensaufgabe." Das hat uns begleitet und geprägt, auch die Arbeit hier im Haus.

Es wäre noch viel zu erzählen von den bewegten Zeiten, die das Haus dann im Dritten Reich nach der Zwangseingliederung der Evangelischen Jugend in die Hitlerjugend und später im Krieg erlebte, doch war immer Gottes schützende Hand zu spüren. Zum Beispiel damals, als der Landrat von Vaihingen eine Beschlagnahmung des Hauses für einen eventuellen Katastrophenfall aussprach und damit ermöglicht wurde, dass man hier weiter über der Bibel zusammensitzen konnte und junge Menschen Stärkung für Leib und Seele erfuhren. Wie viel Segen von hier ausging, ist gar nicht zu sagen."

Bei diesem Erzählen leuchteten nicht nur die Augen der Erzählerin, sondern auch die anderen 60 Gesichter der in jenem Herbst anwesenden Freizeitteilnehmerinnen. Sie unterstrichen mit ihrem frisch gebliebenen Wesen das Gesagte eindrucksvoll und machten es unvergesslich. Es war eine denkwürdige Einführung zu der dann folgenden Bibelarbeit mit den inzwischen in die Jahre gekommenen jungen Frauen von damals. Mit einem Mal sah ich mich in einer großen Geschichte, in der Gottes Walten zu spüren war. Gemeinsam hörten wir auf die alten, verlässlichen Worte der Bibel, die Kraft haben, durch ein ganzes Leben zu führen, durch Kriegs- und Friedenszeiten zu tragen, Orientierung und Hoffnung zu geben.

„So, und jetzt erzählen Sie uns noch, was derzeit im Jugendwerk geschieht, was Sie gerade beschäftigt, was Sie freut und auch belastet, damit wir für Sie und das Jugendwerk beten können." Das tat gut! So hatte ich das aus einer Gruppe noch nie gehört. Gerne kam ich diesem Wunsch nach und erlebte ganz praktisch und persönlich, wie das Motto des Weltgebetstages „Informiert Beten" stärkt und froh macht. Auf meine Frage, was sie in ihren Freizeittagen noch vor sich haben, berichteten mir die Frauen ihr Programm. Es waren interessante, lebensnahe Themen und ich dachte mir, dass sicher immer der Erfahrungsaustausch aus ihrem reichen Leben dazu gehörte, wie ich es auch bei der Bibelarbeit erlebt hatte. Und wie als Bestätigung meiner Gedanken reichte mir eine Teilnehmerin ein rotes Blatt in der Form eines schönen Apfels. „Zum Thema „Apfel" tauschen wir auch Rezepte aus. Das können Sie gerne Ihrer Frau mitbringen. Vielleicht probiert sie es auch einmal."

Sie berichteten dann noch vom bevorstehenden Wochenende und Sonntag, dass da noch viele Freundinnen dazu kommen würden; von manchen Orten kämen ganze Busse, um sich noch einige Tage hier zu treffen und zu stärken. „Dann ist das Haus voll!", sagten sie voll Vorfreude.

Als ich mich dann verabschiedet hatte und wieder durch den Flur ging, schaute ich mir die Bilder aus der Geschichte des Jugendhauses Schmie genau an und las auch den ersten Eintrag ins Gästebuch von Otto Riethmüller, der dort hing:

„Du, aller Müden Ruh' und Rast
sei Du im Haus der erste Gast.
Der Du der Erst' und Letzte bist,
ach bleib bei uns, Herr Jesu Christ ...“

Als ich weiterfuhr, diesmal auf der B 10, an Vaihingen vorbei, Richtung Stuttgart, tat ich es richtig erholt, unendlich froh und dankbar. Ich hatte wirklich das Gefühl, in einer Edelsteinschleiferei gewesen zu sein.

Jedes Mal, wenn meine Frau das Rezept des Apfelbrots hervorholt und dann der würzige Duft durch die Wohnung zieht, jedes Mal, wenn ich von dem Apfelbrot esse, ist jener Besuch, und noch manche folgende, wieder gegenwärtig.

Dieter Eitel | Backnang, Leitender Referent des ejw 1979-1987

Apfelbrot

750 gr. Äpfel schälen, schnitzeln und mit
150 gr. Zucker mischen (n. Belieben Honig oder Rohzucker)
Einige Stunden od. über Nacht stehen lassen.
200 gr. Rosinen
200 gr. Mandeln, Nüsse oder Haselnüsse
1 Essl. Kakao
1 " Zimt
1 " Lebkuchengewürz
1 Backpulver (gut mit dem Mehl vorher vermischen)
abgeriebene Zitronenschale
500 gr. Mehl
Zutaten vermengen. Backzeit 1 Std. bei 170°

Wimpel- und Fahnenweihe

Jungenschaften waren eine großartige Sache. Wenn sie zu groß wurden, haben wir sie in Zehnerschaften aufgeteilt. Das war eine ideale Möglichkeit für junge Mitarbeiter, sich als Zehnerschaftsführer zu engagieren, ohne überfordert zu sein. Neben dem Fahrtenhemd mit dem Strick um den Hals gehörte auch ein Wimpel zur Ausstattung. Dieser wurde in einer feierlichen Jungenschaftsstunde „geweiht", nachdem er vom Mädchenkreis (einzige Verbindung zu diesem) genäht worden war. Der für diese Altersgruppe zuständige Landesreferent ließ es sich nicht nehmen, dazu in die Gruppe zu kommen.

So erschien Heiner Völker bei uns. Er erzählte von der landesweiten Bewegung der Jungenschaften, von der größeren Gemeinschaft des Jungmännerwerks und von der weltweiten Verbindung des CVJM. Dann bekamen einige das Jungenschafts-Abzeichen für das Fahrtenhemd und den Ausweis, nachdem sie das Jungenschaftsversprechen abgelegt hatten. Erst jetzt wurde der Wimpel geweiht und seiner Bestimmung übergeben. Bei Fahrten und Wanderungen Wimpelträger zu sein, war eine besondere Ehre.

1957 war es dann so weit, dass es für das Jungmännerwerk des Landes eine Fahne geben sollte. Das wurde beim jährlichen Rüsttreffen der Jungenschaftsleiter in der Stuttgarter Jugendherberge ausführlich besprochen. Die Übergabe sollte beim Jungmännertag auf dem Killesberg vom Vorsitzenden des Werkes an den jetzt zuständigen Landesreferenten Adolph Luckan stattfinden. In der Freilichtbühne versammelten sich alljährlich beim Jungmännertag die Jungenschaftler zur „Stunde der Jungenschaft."

Da war das große Rund grün von Fahrtenhemden (nur die Ludwigsburger waren blau). Ich hatte die Ehre, die Fahne auf die Bühne zu tragen, sozusagen als Zuträger für den verehrten Vorsitzenden Prälat Immanuel Pfizenmaier. Als ich ihm die Fahne gab, war er wohl so aufgeregt – es war ja für einen Prälaten eine ungewohnte Handlung in ungewohnter Umgebung –, dass er den Weihespruch vergaß und statt feierlicher Weiheworte einfach sagte: „Lieber Adolph, aus alter Freundschaft übergebe ich dir diese Landesfahne."

Zu dem jährlichen Rüsttreffen und der „Stunde der Jungenschaft" kam noch in jedem Jahr das große Pfingstlager auf dem Kapf, wo uns Hans Wille, der ehrenamtliche Obmann, geistliche Wegweisung gab und uns ermunterte für die Kleinarbeit am Ort.

Bleibend gelernt habe ich aus dieser Zeit die Bedeutung äußerer Formen, bei allem zeitbedingten Wandel, die Regelmäßigkeit von Begegnungen, die kleine Gemeinschaft, die Eingebundenheit in einen größeren Verband, die Treue und die Verpflichtung.

Rolf Lehmann ┃ S-Birkach, Ministerialdirektor i.R., Vorsitzender des ejw 1998-2004

Geschichten aus der Landesstelle

Doris Paul (leider verstorben) schrieb für Adolph Luckan einen Einladungsbrief für ein Jungenschaftstreffen. Sie las den Brief mit einer Kollegin durch, damit er fehlerfrei vervielfältigt werden konnte. Er wurde dann an die Jungen verschickt und oh Schreck, zweimal stand darin, dass das Treffen im Naturfreudenhaus (statt Naturfreundehaus) stattfinden sollte. Das war wirklich für Adolph und Doris nicht zum Lachen. Aber die Jungen haben wohl sicherlich gelacht.

Helga Strübel ┃ Waiblingen

Wie Gott lenkt

■—————— • Meine Vorstellung von einem erfüllten Leben war die „Äußere Mission". 16-jährig las ich Bücher von Missionaren, wie sie lebten und was sie bewirkten. Das Leben von Albert Schweitzer inspirierte mich kolossal – wie er als Theologe noch Medizin studierte, um den „Schwarzen Afrikas" in Gabun, am Ogowe-Fluss medizinisch noch besser helfen zu können. Aber nicht nur er, sondern die Reise-Sekretäre der Basler Mission gaben mir Einsichten vom Grasland in Kamerun oder vom Ashanti-Land Ghanas.

Ich besuchte das Jahresfest der Basler Mission in Bad Sebastiansweiler, wo meist ein Afrikaner zugegen war, besuchte Ausstellungen von afrikanischen Juju-Masken und sonstigen Werkzeugen und täglichen Utensilien. Alles, was mit Afrika zusammenhing, beeindruckte mich sehr.

Mit 18 oder 19 Jahren fuhr ich mit der Bahn nach Stuttgart, suchte die Heusteigstrasse, wo ich einen Gesprächstermin hatte mit Dr. Grau wegen einer möglichen Ausbildung zum Missionar. Das Gespräch war freundlich, ließ aber manches offen und endete mit einem Gebet, der Herr möge mir den rechten Weg zeigen.
Ich spürte, wie mir dieser Weg verbaut wurde, dafür sich ein anderer öffnete. Mein Weg war die Jugendarbeit, wo ich schon seit der Jungschar dabei war und zwei Jahre eine Gruppe leitete, Freizeiten organisierte und keine Mühe hatte, mit Jugendlichen umzugehen.

Der überaus eifrige Landesreferent Heiner Völker, der uns vor Ort besuchte, setzte mich auf die rechte Spur, dass mein Weg nach Kassel gehen könnte, nachdem wir länger über den hauptamtlichen Dienst gesprochen hatten. Eine wichtige Prüfung seien die „4 B": Bekehrt – Begabt – Bewährt – Berufen.

Die „4 B" habe ich ernsthaft geprüft. Bekehrt zu Jesus Christus –
da bekam ich meine ersten Zweifel, obwohl ich in den Glauben
hineingewachsen bin und freudig den Herrn bekannte: „Wir wollen Königs-Boten sein des Herren Jesu Christ, der frohen Botschaft heller Schein uns Weg und Auftrag ist." Ich habe mit der
Zeit gelernt, dass meine Hinwendung zu Gott lebenslang geschieht und ich tagtäglich unter seine Gnade fliehen darf. Mit
den beiden nächsten „B" hatte ich weniger Schwierigkeiten. Die
Voraussetzungen dafür sind gegeben und das letzte „B" – Berufung, hat mir Heiner Völker zugesprochen.

Im Frühjahr 1959 begann ich mit dem Praktikum als Teil der
Ausbildung.
Überfliegen wir die Ausbildungsjahre, unsere Hochzeit und die
erste, gemeinsame Wohnung in der Gutenbergstraße in Stuttgart,
wo wir im Pfarrhaus der Johannes-Gemeinde Unterschlupf fanden. Kehren wir nochmals zu meinem ursprünglichen Wollen,
Missionar zu werden, zurück.

Missionar ja – aber wo? In Afrika oder in der Jugendarbeit?
Für die Jugendarbeit hatte ich mich entschieden und mich ausbil-
den lassen. In der Johannes-Gemeinde und in Botnang war eine
gestandene Mitarbeiterschaft durch meine Vorgänger gewachsen.
Mit ganzem Elan wollte ich da weitermachen und geradlinig die
Arbeit fortsetzen.

Bis ein Schreiben der Basler Mission ins Haus flatterte und alles
veränderte. Zugegeben, es hätte nicht alles verändern müssen,
aber es kam eine Lawine in Gang, die ich nicht aufhalten konnte.
Nicht die Basler Mission, sondern das Evangelische Jungmännerwerk in Württemberg sandte mich und meine Familie anlässlich
des Jungmännertages in Stuttgart, Ende September 1966, als
1. Bruderschafts-Sekretär nach Nigeria aus.
„Der Mensch denkt, aber Gott lenkt."

Fritz Mast | Grötzingen

Dankbarkeit

Die Währungsreform war gerade erst richtig vorbei. Deutschland hatte seine DM bekommen und langsam ging es mit dem allgemeinen Lebensstandard wieder aufwärts. Aber an größere Ferienreisen war mit dem besten Willen nicht zu denken, zumindest nicht bei meinen Eltern. Ich vergesse diese Nachkriegsjahre und die Zeiten massiver Armut und Bescheidenheit nicht. Sie haben mein Leben stark geprägt.

Zu diesem jugendlichen Alltag gehört eine andere Erfahrung mit hinein. Jede Woche war ich zuerst bei der Jungschar und später bei der Jungenschaft des Jugendwerkes in Stuttgart-Vaihingen. Wir trafen uns regelmäßig mindestens einmal in der Woche. Das Lutherhaus war im Krieg nicht zerstört worden und bot uns Jungen eine gute Heimat. Unvergessen Sport und Spiel, unvergessen auch die spannenden Bibelarbeiten unserer Jugendleiter. Wir planten früh zum Jahresbeginn ein Highlight, das Zeltlager. Jedes Jahr fuhren wir an einen anderen Ort in Württemberg, ob Egenhausen/Kapf oder Schöntal, ob Erkenbrechtsweiler oder Lorch. Wir fuhren immer mit dem Fahrrad zum Zeltlager. Schon die Anreise in Gruppen war jedes Mal ein Erlebnis. Ein Reifenschaden war fast eine Selbstverständlichkeit, die gerissene Kette fest im Programm. Aber wir kamen an – und danach auch wieder heim.

Mich haben diese Zeltlager tief beeindruckt. Die waren nicht nur mangels anderer Alternativen spannend und toll. Viele gemeinsame Spiele und noch mehr Sport. Mein Bewegungsdrang kam voll auf seine Kosten. So einfach die Essen waren, so toll war alles aus dem „Blechnapf". Der Küchendienst war auch keine Strafe, da konnte schon die nächste Schnitzeljagd geplant werden.

Unvergessen sind für mich die biblischen Betrachtungen. Wie lebendig wurden für mich biblische Texte, die im Religionsunterricht wenig Begeisterung auslösten. Wir saßen um das Lagerfeuer und hörten von unseren Jugendleitern ihre Erfahrungen mit der Bibel, persönliche Erlebnisse mit dem lebendigen Gott. Ich habe noch heute manchen Bericht unseres Jungscharleiters im Kopf, wie er Jesus Christus als Helfer und Retter erfahren hat. Am Lagerfeuer ging mir manches besser in Kopf und Herz als in einer grauen Stube.

Unsere Lagerfeuer etwa in Erkenbrechtsweiler waren auch für den zuständigen Förster ein Anziehungspunkt. Er konnte uns die sichtbare Reichweite des Feuers bis nach Stuttgart erklären, aber auch die geologischen Besonderheiten der Schwäbischen Alb. Wenn ich heute über die Schwäbische Alb wandere, dann kommen die Zeltlagererlebnisse genauso wieder wie mancher ausgelegte Bibelvers. Ich lernte, für kleine Dinge dankbar zu sein. Ich lernte, dass Dankbarkeit eine der größten Tugenden überhaupt ist. Und deshalb vermisse ich sie bei so vielen Menschen in unserer heute so wohlhabenden Zeit. Ich danke meinem Jugendwerk für diese Mitgift.

Dr. Dietrich Bauer ǀ Bad Boll

Die Köchin

Sie hieß Anna. Für Hunderte von Kindern, Jugendlichen und jungen Erwachsenen hat sie über viele Jahre auf Freizeiten, Lagern und Mitarbeiterschulungen bekocht.

Witwe ist sie gewesen. Irgendwann hat sie ein Jugendreferent für die Leitung der Freizeitküche entdeckt. Mit den Erfahrungen wuchs ihre Sicherheit und Zufriedenheit. Viele Küchenhilfen im Jugendwerk gingen durch ihre Schule. Bis ins hohe Alter ist sie mitgefahren und hat durch ihre Kochkunst Freizeiten bereichert und unvergesslich werden lassen. Anna hat im Alter eine Aufgabe gefunden, die sie erfüllte und begeisterte. Durch den Kontakt zu jungen Menschen schien sie jung zu bleiben in ihrem Denken und Tun.

Über ihren Glauben hat sie ganz selten gesprochen. Sie war einer der Menschen, die denken, ich bin für das Praktische geschickt, und es gibt diejenigen, die reden können und deren Ding die Verkündigung ist. Menschen wie Anna verkündigen anders. Ganz gewiss ebenso gut und nicht weniger effektiv. Ich jedenfalls habe ihr abgespürt, dass sie als Köchin im Jugendwerk ihrem Glauben dadurch Ausdruck gab, dass sie ihre Kraft und Zeit einbrachte und durch diese Art der Verkündigung Raum für Bibelarbeiten, Andachten und Tischgebete schaffte.

Immer wieder bin ich solchen Menschen in meinem Leben begegnet, die durch ihr Tun und Handeln eindrücklicher und vorbildhafter leben, als sie von sich selbst denken. Ich danke Gott dafür, dass ich Anna begegnet bin und dass ich an ihrem Vorbild gelernt habe, wie viele Facetten die Weitergabe des Glaubens hat und wie sie gerade auch auf die „Praktiker" angewiesen ist.

Hans Birkenmaier Lenningen

Ohne Entlohnung – aber mit Gewinn

▪────────• So oft war es nicht. Andere haben es öfter gemacht. Aber lohnend und bleibend war es auch für mich. Ich meine die Jungenschafts-Freizeiten, die ich als Mitarbeiter auf der Dobelmühle erlebte.

Es gab ein festes Team – fast schon „Süchtige". Zu dem gehörte ich nicht. Aber zu diesem Team der „chronischen" Dobelmühlen-Mitarbeiter konnten andere wie ich dazu stoßen.
Sie waren jünger als ich, aber sie waren die „alten Hasen". Kannten die Abläufe, die „Specials", die Rituale. Wer macht die Sportgeräte-Ausgabe? Wo gibt es das Werkzeug für meine Hobby-Gruppe?

Freizeiten mit 80 bis 120 Jungs haben ihre eigenen Gesetzmäßigkeiten. Es braucht klare Regeln, die eingehalten werden. Genaue Zeitpläne – sonst funktioniert es nicht. Und es braucht gleichzeitig „einen Sack voll pulsierender Kreativität". Und ein Herz voller Liebe für Jungs, die ganz unterschiedliche Erfahrungen mit Gleichaltrigen, mit Erwachsenen, mit Freiheit und mit Grenzüberschreitungen haben.

Nach zehn Tagen bist du völlig „platt" und kennst nur noch das Wort „schlaaafen". Denn du wurdest zehn Tage lang um 6:00 Uhr geweckt. Du hattest einen Tag, der bis 22:00 Uhr ein recht pralles und durchstrukturiertes Live-Programm hatte.

Nun versuchst du „deine Halbwilden" einigermaßen zur Ruhe zu bringen und ihnen sogar noch etwas Geistliches mit in die Nacht zu geben. Um halb Elf kommt aber nicht etwa der gemütliche Teil, sondern eine abschließende Tagesabschlussbesprechung. Manöverkritik. Was schlecht lief, muss ausgesprochen werden. Gutes wird gewürdigt. Und dann die Ecksteine für den nächsten Tag. Nochmals Konzentration und klaren Kopf.

„Jetzt aber ein Bierchen zischen!" – Fehlanzeige! „No alc!" – bis die Freizeit vorbei ist. Stattdessen ein „jetzt gehst du aber auch in die Heia". Es ist bereits nach 23:00 Uhr, wenn du deinen müden Körper und Geist auf das Feldbett sinken lässt, in deinen Schlafsack krabbelst.

Du hast zehn Tage dieses Jahres dafür hingegeben, dass ein paar pubertierende Quertreiber ihr beginnendes Mannsein positiv erleben können. Dass sie erfahren, dass sie keine „looser" sind, bloß weil sie manchem Männlichkeitsgehabe nicht gerecht werden. Oder weil sie nur knappes Mittelmaß sind.

Du weißt am Schluss nicht unbedingt, was sie von diesen zehn Tagen mitnehmen. Same wurde ausgestreut. Ob und wann er aufgehen wird?

Für mich unterscheiden sich die Freizeiten auf der Dobelmühle in folgenden Punkten von anderen Freizeiten:
Du bist mit ganz anderen Mitarbeitern zusammen.
Es sind ziemlich viele und es gibt feste Teams:
Küchenteam, Zelt-Mitarbeiter, Materialwart etc.
Es braucht viel Disziplin und Teamgeist.
Sie sind anstrengender als andere Freizeiten.
Aber du lernst und profitierst mehr davon.
Auch als erfahrener Mitarbeiter kommst du nochmals mit ganz anderen Aspekten in Berührung.
Mein Prädikat: Lohnenswert!

Gert Presch | Gomaringen

Jeder von uns hat seine Besonderheit

■——————• Eine besondere Aufgabe als Landesreferent im CVJM-Landesverband Württemberg war die Leitung der Bodenseelager (Freizeiten) für Jungen von 13 bis 17 Jahren. Wie der Name „BOLA" sagt, finden diese Lager bis heute am Ufer des Bodensees unterhalb der Klosterkirche Birnau in Birnau-Maurach auf einer Wiese neben einem Campingplatz statt.

18 Jahre war das für meine Frau und mich und unsere Kinder ein Sommerferien-Erlebnis. Es waren 2 Abschnitte, je 10 Tage, mit jeweils 100 Teilnehmern und ca. 25 Mitarbeitern. Die ersten Jahre teilten wir uns mit Helmut und Margret Bentz. Diese Zeit war prägend für die folgenden Lager. Helmut Bentz strahlte etwas aus, das mir ganz neue pädagogische Perspektiven öffnete. Ich hatte bis dahin nur Zeltlager für 9- bis 13-jährige Jungen durchgeführt und war schon einige Jahre auf Jungmänner-Freizeiten in Walddorf dabei. Die Freizeit- und Lagerordnungen waren relativ streng formuliert. Es wurden vor allem Verbote formuliert. Helmut Bentz hatte ein anderes Konzept. Er wollte den Jungen sagen, was sie dürfen. Er wollte sie nicht unnötig einschränken, sondern eher befreien, und es sollte ihnen Spaß machen. Ich dachte darüber nach und beobachtete die Jungen auf dem Lagerplatz, in der Bibelarbeit, beim Essen und bei den Programmpunkten. Mir fiel auf, dass sie offener, fröhlicher und zugänglicher waren. Dass einige über die Stränge schlugen, war nichts Neues. Die Atmosphäre war sehr gut. Das überzeugte mich und gab mir Mut zu neuen Wegen im Umgang mit 13- bis 17-jährigen Jungen. Ich bin meinem Bruder Helmut Bentz sehr dankbar für seine Impulse. Zuerst entwarfen wir eine neue Lagerordnung. Sie beginnt mit den Worten: Jeder von uns hat seine Besonderheit. Diese Tatsache macht ein Leben in einer großen Gemeinschaft interessant.

Als Landesreferent im CVJM hatte ich die Verantwortung für die Lager. Meine Frau Elisabeth unterstützte mich durch ihr Engagement in der Küche. Jährlich brauchten wir viele erwachsene Mitarbeiter, die in den Zelten bei den Jungen wohnten.

Für die Küche suchten wir erwachsene Frauen. Eines Tages sagte meine Frau zu mir: „Wir brauchen ein Team, Mitarbeiter, die mit dir zusammen die Verantwortung tragen und dich entlasten, damit du dich auf die Bibelarbeiten konzentrieren kannst." Ich habe umgehend nach geeigneten Männern gesucht. Solche Entscheidungen habe ich zuerst mit meinem Vater im Himmel bewegt. Das Team wurde berufen. Es bestand aus vier Lagervögten, pro Abschnitt zwei. Sie sagten mir für fünf Jahre zu, blieben aber viele Jahre länger treu dabei.

Das Team traf sich im Lauf des Jahres zur Vorbereitung bzw. Nachbereitung der Lager. Daraus wuchs dann die Notwendigkeit, auch die Mitarbeiter und Mitarbeiterinnen in den Zelten und in der Küche in die Planung und Durchführung der Lager mit einzubeziehen. So entstand das Vorbereitungs-Wochenende. Das „BOLA" war nun nicht mehr nur die Aufgabe von mir, meiner Frau und den Lagervögten, sondern die Aufgabe aller beteiligten Mitarbeiter. Die Lagerleitung und die Mitarbeiter wurden kreativer. Der See wurde neu entdeckt. Die Bade-Inseln wurden gebaut, Kajaks gekauft und gespendet, Surfbretter besorgt. Die Ausflüge wurden kreativ. Fahrräder wurden bei der Bundesbahn und in Radhäusern ausgeliehen. Radtouren um den Bodensee gemacht. Später kamen die Mountainbikes. Jeder Teilnehmer hatte sein Bike dabei.

Teilnehmern wurde das Herz für Jesus geöffnet. Einer sagte in einem Gespräch: „Ich kam hier her ohne eine Ahnung von Glauben an Jesus. Am Anfang war mir alles fremd. Ich wusste nicht, was Bibelarbeit oder Stille Zeit ist. Tischgebete kannte ich nicht. Doch jetzt habe ich viel erfahren. Das Leben der Lagerleitung und der Mitarbeiter, wie ihr miteinander umgeht, euer Engagement und euer Verständnis für uns Jungen hat mich überzeugt. Gott hat durch euch zu mir gesprochen. Ich will auch an Jesus glauben."

Georg Terner | Bad Liebenzell

Verliebt, verlobt, verheiratet –
dann kam der Tag X!

■ ——————— • „Expedition" nach Griechenland. Pfarrer Eckle aus Zillhausen schreibt diese abenteuerliche Reise in einem Rundschreiben aus. Im Mai 1957 soll sie beginnen und drei Wochen dauern. Ein 4-Mast Zelt und eine Gulaschkanone für Jung und Alt, für Männer und Frauen, ist alles, was wir an Qualität erwarten konnten. Eine Luftmatratze stand jedem Schläfer und jeder Schläferin zur Verfügung.

Ja, was sollen wir denn tun, wenn die Matratze ein Loch hat. „Die muss nur so lange halten, bis ihr schlaft", war die Antwort von Herrn Pfarrer. Die Mitreisenden waren im Alter von 18 bis 80 Jahren. Ich saß ganz vorne hinter dem Chauffeur. Dass auch jedermann gleich wusste, woher ich komme, trug ich mein grünes Fahrtenhemd (die Kluft der Jungenschaft) mit einigen Abzeichen dekoriert. Ich war Jungenschaftsleiter, 19 Jahre jung, und voller Begeisterung, was ich in den nächsten Wochen erleben würde.
Mein Fahrtenliederbuch nahm ich mit. Vielleicht ist noch einer dabei mit einer kräftigen Stimme, der gerne mitsingt, dachte ich. Denn die lange Busreise durch Österreich, Jugoslawien bis an unser Ziel kann man am besten überbrücken, wenn man viel singt. Ich zog dann bald das Liederbuch hervor und versuchte es mit einem knallharten Jungensong: „Jauchzende Jungen auf den Rücken der Pferde, ohne Sättel an die Mähnen festgekrallt ..." Ich staunte nicht schlecht, als vom hinteren Busteil zwei Mädchenstimmen hörbar wurden. Gemeinsam schmetterten wir ein Fahrtenlied um das andere. Und die Kilometer schnurrten nur so an uns vorbei.

Die Reise habe ich nochmals ganz anders wahrgenommen und sie wurde zu einem Wendepunkt in meinem Leben.
Ich war im 2. Lehrjahr als Industrie-Kaufmann und Mitarbeiter

im damaligen Jungmännerwerk und – wie es nicht anders sein konnte – verliebte ich mich in eine der beiden Sängerinnen.

6 Jahre verliebt, ein halbes Jahr verlobt bis zur Hochzeit! Und dann kehrte der Alltag ein, der eigentlich nichts Alltägliches im landläufigen Sinne wurde, sondern kein Tag war wie der andere. Abwechslungsreich, spannend, viel Neues zu erproben, als Hauptamtlicher im Jungmännerwerk in Stuttgart.

43 Jahre später! Die Mitsängerin im Bus nach Griechenland und meine heutige Frau, sagte mir nach meinem schweren Schlaganfall 2006, als ich unfähig gewesen war, zu sprechen, zu essen, zu gehen und mich rechtsseitig zu bewegen: Schatz, wir schaffen es miteinander. Ich habe dieses gehört, obwohl durch eine exakte Hirn-Untersuchung festgestellt wurde, dass ein großer weißer Fleck vorhanden war, was mir bestätigte, dass ein herber Schlag mich getroffen haben muss. Wir schaffen es miteinander! So redete meine Frau, ohne sichtbaren Grund der Hoffnung. Es war ihr vielmehr zum Weinen zumute. Sie hat durchgehalten und wahr gemacht, was sie mir einst mal versprach: „Ich will zu Dir halten in guten wie in schlechten Tagen."

Mein Hirn war gerade mal in der Lage, mit viel Konzentration, aus dem Liedvers von Paul Gerhard zu zitieren: „Gott, du bist der Größte ... das Schönste und Beste ... aus allen Schätzen ... der edelste Hort." – es war das Einzige, was ich überhaupt mit viel Mühe zusammenbrachte, nicht einmal das Vaterunser klappte. Gar nichts mehr fiel mir ein. Wie ein Kind seine Umwelt benennt, der Schraubenschlüssel, Nagel, Hammer und die Säge, und das alles zusammen gehört in den Werkzeugkasten ... so musste ich wiederholen und repetieren.

Ein beschwerlicher, mühsamer Weg lag noch vor mir. Manches geht mir heute leichter von den Lippen. Doch gewisse Symptome sind geblieben und werden mir anhaften, solange ich lebe. Jahre später erzählte ich von diesen Erfahrungen meiner Therapeutin. Ich wollte sie loben für ihre großartige Leistung, mir immer wieder durch bescheidene kleine Fortschritte Mut zu geben, nicht aufzuhören, sondern weiter zu machen. Überraschenderweise sagte sie: „Das soziale Umfeld ist genau so wichtig wie eine gute Therapie."

Meine Frau, unsere Kinder, Schwiegerkinder, Enkel sowie Freunde und Geschwister, alle waren sie betroffen von meinem Zustand. Sie taten ihr Bestes. Doch meine Frau stand mir am Nächsten. Ich konnte nicht reden – sie übersetzte. Ich konnte meine Wünsche nicht äußern – sie verstand mich. So war sie in den ersten Wochen und Monaten meine ständige Begleiterin.

„Wir schaffen es gemeinsam!" Diese Äußerung gab mir Sicherheit und Hoffnung. Meine Frau erzählte mir dann von dem Lied, das wir schon öfters miteinander gesungen hatten, und das ihr jetzt die Kraft gab, das Vertrauen nicht wegzuwerfen, sondern in der Liebe Gottes wie in einem Mantel geborgen zu sein: „Gelobt sei deine Treu, die jeden Morgen neu uns in den Mantel deiner Liebe hüllt. Die jeden Abend wieder, wenn schwer die Augenlider, das schwache Herz mit Liebe füllt." Von morgens bis abends dürfen wir Gottes Treue spüren. Vom Anfang des Tages bis zum Ende, wenn unser Gesicht müde wird und die Gedanken nicht zur Ruhe kommen wollen, gilt der Zuspruch, dass unser schwaches Herz mit Liebe gefüllt wird, bis der neue Tag anbricht.

Noch einmal zurück zur Griechenlandfahrt 1957. „Jauchzende Jungen auf den Rücken der Pferde": Dieses schwungvolle Fahrtenlied hat uns die Augen füreinander geöffnet. Was im Laufe der Jahre gewachsen ist, ist die Liebe von Jesus Christus, der uns verspricht: „Bis in euer Alter bin ich derselbe. Ich will euch hegen, tragen und erretten."

Fritz Mast | Grötzingen

... und trug Frucht.

Frucht ist nicht die Leistung, die wir bringen.
Frucht ist kein Erfolg und Erfolg ist noch keine Frucht.
„Frucht ist die wachstümliche Entfaltung dessen,
was Gottes Geist in einem Menschen bewirkt." (Dr. Theo Sorg)

Jesus erklärt den Menschen damals am See Genezareth, wie das mit dem Evangelium, mit seiner Botschaft, mit seinem Wort, das er unter die Leute bringt, sein wird. An wie vielen Ohren seine Worte vorbei flattern werden. Jesus spricht von all den vielen Andachten, Bibelarbeiten, Predigten, Gesprächen in der Jugendarbeit, die einfach verloren gehen. Versickern in der Lebensgeschichte eines Menschen.

Trotzdem ist Jugendarbeit Säarbeit. Das ist das Risiko der Freiheit des Evangeliums, dass wir es aussäen und aussäen und aussäen. Wir tricksen und erzwingen nichts. Denn: Wir müssen nicht die Ernte einbringen.

Jugendarbeit ist Säarbeit. Wir sorgen dafür, dass der Same nicht in Säcken in irgendeiner Scheune stehen bleibt, sondern unter die Leute kommt. Aber wir säen auf Hoffnung.

Matthäus 13,8: „Einiges fiel auf gutes Land und trug Frucht." Wachstum geht langsam. Das geht nicht mal rasch nebenbei. Manches reift über Jahre, im Stillen, in einem Menschen heran, aber es prägt sein Leben mit. Der Same in ihm gehört zu seiner Biografie, ohne Lärm, ohne Appelle. Es ist gesät.

Es gibt so etwas wie eine verborgene Glaubensmelodie in einem Menschen, die sich in vielfältiger Weise in Erinnerung bringt. Davon erzählen die nächsten Geschichten in diesem Buch.

Manfred Bletgen I Filderstadt-Bernhausen

... und
trug Frucht

Paris 1955
war meine erste Auslandsreise

■────────• Ich bin in Ilsfeld, einem kleinen, aber stattlichen Dorf aufgewachsen. Da es solche Einrichtungen wie Jugendhäuser nicht gab und sich ein junges Pfarrersehepaar den Problemen der Konfirmanden vor und nach der Konfirmation annahm, wurde aus diesem Pfarrhaus so etwas wie ein Jugendhaus. Man wusste, dass man dort unter dem Dach der Jungschar Gleichgesinnte und Freunde findet. Und da ich bei der Gestaltung des Kindergottesdienstes mitwirken durfte, verbrachte ich die Freizeit an Sonntagen (die Werktage waren noch Arbeits- und Schultage) in dieser Gemeinschaft. Dort sind Freundschaften entstanden, die noch heute Bestand haben.

Die Weltratstagung der CVJM 1955 in Paris war meine erste Auslandsreise im Leben. Ganz anders als meine Heimatgemeinde war Paris eine pulsierende Großstadt. Die Kommunikation mit den Franzosen und den Teilnehmern der Tagung aus der ganzen Welt war im Wesentlichen nur in Zeichensprache möglich. Wir waren in schönen alten Gemäuern untergebracht.

Es gab mit jungen Menschen aus der ganzen Welt Gottesdienste und es war ein schönes Gefühl, mit einer Weltgemeinschaft zusammenzugehören. Das war eigentlich mein prägendstes Erlebnis. Und wie oft bin ich in den letzten Jahrzehnten in Paris gewesen und habe interessante politische und wirtschaftliche Gespräche geführt und war begeistert von dieser Stadt. Aber in die Erinnerung eingegraben ist Paris und die Weltratstagung des CVJM.

Die berufliche Ausbildung hat mir nur beschränkt die Möglichkeit gegeben, Kontakt mit dem CVJM bzw. dem Evangelischen Jugendwerk zu halten. Aber ich beziehe nach 60 Jahren immer noch das monatliche Programm des CVJM Bietigheim-Bissingen und ein guter Geist hat offensichtlich immer festgestellt, wo meine Spuren verlaufen und hat damit auch sichergestellt, dass ich meinen Mitgliedsbeitrag erbracht habe. Und so alte Freunde wie Rolf

Lehmann, vor allem in seiner Zeit als Bürgermeister der Stadt Stuttgart, haben mich immer wieder in die Pflicht genommen, den CVJM mit einer Aktion zu unterstützen. Weil ich dem CVJM viel zu verdanken habe, wollte ich diesen Kurzbeitrag schreiben. Also eine kurze Geschichte mit Langzeitwirkung.

Prof. Dr. h.c. Lothar Späth ı Leonberg, Ministerpräsident a.D.

Karfreitag 1987

Es ist Karfreitag, 17. April 1987. Nachmittags 3:00 Uhr. Wir stehen bei den drei großen Holzkreuzen auf dem Kornbühl, der Salmendinger Kapelle. Wir, das sind 85 junge Männer von der Oster-Jungmännerfreizeit aus Walddorf. Jedes Jahr erleben wir diese Zeit zusammen mit den jungen Männern. Wir lesen und hören aus den Evangelien die Botschaft vom Kreuz, vom Leiden und Sterben Jesu. Es ist ein starkes Erlebnis, wie die jungen Männer dabei sind.

Die drei Holzkreuze machen deutlich, was für uns geschehen ist. Jesus stirbt einen schrecklichen Tod, damit wir leben können. Fast eine Stunde nehmen wir uns Zeit, die Botschaft vom Kreuz zu verkündigen. Posaunen, Gitarren und unsere Lieder verstärken die Botschaft. Viele Wanderer kommen und hören zu. Sie bleiben die ganze Zeit stehen. Plötzlich wird uns bewusst: Gott hat uns in eine Missionssituation hinein gestellt. Wir konnten sie nützen. Karfreitag, 17. April 1987, nachmittags 3:00 Uhr. Gott schenkt seinem Wort eine freie Bahn auf dem Kornbühl. Junge Männer, Wanderer, Männer und Frauen, junge Leute und Kinder hören die Botschaft vom Kreuz, von Erlösung und Rettung, von der Gnade und der Liebe Gottes in Jesus Christus. Mit großer Freude und Dank erinnern wir uns an Karfreitag 1987.

Ernst Förster ı Walddorfhäslach

Vom Waldbauernbub zum Landtagspräsidenten

Streiflichter eines vom CVJM geprägten Lebens

Meine Heimat liegt im Schwäbischen Wald, wo ich als eines von sieben Geschwistern 1933 geboren wurde. Auf einem Gehöft mit fast 600 m über Meereshöhe konnte ich als Kind und Jugendlicher „Natur pur" erleben. Wir Kinder mussten schon sehr früh in der Landwirtschaft mithelfen, bei der Heu- und Getreideernte, ebenso im Stall und bei der Feldbestellung.

Mein Vater verstarb, als ich zwei Jahre alt war und mein Stiefvater wurde einige Jahre nach der Eheschließung mit meiner Mutter durch eine heimtückische Krankheit erwerbsunfähig. Als einziger meiner Geschwister durfte ich im drei Kilometer entfernten Gschwend die Oberschule bis zur mittleren Reife besuchen. Meine Mutter mühte sich redlich, ihre große Familie mit Hilfe meiner zwei älteren Brüder durchzubringen.

Viele Jahre lebten wir am absoluten Existenzminimum. Äcker und Wiesen der Landwirtschaft mussten nach und nach verkauft werden. Auch ich musste beispielsweise meine Kleider und den größten Teil des Schulgeldes für den Besuch der höheren Schule selbst finanzieren. So habe ich z. B. an jedem Werktag nachmittags nach der Schule in einem Umkreis von etwa 20 km die Tageszeitung „Der Kocherbote" ausgetragen.

Ängste und Elend des zweiten Weltkriegs erlebte ich als Kind zwischen dem 6. und 12. Lebensjahr zum Teil sehr hautnah mit. Bei Kriegsende mit Tieffliegerangriffen und Bombardierungen, die man auch als Erwachsener nie mehr vergisst.
Nach dem Zusammenbruch unseres ganzen Staatswesens durfte ich als Jugendlicher teilhaben an der Aufbruchstimmung nach 1945.

Fast in jeder Familie waren Lücken durch den Krieg gerissen worden. Die heimkehrenden Soldaten und Kriegsgefangenen, aber auch die Kriegerwitwen und aus ihrer Heimat Vertriebenen, haben nicht resigniert, sondern haben, nach meinen Beobachtungen, unglaubliche Aufbauleistungen vollbracht.

Die große Zäsur in meinem Leben war, nachdem ich mit 15 Jahren in Gschwend konfirmiert wurde. Der dortige CVJM wurde für mich zum Einstieg in ein erfülltes Leben mit Jesus Christus. Zwei Männer aus dem Hause Kienzle, der eine verwundet, der andere nach langer Kriegsgefangenschaft aus dem zweiten Weltkrieg heimgekehrt, wurden mir zu väterlichen Freunden und Vorbildern. Auch ein junger, gläubiger Pfarrer hat mir damals viele Anstöße gegeben.

Aus einer seiner Andachten nahm ich ein Wort aus dem Philipper-Brief (Phil. 1.4,13) mit, das mir geradezu zum Lebensmotto wurde: „Ich vermag alles durch den, der mich mächtig macht, Christus!" Das war eine unüberhörbare Aufforderung an mich, mutig voranzuschreiten. Schlicht meinen Glauben im Alltag, im Elternhaus, bei der Ausbildung, in der Gemeinschaft des CVJM, als Jugendleiter zu bekennen und zu leben. Die frohe Gemeinschaft im Kreise junger Männer bei Sport und Spiel, bei Theateraufführungen, bei Bibelabenden und Freizeiten, beim Bau einer eigenen Freilichtbühne oder bei der Anlegung eines CVJM-eigenen Sportplatzes sind mir in bester Erinnerung geblieben.

Viele wunderbare Erlebnisse und Begegnungen mit Gott und den Menschen könnte ich jetzt schildern. Ich will mich auf wenige beschränken.
Nach meiner 6-jährigen Ausbildung für den gehobenen Verwaltungsdienst bin ich als Stadtinspektor in Gaildorf gelandet. Auch während meiner Ausbildung habe ich nicht nur in Gschwend, sondern an den verschiedensten Orten Dienste in der Jugendarbeit für das Jungmännerwerk und den CVJM übernommen. Als

städtischer Beamter in Gaildorf, wo ich mit meiner jungen Frau und unserem kleinen Töchterchen einige glückliche Jahre verbringen durfte, ließ mich der Drang, etwas für unseren christlichen Auftrag zu tun, nicht los. So habe ich in Unterrot evangelische Jugendarbeit mit Freunden zusammen gemacht.

Aber gläubiger Christ zu sein war nicht immer positiv: In Michelbach an der Bilz habe ich mit 25 Jahren für das Amt des Bürgermeisters kandidiert. Das ging schief. Dabei spielte auch meine christliche Einstellung eine Rolle. Es ging die Kunde um, „wir haben eine Kanzel in der Kirche, eine Kanzel im Schloss und wollen nicht auch noch eine Kanzel auf dem Rathaus"! Im Schloss residierte nämlich zu dieser Zeit als Schulleiter im kirchlichen Aufbaugymnasium Willi Lauk, der vorher einige Zeit das Württembergische Jungmännerwerk in Stuttgart leitete und mit dem zusammen ich auch auf Freizeiten war.

Schließlich wurde ich ein Jahr später in Burgstall an der Murr zum Bürgermeister gewählt.

Zu den Aufgaben eines Bürgermeisters gehört auch das Standesamt. Beim Bestellen des Aufgebots eines jungen Paares für seine Hochzeit habe ich den aus Kirchberg/Murr stammenden Bräutigam, Werner Roth, kennengelernt. Er trug beim Aufgebot im Rathaus am Revers seiner Jacke das damals im Evangelischen Jungmännerwerk übliche Kugelkreuz (ein Kreuz über der Weltkugel). Damit hat sich seinerzeit die Evangelische Jugend Deutschlands zu 1. Joh. 5,4 bekannt: „Unser Glaube ist der Sieg, der die Welt überwunden hat."
Das war ein Signal für mich, und ich kam mit Werner Roth ins Gespräch: Wie wäre es, wenn wir miteinander einen CVJM in Burgstall gründen würden? Er war sofort dabei und mit Hilfe von CVJM-Mitarbeitern aus der Nachbarschaft entstand bald eine lebendige Jugendarbeit, zunächst nur mit jungen Männern, später auch zusammen mit Mädchen. Nicht allen in der politischen Ge-

meinde hat es gefallen, dass der junge Bürgermeister einen CVJM gründete. Der örtliche Sportverein sah darin sogar eine Konkurrenz, weil wir auch Eichenkreuz-Sport betrieben.

Das Misstrauen auch anderer Vereine konnte aber bald abgebaut werden. Denn alle Vereine wurden von mir in jeder Hinsicht als wichtige Kulturträger in der Gemeinde angesehen und in gleicher Weise, wo notwendig, gefördert. Gott hat meine Arbeit in der heutigen Gemeinde Burgstetten, wo ich 20 Jahre wirken durfte, sichtbar gesegnet.

20 Jahre durfte ich also als Bürgermeister tätig sein, 18 Jahre war ich im Kreistag des Rems-Murr-Kreises und 24 Jahre im Landtag von Baden-Württemberg, davon 10 Jahre als Präsident des Landtags in Stuttgart.

Nirgends bin ich aufgetreten mit der Bibel unter dem Arm. Aber überall im Beruf und in der Politik habe ich mich gerne zu meinem christlichen Glauben und zu der Kraft, die mir daraus für meine Aufgaben erwachsen ist, bekannt. Gebet und Fürbitte waren und sind für mich bis zum heutigen Tage die wesentlichen Faktoren für die erfolgreiche Bewältigung meiner Aufgaben.

Der Kreis für meine Arbeit im CVJM schloss sich in wunderbarer Weise indem ich nach meiner politischen Tätigkeit (eigentlich schon im Ruhestand) zum Dienst im Präsidium des Christlichen Jugenddorfwerk Deutschlands (CJD) gerufen wurde.

Es war eine große Herausforderung für mich. Ich danke Gott, dass ich in diesem großen Werk mit etwa 9.000 Beschäftigten in 150 Jugenddörfern, verteilt in ganz Deutschland, als Präsident über 15 Jahre Verantwortung tragen durfte.

Das CJD gehört als Fachverband dem Gesamtverband des CVJM Deutschland an. Deshalb war ich dort auch noch einige Jahre im

Vorstand in Kassel. Mit Freuden habe ich diese letzte offizielle Aufgabe im CVJM Deutschland wahrgenommen.

Gott sei Dank für die im wahrsten Sinne des Wortes wundervollen Führungen in den vergangenen Jahrzehnten meines Lebens in der Familie, im Beruf und in der Politik.

Und ganz besonders dankbar bin ich für die vielen Gebetserhörungen in der zurückliegenden bewegten Lebenszeit. Das Psalmwort stimmt: „Mit Gott kann ich über Mauern springen!"

Meine Bitte auch an die jungen Menschen von heute lautet: Vertraut auf die Zusagen Gottes!

Erich Schneider ┊ Burgstetten, Landtagspräsident i. R.

Geschichten aus der Landesstelle

Robert Seiler, Geschäftsführer des Jungmännerwerks, besuchte Klaus Strittmatter, der im Hagdornweg (ein Haus des ejw) wohnte. Im Garten traf er den kleinen Uwe Strittmatter mit einer ordentlichen „Rotznase"und sagte zu ihm:
„Uwe, hast du kein Taschentuch?" Uwe: „Doch, aber du kriegst's net!"

Helga Strübel ┊ Waiblingen

Lehrlingsheim

▪ —————————— • Die Danneckerstraße 19 war ein großes Gebäude. Nur die Hälfte war Landesstelle des Mädchenwerks, des Jungmännerwerks und des Landesjugendpfarramts mit Landjugend und der Buchhandlung. Die andere Hälfte war Lehrlingsheim. Mit 56 Plätzen.

Sozialarbeit war ein selbstverständlicher Teil des Jungmännerwerks. Es gab mehrere Lehrlingsheime im Land. Es gab Soldatenheime. Eine Jungarbeiteraktion wurde ins Leben gerufen. Das Lehrlingsheim stand unter der Oberleitung von Heiner Völker, der ein sehr strenger Chef war. Wehe, ein Vorhang hing schief oder ein Zimmer oder Aufenthaltsraum war nicht anständig aufgeräumt. Die jungen Männer sollten sich wohlfühlen und Ordnung lernen.

Auch das Essen war sehr wichtig. Satt sollten sie werden, die Kerle. Weil es billiger war und deshalb größere Portionen möglich waren, hatte ich einmal in der Woche Pferdefleisch in der Markthalle zu kaufen. Zweieinhalb Jahre Praktikum durfte ich dort ableisten. Heiner schenkte volles Vertrauen und schickte einen auch mal zu einem auswärtigen Dienst, wenn er versehentlich zwei Termine gleichzeitig zugesagt hat. Da lernte man den Dienst vor Ort.

Die eigentliche Chefin aber war seine Frau. Die Seele des Hauses. Für die Bewohner hatte man da zu sein. Für jeden einzelnen. Morgens wurde in drei Gruppen gefrühstückt. Die erste um 5:45 Uhr, die letzte um 7:00 Uhr. Jeweils Beginn mit einer Andacht von drei Minuten. Keine Sekunde länger. Das war eine meiner wichtigsten Schulungen. Einmal in der Woche war Heimabend. Eigentlich eine ganz normale Jugendarbeit mit vielfältigen Themen. Und ebenso selbstverständlich einmal in der Woche Bibelstunde. Mit wenigen Teilnehmern – aber regelmäßig. Und gefeiert wurde. Bei Festen achteten die Heimeltern auf jede Kleinigkeit. Festlich musste es sein. Von der Raumgestaltung über die Technik bis zum Essen und zum Auftreten. Die Dienstbesprechungen in der Völker-Wohnung sind unvergesslich. Eine Ehe als Dienstgemeinschaft wurde erlebt. Kleinigkeiten waren wichtig, aber das große Ziel wurde nie vergessen. Und gebetet wurde. Aber auch das anschließende Vesper wurde nie vergessen. Ganzheitlichkeit in fröhlicher Selbstverständlichkeit. Natürlichkeit in selbstverständlicher Frömmigkeit.

Beim Sonntagsfrühstück war die ganze Familie Völker da. Familie und Dienst waren eine Einheit. Dazu kam oft der Leiter des Werks, Walter Tlach. Er kam vom Leuze und schwärmte von der Wohltat des Mineralwassers. Und er erzählte ein wenig vom Werk. Nur wenige Sätze. Nie ohne ein geistliches Wort.

Am Sonntagabend gingen wir einmal im Monat in den Jugendgottesdienst in die volle Leonhardskirche. Dort predigte Dr. Theo Sorg. Das hat die jungen Männer angesprochen und uns die Möglichkeit gegeben, mit ihnen zu sprechen.

Diese Einheitlichkeit und Ganzheitlichkeit von geistlichem Leben und sozialem Handeln, von äußerer Ordnung und innerlicher Besinnung, von ernsthafter Arbeit und fröhlichen Festen, von Dienst und Familie, von biblischer Verkündigung und Alltagsbewältigung – und das alles in fröhlicher Natürlichkeit, geprägt von gemeinsamem Leben und Gebet, hat mein ganzes weiteres Leben mitbestimmt. Dafür bleibe ich der evangelischen Jugendarbeit dankbar.

Rolf Lehmann I S-Birkach, Ministerialdirektor i.R., Vorsitzender des ejw 1998-2004

Die beste Schule für Führungskräfte

Ich denke sehr gerne zurück an meine Zeit in der evangelischen Jugendarbeit. Warum? Weil sie bei den vielen Aufgaben in unserer Kirche zu den dankbarsten gehört. Junge Menschen dabei zu begleiten, wenn sie auf der Suche nach einem Sinn und Ziel im Leben sind, ihnen in den oft schwierigen Zeiten der Pubertät und des Erwachsenwerdens zur Seite zu stehen, ist unglaublich erfüllend. Sie geben einem die investierte Zeit und Energie tausendfach durch strahlende Augen und ein lebendiges Glaubensleben zurück.

Besonders prägend waren für mich die Konfirmanden-Freizeiten, die ich als Jugendkreisleiter begleiten durfte. Jungs in diesem Alter sind aktiv, lebendig und fordernd. Sie testen ihre Grenzen aus und sind dadurch nicht immer leicht im Umgang. Und sie sind unheimlich neugierig auf das, was das Leben für sie bringen wird. Es war gerade bei den Jungs immer eine ganz besondere Herausforderung, ihnen Jesu Botschaft nahe zu bringen. Umso schöner war es dann zu erleben, wie sie, erfüllt von Gottes Geist, selbstbewusst, gestärkt und mit einem Sinn und Ziel im Leben neu durchstarteten. Auch ich selbst durfte viel lernen. Schon in jungen Jahren Verantwortung für eine Gruppe zu übernehmen und damit auch Leitungsaufgaben zu übernehmen, ist die beste Schule für spätere Führungskräfte in Wirtschaft und Politik. Die Erfahrungen aus der evangelischen Jugendarbeit sind durch kein Führungskräfte-Training und kein noch so teures Seminar zu ersetzen. Schon früh vor einer Gruppe zu sprechen, Konflikte zu lösen, zu motivieren, Themen verständlich zu vermitteln – all das wird eingeübt, erprobt und damit wie selbstverständlich verinnerlicht. Ich bin dankbar für diese Erfahrungen, für diese gute „Schule Evangelische Jugendarbeit".

Ingo Rust | Abstatt, Parlamentarischer Staatssekretär, MdL

Prägung

⬛────────• Ich bin sehr dankbar dafür, dass ich schon als Jugendlicher zum Glauben gefunden habe und darin stetig gewachsen bin. Entscheidenden Anteil daran hat die Evangelische Jugendarbeit.

Meine Eltern lebten in zurückhaltender Distanz sowohl zum sogenannten Dritten Reich, an dessen Beginn ich am 10.06.1934 in Heilbronn geboren wurde, als auch zum christlichen Glauben.

Trotzdem, den Kriegsausbruch am 01.09.1939 erlebte ich im Evangelischen Waldheim Gaffenberg. Ich erinnere mich noch genau, wie uns nach der gemeinsamen Morgenandacht der damalige Dekan, ich meine, er hieß Gerhardt, dies eröffnete.

Beim Bombardement von Heilbronn am 04.12.1944 retteten wir buchstäblich das nackte Leben und landeten schließlich als Fliegergeschädigte über weitläufig Verwandte in einer Notunterkunft in Großaspach bei Backnang.

Eines Tages, es war wohl 1950, tauchte im dortigen Bubenkreis Adolph Luckan auf. Er arbeitete in unserem Ort für einige Monate als Bäckergeselle und machte es sich zur Aufgabe, uns Burschen zu einer entschiedenen Jesusnachfolge herauszufordern. Er hat auch mir heraus geholfen aus der Enge in die Weite.

Dazu zähle ich die Jungmännertage (in Esslingen mit Johannes Busch), die ersten Begegnungen mit Heiner Völker und Ernst Schiele, die Anfänge der Bodenseelager im Park der Stuttgarter Diakonissen in Fischbach, ein Aufbaulager in Unterjoch, Landessportfeste im Ramsbachtal, aber auch den ersten Stuttgarter Kirchentag 1951.
Und wenn ich heute immer wieder als Mitglied des Trägerver-

eins in die Jugend- und Sportleiterschule Ruit komme, erinnere ich mich daran, dass ich dort Anfang der 50er Jahre eine meiner ersten Schulungen besuchte.

Es war wohl 1960, wir hatten gerade geheiratet und uns in Stuttgart niedergelassen, als mich Walter Maier in den Eichenkreuzrat holte. Dort habe ich mich mit großer Freude viele Jahre vor allem für die Verbindung von Breiten-und Leistungssport in der Leichtathletik eingebracht und dabei das Jugendwerk auch in seinen inneren Strukturen kennen gelernt.

Zu meiner großen Überraschung wurde mir später in meiner Anfangszeit im Oberkirchenrat die Rechnungsprüfung dieses Jugendwerks anvertraut. Auf der einen Seite der souveräne Paul Heiland mit seiner treuen Gehilfin Gustel Ahrens und auf der anderen Seite der blutjunge Inspektor Schüßler. Eine der vielen Führungen, die unser guter Gott geschenkt hat, dass ich in meine berufliche Arbeit das einbringen konnte, was mir ohnehin am Herzen lag.

Zusammenfassend will ich noch einmal dankbar bekennen, es war das Jugendwerk, in dem ich „zum Glauben gefunden habe und im Glauben gewachsen bin".

Dieter Schüßler | S-Vaihingen

Das Führen von Menschen gelernt

▪━━━━━━━━━━• Ich bin ein Angehöriger der sogenannten Generation der Kriegskinder. Geboren wurde ich 1935 in Stuttgart-Bad Cannstatt, dem größten Stadtteil von Stuttgart. Dort erlebte ich meine Kindheit, bis der zweite Weltkrieg an der „Heimatfront" seine bleibenden Eindrücke durch die schweren Luftangriffe hinterließ. 1943 wurden wir Schüler großflächig über ganz Württemberg, in der sogenannten „Kinderlandverschickung", in die ländlichen Regionen verteilt. Ich kam in den Landkreis Schwäbisch Hall in ein kleines Dorf, wo ich es vor Heimweh nicht lange aushielt und eine Tante mich nach Ludwigsburg holte. In der Zwischenzeit fiel mein Vater als Soldat im Kaukasus. Drei Onkel liegen in russischer und französischer Erde. 1944 wurde unsere Wohnung total ausgebombt und meine Mutter stand mit zwei Kindern vor einem Nichts. Wer nimmt uns auf, wo gibt es das Notwendigste an Bekleidung in einem System der Zwangsbewirtschaftung?

Unser Haus in Bad Cannstatt war 300 m Luftlinie von der jüdischen Synagoge entfernt. Am 9. November 1938 war ich als kleiner Junge Zeuge, wie sie in der „Reichskristallnacht" durch die Nationalsozialisten zerstört wurde. Bis 1941 trafen wir Kinder immer wieder jüdische Mitbürger mit dem gelben Judenstern am Revers. Erst nach 1945 wurde uns das Unheil des nationalsozialistischen Unrechts- und Maßnahmenstaates in seinem vollen Umfang bekannt.

Ich hatte eine fromme Großmutter, die großen Wert darauf legte, dass ich in die „Sonntagsschule" gehe. Dazu organisierte sie einen Abholdienst. 1949 wurde ich konfirmiert und besuchte anschließend einen „Jungenkreis". Im Dritten Reich wurde, wie alle anderen Gruppierungen, die evangelische Jugendarbeit in die Staatsjugend, die Hitlerjugend überführt. So erhielt auch ich auf „Beziehung" 1945 eine Uniform als Pimpf.

Die Jugendarbeit musste nach 1945 neu begonnen und aufgebaut werden. Es gab die Jungen- und Mädchenkreise in getrennten Werken, die christlichen Pfadfinder und ab den 50er Jahren die Jungenschaft. Diese Form, von Heiner Völker ins Leben gerufen und mit viel Engagement aufgebaut, hat mich angesprochen, so dass ich Mitarbeiter wurde. Am Ort und im Bezirk war ich als Leiter und Veranwortlicher tätig. Hier erlernte ich auf empirische Weise das Führen von Menschen durch Vorbild, Sach- und Fachkompetenz. So wurden die Leitplanken für meinen späteren Beruf als Führungskraft in der freien Wirtschaft gesetzt

Ich bin dankbar für diese Zeit. Die Opfer an Zeit und Geld hat mir Gott vielfältig zurückgegeben. Er lässt sich nichts schenken. Es kam als Segen zurück.

2 Kinder und 6 Enkel, dazu gute und treue Freunde aus der Jungenschaftszeit. Dankbar bin ich auch Vorbildern wie Paul Heiland, Helmut Class, Dr. Theo Sorg, Hermann Mühleisen und Ernst Schiele. Wie noch viele andere haben sie ihr Herz „an die Angel gehängt", um junge Menschen für Gott zu fischen.

Wolfgang Diebold | Metzingen

Vom CVJM geprägt

▪————————•Jahrgang 1934. Ab Herbst 1944 noch ein halbes Jahr im Jungvolk der Hitler Jugend, wobei der „Dienst" wegen Fliegeralarmen und dem nahenden Kriegsende schon lückenhaft war. Wir lernten noch marschieren.

Nach dem Krieg gab es schon bald in Ludwigsburg wieder eine Jungschar beim Evangelischen Jungmännerwerk, ab 1947/48 auch wieder beim CVJM. Das christliche Elternhaus schickte mich dahin. Es gefiel mir dort und es sollte eine Weichenstellung fürs Leben sein. Gleich nach der Konfirmation 1949 bestellte mich unser CVJM-Sekretär Fritz Rau zum Jungscharleiter.

Mit 14 wurde man auch schon Mitglied. Und dann ging es „automatisch" Schritt für Schritt: Mit 18 Jungenschaftsleiter, später dann noch Leiter des Jungmännerkreises, Vorstandsmitglied, Bezirksleiter. Die Mutter sagte: „Nimm doch dein Bett auch mit in den CVJM!"

Bald nach der Berufsausbildung zum Industriekaufmann durfte ich 1955 als Delegierter zur 100-Jahrfeier des CVJM-Weltbundes nach Paris fahren.

Längst war ich eingebunden in den Auf- und Ausbau der Jungenschaftsarbeit in Württemberg, einer verbindlichen Form der Arbeit mit 14- bis 18-Jährigen. Ich wurde geprägt von Heiner Völker, Werner Hauser, Walter Sommer, Adolph Luckan. Ebenso auf Jungmännertagen in Stuttgart und Esslingen von Willi Lauk, Walter Tlach, Helmut Lamparter, Theo Sorg, Manfred Müller und bei CVJM-Treffen in Esslingen von Fritz Liebrich. Im Jungenschaftsbeirat übernahm ich Verantwortung und bei den Jungenschaftsleiter-Treffen in der Stuttgarter Jugendherberge. Und es waren Landeslager in Mellau 1953 und auf dem Tempelhof 1956.

Dann verdankte ich unserer Jugendarbeit ein großes, bleibendes Erlebnis. 1957 war ich mit Gerhard Pfister aus Schwäbisch Hall und Margarete Held aus Korntal einer von drei aus der evangelischen Jugendarbeit in Württemberg, die drei Monate durch lutherische Gemeinden in den USA reisen und schließlich als Jugenddelegierte an der Konferenz des Lutherischen Weltbundes in Minneapolis teilnehmen durften.

1961 sollte auch noch eine europäische Konferenz für Jungenarbeit in England folgen. Begegnungen mit Christen anderer Länder und Kontinente, Erfahrungen der weltweiten Kirche.

Mitte der 60er Jahre gelang es dann in zweijähriger Arbeit, in Ludwigsburg die Fusion zwischen Evangelischem Jungmännerwerk und CVJM zu bewerkstelligen, nicht immer einfache Verhandlungen, aber von gegenseitigem Respekt und wachsendem Vertrauen getragen. Auch kam ich nicht umhin, mich eines Tages für den Kirchengemeinderat aufstellen zu lassen und damit Verantwortung für meine Kirchengemeinde zu übernehmen.

Bei all dem war unerlässlich, dass meine Frau, mit Hintergrund CVJM und Mädchenwerk, immer Verständnis für mein Engagement aufbrachte und es mitgetragen hat.

Um dem damaligen Pfarrermangel abzuhelfen, hatte unsere Landeskirche mit den „Lehrgängen für den Pfarrdienst" in Stuttgart-Riedenberg einen zweiten Weg in den Pfarrdienst geschaffen. Menschen aus dem Raum der Kirche, die sich im Beruf bewährt hatten, wurden in zwei-, später dreijährigen Kursen zum Pfarrer ausgebildet. Bei zwei Anfragen 1962 und 1964 winkte ich ab, denn ich liebte meinen Beruf. Völlig unerwartet traf uns 1967 eine dritte Anfrage, wieder vorgeschlagen vom Evangelischen Jungmännerwerk in Württemberg. Nach sehr reiflicher Überlegung (Frau und Familie sind davon ja stark betroffen) entschlossen wir uns, jetzt doch ja zu sagen. Ich kündigte bei Bosch. Nachdem ich dann schon ein Vierteljahr im Studium war, stellte sich heraus, dass mein Name versehentlich nochmals auf die Liste der Anzufragenden geraten war. Damals meinte unser Lehrgangsleiter Rosenkranz: „Bei Ihnen merkt man, dass Sie aus der Jugendarbeit kommen. Sie können vorne hin stehen und auch ein Referat halten."

Ab Herbst 1970 war ich dann im Pfarramt und hatte stets einen Draht zur Jugendarbeit. Schließlich wusste ich, „aus welchem Stall ich kam". In den drei Gemeinden (bis zu meinem Ruhestand 1997) hatten wir stets einen guten Posaunenchor, ein Glück, ein Geschenk für einen Pfarrer. In Onstmettingen (1979 bis 1990) bestand fast der halbe Kirchengemeinderat aus einstigen Jungenschaftlern. Und bei den zahlreichen Gottesdiensten im Grünen auf dem Raichberg war es nicht viel anders, als wenn man einst im Zeltlager zur Andacht vorne stand. Schließlich war ich jahrzehntelang Wanderführer im Albverein, nachdem mein örtlicher Vertrauensmann gesagt hatte: „Du darfst uns auch unterwegs eine Besinnung halten."

Im Ruhestand war ich dann noch einmal gefragt, um als „elder statesman" im Heimat-CVJM und für unser Haus Lutzenberg mit zu beraten.

Mit der Jungschar bald nach dem Krieg hatte es begonnen. Dann hat die evangelische Jugendarbeit mein Leben bleibend geprägt, wesentlich auch durch unsere Ludwigsburger CVJM-Sekretäre, unsere Jugendpfarrer Paul Koller und Walter Arnold und durch gestandene ältere CVJM-Freunde, auch im Bezirk. Es gab viele wichtige Impulse und Anstöße zum Glauben bei Bibelarbeiten und auf Tagungen. Vielseitige Mitarbeit war gefordert, Fähigkeiten wurden geweckt und gefördert. Viele bereichernde Begegnungen, nicht zuletzt lebenslange Freundschaften bis heute. Unter dem Strich ein großer Reichtum. Gott sei Dank.

Martin Junginger | Weinsberg

Das Band

In meinem ersten Beruf als Herrenschneider habe ich gelernt, dass ein Gewebe aus miteinander verwobenen Längs- und Querfäden – aus Kette und Schuss – besteht. Die Kettfäden sind auf den Webstuhl gespannt; die Schussfäden werden mit dem Schiffchen oder Schützen eingetragen.

Evangelische Jugendarbeit ist ein Kettfaden in dem Band, durch das mich der dreieinige Gott zu sich gezogen hat.

Wann wurde er geknüpft? Nach der Konfirmation; das war im Jahre 1953. In unserer Kirchengemeinde gab es zu der Zeit einen Jungmännerkreis und einen Mädchenkreis, die anfangs noch durch den Pfarrer und seine Frau geleitet wurden, später durch Bezirksjugendreferenten und -referentinnen und unter ihrer Anleitung und Schulung durch Ortsverantwortliche.

Der älteste in unserem Kreis war Willi. Willi war schon mit meinem Vater zusammen im Jünglingsverein. Er war aus dem Krieg zurückgekehrt – mein Vater nicht – und nun kam er wieder zu uns. So wie er in der Kinderkirche die Geschichten der Bibel erzählte, so erzählte er uns aus seinem Leben, seine Kriegserlebnisse und Glaubenserfahrungen, und lud uns ein, in die Nachfolge Jesu zu treten.

Zur selben Zeit wirkte in unserer Dekanatsstadt Tuttlingen ein Mann, mit dessen Name die evangelische Jugendarbeit in unserem Kirchenbezirk untrennbar verbunden ist. Es war Herbert Kreiner. Auch er durfte aus Krieg und Gefangenschaft wieder heimkehren und unterrichtete nun als Religionslehrer an Tuttlinger Schulen. Herbert Kreiner hat im Tuttlinger Jugendwerk große Aufbauarbeit geleistet. Dies strahlte aus in die Gemeinden des Kirchenbezirks. Unvergessen sind die Wochenenden auf dem

Kraftstein (Heuberg), zu denen wir aus dem Bezirk, immer am Beginn seines Sommerlagers, eingeladen waren. Unvergessen sind die Pfingstlager unter seiner Leitung auf dem Hohenstoffel (Hegau). In einem Gottesdienst auf dem Hochplateau im stillgelegten Steinbruch am Hohenstoffel hörte ich zum ersten Mal den Namen Jabez. Die Bibelstelle und das Gebet des Jabez habe ich seitdem nicht mehr vergessen: „Und Jabez rief den Gott Israels an und sprach: Ach dass du mich segnetest und mein Gebiet mehrtest und deine Hand mit mir wäre und schafftest, dass mich kein Übel bekümmere! Und Gott ließ kommen, worum er bat." (1. Chronik 4,10)

Willi und Herbert Kreiner gehörten zu den Menschen, die uns jungen Männern den Weg zu Jesus Christus zeigten, uns zu Ihm einluden und vorausgingen. Mit Willi blieb ich immer in Verbindung. Bis ins hohe Alter nahm er Anteil an der Jugendarbeit. Er betete für die Menschen in unserem Dorf; für Junge und Alte und für die Mitarbeiter. Bei einem meiner letzten Besuche an seinem Krankenbett bat ich ihn: „Willi, hast du nicht noch ein Wort für mich?" Er sagte: „Bleib am Glauben, das trägt dich."

Ein weiterer Kettfaden in dem Band war und ist der sonntägliche Gottesdienst. Der ganz normale Gottesdienst, in dem das Evangelium von Jesus Christus, wie es in der Heiligen Schrift gegeben und in den Bekenntnissen der Reformation bezeugt ist, verkündigt wird, ist für mich ein Höhepunkt. „Dein Wort bewegt des Herzens Grund ...". Das war schon in jungen Jahren so und ist auch heute noch so. Der Faden „Sonntäglicher Gottesdienst" gab dem Faden „Jugendarbeit" Kontinuität und Stabilität.

Einen dritten Faden spannte Gott durch das Geschenk, das er mir in der Person meiner Ehefrau und Mutter unserer beiden heute verheirateten Kinder gab. Durch ihre hauptberufliche Tätigkeit als Lehrerin in der Grundschule in unserem Dorf und ihrem nebenamtlichen und ehrenamtlichen Dienst (u. a. Flötenkreise und Kinderkirche) blieb sie zeitlebens in Verbindung mit Kindern, Jugendlichen und jungen Familien. Sie bejahte und unterstützte meinen ehrenamtlichen Dienst in Kirchengemeinde und örtlichem Jugendwerk. Bei alle dem hatte sie das Ziel im Auge, „die große Linie", wie sie einmal zu mir sagte.

Es war gemeinsames Leben und gemeinsamer Dienst. Dadurch wurde manches möglich. Unvergessen ist, wenn sich nach der jährlichen Waldweihnachtsfeier unsere Stube zum traditionellen „Saitenwürstle-Essen" mit den Mitarbeitern füllte.

Von den Kettfäden, die Gott der Herr auf den Webstuhl meines Lebens gespannt hat, habe ich drei genannt, die mich mit der Jugendarbeit verbinden. Durch sie kam es zur Begegnung mit Menschen; sie sind gleich den Querfäden im Gewebe. Freundschaft und Bruderschaft ist entstanden, die bis heute hält und trägt. Das ist besonders in schweren Stunden und im Alter ein großes Geschenk. Dietrich Bonhoeffer sagt: „Der Christus im eigenen Herzen ist schwächer als der Christus im Worte des Bruders."

Durch Gottes Wort, durch seinen Heiligen Geist und durch Menschen wurde und wird das Band gewoben, durch das mich der dreieinige Gott zu sich zog und zieht und bei ihm erhält im rechten, einigen Glauben.

Dafür danke ich ihm von Herzen und bitte ihn, dass jetzt im Alter das Band nicht brüchig wird und er die Fäden in der Hand behält.

Siegfried Glaser | Hausen o.V.

Marathon

■————————• Meine Jungschar- und Jungenschaftszeit hat mich in den Nachkriegsjahren tief geprägt. Da wurde manche Freundschaft begonnen, die zur Zeit der Oberstufe und im späteren Studium noch Bestand hatte. Ein besonderes Bindeglied war der Eichenkreuz-Sport. Stuttgart-Vaihingen war in den fünfziger Jahren ein Begriff für sportlichen Erfolg geworden. Zum einen war es unsere Handball-Mannschaft, zum anderen unsere Leichtathletikgruppe. Bei allen Eichenkreuz-Meisterschaften war ich mit dabei. Ich habe noch heute das Staffelholz, das wir damals von Läufer zu Läufer weitergegeben haben. Ich bin in der Eichenkreuz-Staffel meist die 800 bzw. 1000 Meter gelaufen. Ich brauchte schon damals die längeren Distanzen, um richtig in Fahrt zu kommen.

Bei den Eichenkreuz-Waldlaufmeisterschaften waren die größeren Strecken selbstverständlich. Da war ich besonders gerne. Ich konnte auch viel trainieren, stand doch das Elternhaus in Vaihingen fast direkt am Waldrand.

Von unserem Teamgeist war ich schon früh beeindruckt. Die Staffel war ein Arbeitsteam, in dem Rücksichtnahme genauso selbstverständlich war wie gegenseitige Motivation, Ansporn und Rücksichtnahme. Der Staffellauf wurde für mich zum Leitbild für viele berufliche Herausforderungen: die punktgenaue Übergabe, der richtige Einsatz der Läufer für die unterschiedlichen Strecken, die strategische Ausrichtung auf das gesamte Läuferfeld.

Hier habe ich etwas gelernt, was mir später bei den Marathonläufen, die ich heute noch unternehme, sehr wichtig wurde. Wenn du an den Start gehst, dann ist nicht der Weg das Ziel (einer der dümmsten Sätze), sondern konzentriere dich auf dein fern liegendes Ziel und nimm den Weg unter die Beine. Ich habe damals gelernt, dass jeder Tag und unser ganzes Leben zielorientiert sein sollen, damit wir unterwegs nicht „verhungern" oder auf der Strecke bleiben. Richtig verinnerlicht habe ich das bei der einen oder anderen Bibelarbeit, die bei unseren Trainingseinheiten immer dazu gehörten. So wurden mir auch paulinische Sportbilder ganz lebendig. Ich habe sie oft in meinem beruflichen Leben gebraucht und bei der Mitarbeiterschulung oder bei Personalentscheidungen angewandt.

Wenn ich heute noch etwa beim Engadiner Skimarathon oder beim Swiss Alpine Marathon an den Start gehe, dann sage ich Jesus immer einen doppelten Dank: Einmal, dass ich dies in meinem fortgeschrittenen Alter noch tun kann, und zum andern, dass ich beim Eichenkreuz gelernt habe, dass das Ziel nicht schon nach 5000 Metern kommt, sondern viel später nach 42,195 km. So bin ich auch in meinem Leben unterwegs – dem Ziel entgegen, das immer noch vor mir liegt.

Dr. Dietrich Bauer ┃ Bad Boll

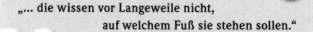

In Sitzungen und Protokollen aufgeschnappt

„... die wissen vor Langeweile nicht,
auf welchem Fuß sie stehen sollen."

Was ich dem Mädchenwerk und dem Evangelischen Jugendwerk verdanke

Wie weit haben mich Menschen und das Arbeiten in der Landesstelle des Evangelischen Jugendwerks, damals Mädchenwerk, gefördert, bereichert, geprägt? Ich weiß es nicht genau, ich kann es nicht mit Punkt und Komma, dies und das aufzählend, benennen. Auch ist mir klar, dass Prägungen, lebens- und Glauben fördernde Einflüsse oft „unterirdisch", unbewusst wirken. Sei´s drum – ich versuche trotzdem, etwas von dem zu sagen, von dem ich meine, dass es mich in dieser Zeitspanne von 1964 bis 1972 bewegt hat und bis heute begleitet.

Landestreffen des Evangelischen Mädchenwerks Württemberg im Mai 1964 auf dem Killesberg in Halle 6. Inhaltlich und organisatorisch exzellent vorbereitet von den Mitarbeiterinnen der Landesstelle und ihrem damaligen Leiter Pfarrer Hans von Keler. Ich als Neuankömmling brauchte nur in den fahrenden Zug einzusteigen.

Für mich war das Landestreffen 1964 eine ganz große Ermutigung. Am Rande vermerkt: Pfadfinderinnen waren am Halleneingang postiert, um den Einlass zu kontrollieren. Sie wollten mich zuerst nicht einlassen. Ich sei der Leiter des Evangelischen Mädchenwerks, sagte ich ihnen. Das könne jeder sagen, hielten sie dagegen. Vielleicht war es mein hilfloser, bittender Gesichtsausdruck, der sie dazu bewog, mich durch zuwinken.

Überwältigend: 7000 Mädchen und junge Frauen waren in der Halle versammelt. Die damalige Leiterin des Burckhardthauses Gelnhausen, Zentrale der weiblichen Jugendarbeit, Pfarrerin Eva-Renate Schmidt, sagte im Anblick der 7000 kopfschüttelnd – staunend oder kritisch? – das sei ein Anachronismus. Gemeint hat sie wohl: etwas überständig, gestrig. Sie konnte nicht wissen, wie viele ehrenamtliche Leiterinnen von Jungscharen und Mädchenkreisen und wie viele Pfarrfrauen hinter diesen vielen standen. Ein gewaltiges Aufgebot von Bläsern des Jungmännerwerks und des CVJM stützte und begleitete die Großveranstaltung. War das schon ein erster Vorbote der künftigen Fusion von Jungmännerwerk und Mädchenwerk 1971? Der Dank, den ich an die Bläser aussprach bei jener Schlussveranstaltung, wurde von einem nicht enden wollenden Beifall der 7000 bestätigt. Nachdem er verebbt war, fügte ich die Bemerkung hinzu: Ich hätte gesehen, wie einige Trompeten, Hörner und Tuben rot wurden vor lauter verschämtem Stolz.

Nach meinem Einblick in die Arbeit der Landesstelle des Mädchenwerks nahm ich mit Bewunderung wahr, mit wie viel Mühe und Einsatz die Mitarbeiterinnen ihren „Reisedienst" versahen mit Besuchen bei Kreisen und in Bezirken des Mädchenwerks. Sie erstreckten sich vom Hohenlohischen bis zum Bodensee, von der Ostalb bis zum Schwarzwald. Sie berichteten über diesen Dienst, der sich oft über Wochen erstreckte, dass sie meist freundlich, oft in Pfarrhäusern, aufgenommen, verköstigt und beherbergt wurden. Die Ausstattung mit Pkw (Käfer) hatte damals gerade erst angefangen. Mühsam war es trotzdem. Und wenn es von einem Pfarrhaus zum andern hintereinander in einer Woche Sauerkraut mit Bauchläpple gab, konnte das nicht jeder Magen und Darm vertragen. Aber auch die Eröffnung in einem gastgebenden Pfarrhaus „wir hungern heute für Indien" war nicht viel bekömmlicher.

Was sich im Kreis der damaligen Referentinnen versammelt fand an Phantasie, Spielfreude, musischen Einfällen und kreativer Ernsthaftigkeit, hat mich sehr beeindruckt. Dies war bei ihnen verbunden mit einem soliden, theologisch fundierten Erarbeiten biblischer Texte mit Blickpunkt auf junge Menschen. Pfarrer Hans von Keler, mein Vorgänger in der Landesstelle des Mädchenwerks, hat mit seiner Gabe der sprachlichen Prägnanz und Klarheit Leitlinien für das biblische Gespräch gegeben, die mir und vielen anderen eine große Hilfe waren. Dies alles – biblische Orientierung, Themen aus der Lebenswelt der jungen Mädchen, Themen aus der Literatur, Informationen über Kirche, Welt, Gesellschaft, Musisches – kam konzentriert zur Darstellung in den jährlichen „Freizeitvorbereitungstagen" im Waldheim auf dem Frauenkopf. Und man darf wohl behaupten, dass diese Tage damals ein „Alleinstellungsmerkmal" des Evangelischen Mädchenwerks waren.

Als ich 1972 wieder ins Gemeindepfarramt zurückkehrte, haben mich die Begegnungen und Erfahrungen in der Landesstelle begleitet und beflügelt. Die pädagogische und methodische Sorgfalt, der hohe Selbstanspruch an Qualität, die ich dort erfahren habe, haben meiner Mühe und Freude im Predigtdienst Farbe gegeben, haben mir klar gemacht, dass das Weitersagen des Evangeliums eine Evangeliums gemäße „Verpackung" verdient. Die Form der weitergesagten Jesusbotschaft, ihre sprachliche Gestalt, ihre Farben und Bilder dürfen eben nicht nur „Verpackung", sondern müssen ihrerseits imprägniert sein von der Liebe und dem Vatervertrauen Jesu.

Wo soll ich anfangen und aufhören, wenn ich von Menschen im Jugendwerk erzähle, an die ich mich mit Dank und Respekt erinnere? Stellvertretend für viele andere nenne ich Annelise Bausch. Sie ist 1983 leider früh und plötzlich verstorben. Ich habe sie so in Erinnerung: Gescheit, nüchtern, hochbegabt für Gespräch und Begegnung, orientiert am Evangelium. Sie war später mit Fritz Gaiser zusammen die erste Studienleiterin im Bernhäuser Forst. Als „treue Haushalter" im ökonomischen und geistlichen Sinne sind mir in bleibender Erinnerung Paul Heiland, Robert Seiler und Gerhard Elser. Unvergessen: Walther Küenzlen, der zu meiner Zeit Vorsitzender des Mädchenwerks war. Einige Jahre war er Studienleiter in Bad Boll, dann Dekan in Waiblingen. Er kommentierte – bei meiner Investitur in Schmie – diesen Wechsel so: „Jetzt haben sie den Wilderer zum Revierförster gemacht." Er war ein begabter Tischredner und hat einmal, bevor er zur Rede aufstand, mir ins Ohr gesagt: „Jetzt ben i selber gspannt, was i sag!" Seinen wunderbaren Humor verdankte er nicht nur seinem Naturell, sondern der kam auch aus seinem Glauben an die Rechtfertigung und Freiheit des Sünders.

Ich sehe sie noch vor mir, die beiden Schwestern aus dem Mutterhaus der Stuttgarter Diakonissen: Schwester Helene und Schwester Maria. Sie führten das „Lädle", die Schriftenniederlage des Jugendwerks in der Danneckerstraße mit Liebe und Umsicht. Sie waren Originale: Die etwas stille Maria und die energische Helene. Mir fallen dabei die beiden Frauen ein, Euodia und Syntyche, die Paulus im Philipperbrief dankend und ermahnend nennt. Die Liebe und Treue der beiden Schwestern im Lädle waren noch fester als ihre gestärkten Hauben.

Mühsam, aber auch überfällig war die Fusion des Evangelischen Mädchenwerks und Jungmännerwerks. Sie liegt jetzt schon 40 Jahre zurück, ist schon Geschichte. Ich erinnere mich nur noch vage an die Unzahl der Vorgespräche, Sitzungen, in denen es um die Ordnung des künftigen Jugendwerks ging. Ein Entwurfspapier folgte dem andern, mal grün, mal hellgelb oder goldgelb. Auf der Seite des Mädchenwerks gab es die Befürchtung, dass es seinen weiten theologischen Horizont und seine pädagogisch-musischen Gaben nicht einbringen kann, sondern dass dies in der Fusion – ich überzeichne jetzt etwas – maskulin und mit einem hemdsärmeligen Evangelistenstil überfahren wird. Auf der Seite des Jungmännerwerks mag es die Befürchtung gegeben haben, dass die Verbindung mit dem Mädchenwerk Verlust des Profils einer entschiedenen bibelorientierten Jugendarbeit bedeutet. Dies alles war mehr untergründig als offen ausgesprochen. Im Rückblick muss ich hier Robert Seiler nennen. Er hat in diesem schwierigen Prozess als ein guter Makler und Brückenbauer gewirkt und schließlich einen guten und tragfähigen Ordnungsvorschlag eingebracht.

Zum Schluss eine Erinnerung an Schmie. Das einstige Jugend- und Bildungshaus Schmie ist inzwischen verkauft. Es schmerzt mich noch heute, manchmal überkommt mich auch Zorn. Prälat Pfeiffer, Landesbischof i.R. Hans von Keler, Dekan i.R. Martin Schubert, Gerhard Elser, ich und viele Unterschreibende haben damals versucht, den Verkauf zu verhindern. Denn Schmie ist nicht nur eine Immobilie, sondern ein Haus, das mit der Geschichte der weiblichen Jugendarbeit verbunden ist. Jungfrauenvereine und Mädchenkreise haben in den zwanziger Jahren des vergangenen Jahrhunderts mit ihren Scherflein dieses Haus erworben, eingerichtet und mit Leben gefüllt.

Otto Riethmüller, der damals Leiter des Burckhardthauses war, hat im ersten Eintrag ins Gästebuch vom „Jugendheim Schmie" geschrieben:
„Du, aller Müden Ruh' und Rast
sei Du im Haus der erste Gast,
der Du der Erst' und Letzte bist,
ach bleib bei uns, Herr Jesu Christ,
es war ja doch Dein Liebesrat,
der uns dies Haus gewiesen hat ..."
Auch für die Kirchengemeinde Schmie, die mit dem Haus im Geben und Nehmen eng verbunden war, war der Verkauf ein großer Verlust. Ich mag heute nicht mehr in Schmie vorbeischauen, um nicht ansehen zu müssen, was man mit dem Haus und seinem großen, schönen Park gemacht hat.

Doch dieser traurige Rückblick soll nicht das Letzte sein. Ich verdanke im Blick auf meinen Lebensgang und meine Arbeit dem Jugendwerk und Gottes gnädiger Führung mehr, als ich benennen kann.

Traugott Scheytt I Königsbronn, Leiter des Mädchenwerks 1963-1971

Mein Leben mit dem und für den CVJM

▪──────────• Meine „CVJM-Geschichte" begann schon, als ich
acht Jahre alt war. Meine älteren Brüder nahmen mich auf eine
Jungscharfreizeit des CVJM Esslingen im Ferienheim Wildberg
mit. Das – im Jahre 1938 – war die letzte Veranstaltung dieser
Art. Während dieser Freizeit erschienen nämlich Männer in
dunklen Mänteln, die sich als Gestapoleute herausstellten und
für ein zukünftiges Verbot sorgten. Auch viele CVJM wurden als
Verein aufgelöst. Wir trafen uns aber während des ganzen Krieges in einem Hauskreis in Oberesslingen und kamen auch monatlich in einem Hinterhaus des Lutherbaus zusammen. Das Haupt-
gebäude des CVJM Esslingen war für „kriegswichtige" Zwecke
beschlagnahmt worden. Schon Jahre vorher hatten fanatische
Nazis auf dem Gehweg vor dem Hause die Parole geschmiert
„Alfred Engel betet und sucht Arbeit" (der damalige CVJM-Sekretär des CVJM Esslingen).

Nach Kriegsende besuchte ich dann regelmäßig die Bibelstunde
im Lutherbau, bei der sich dann nacheinander auch die überle-
benden Kriegsteilnehmer einfanden. Ich erinnere mich, wie hilfs-
bereite Besucher einen Schwerkriegsversehrten die Treppe hinauf trugen. Zusammen mit einem älteren Freund durfte ich einen
Schülerkreis leiten. Ich konnte schon damals „nicht die Tinte halten" und verfasste ein Mitteilungsblatt „Der Schüler im CVJM".
Ich hatte auch enge Kontakte zum Evangelischen Jungmännerwerk in Württemberg und war im Eichenkreuzsport aktiv. Einmal gewannen wir sogar den Esslinger Stadtlauf in der Kategorie
„Nicht sporttreibende Vereine". Dankbar erinnere ich mich an
die Landesjugendwarte Heiner Völker und Ernst Schiele.

Zu den besonderen Erfahrungen zählte die Mitarbeit im Jungmän-
nerforum, das sich jährlich im CVJM-Erholungsheim Dassel traf.
Man sagte später, dieses sei – wenn auch in harmloser Weise –

ein Vorläufer der späteren Protestbewegung der jungen Generation gewesen. Fritz Liebrich, der langjährige Vorsitzende des CVJM Esslingen, stellte damals stolz fest: „Alle wichtigen Leute – der spätere Gesamtverbandsvorsitzende Walter Sommer als Sprecher, die Referenten Dr. Gerhard Stoll und Professor Hans Schmidt und ich – sind Schwaben, und drei davon aus Esslingen." Walter Sommer und ich vertraten dann auch zusammen mit anderen den deutschen CVJM bei der Hundertjahrfeier des Weltbundes der CVJM 1955 in Paris. Der Posaunenauswahlchor aus Württemberg durfte damals leider nicht bei der Schlußveranstaltung blasen, weil er bei der Hauptprobe gefehlt hatte. Nach einem kurzen Zwischenspiel bei einem sehr autoritären Unternehmer kam 1957 für mich der Ruf auf die Insel Mainau. In meinem Büchlein „Mainau-Memoiren" habe ich darüber berichtet. Als Vizedirektor stellte mich der schwedische Direktor Tore Littmarck einmal, wohl unbeabsichtigt, als „fiese Direktor" und dann als „Witze-Direktor" vor. Wir behandelten in Lehrgängen für Jugendleiter, Jungarbeiter, junge Landwirte, Jugendbuchfachleute und auch in Arbeitsgemeinschaften Fragen wie Methoden der Bibelarbeit, Sport im CVJM, Öffentlichkeitsarbeit und viele andere. Bei den jährlichen Singfreizeiten wurde ich meist in den Urlaub geschickt.

Präsident war Graf Lennart Bernadotte. Ich lernte auch viele Leiter des deutschen CVJM wie D. Erich Stange, Carl von Prosch und Walter Arnold und bei den Empfängen und anderen Gelegenheiten Persönlichkeiten wie Nobelpreisträger Werner Heisenberg, die Politiker Heinrich Lübke, Kurt Georg Kiesinger und Johannes Rau, die Schriftsteller Martin Walser und Rudolf Hagelstange und den schweizerischen Migros-Gründer Gottlieb Duttweiler kennen. Mit vielen der deutschen und ausländischen Tagungsbesucher war und bin ich noch heute in freundschaftlicher Verbindung.

Nicht genug der oft anstrengenden Tagungsarbeit: Ich wurde bald auch als Schriftleiter der CVJM-Zeitschrift „Der junge Mann" berufen und redigierte zusätzlich das Mitteilungsblatt der CVJM-Emigrantenorganisation „übernationaler Bund". Man sagte dann auch – nicht ganz ernst – der Mainau zwei Nachteile nach: Im Winter hatte sie Nebel, und im Sommer hatte man Besuch. Über zwei jährliche Besuchsgruppen habe ich mich trotzdem sehr gefreut: Regelmäßig kamen Wochenendtagungen des Jungmännerwerks und Freizeitgruppen des CVJM Esslingen, die am Bodensee im Zeltlager waren, ins Institut. Eines Tages 1971 kam dann doch die Kündigung. Die Mainauverwaltung meldete Eigenbedarf an. Der Versuch, mit einem „mobilen Team" in anderen Tagungsstätten weiter zu machen, blieb erfolglos, und auch ein Angebot eines ausländischen CVJM erwies sich als „Luftschloß". Für mich hatte alles ein sehr schönes Ende, als ich 1968 in der Schloßkapelle der Mainau die frühere Mädchenreferentin der Arbeitsgemeinschaft der CVJM, Edelgard Schnigenberg, heiraten durfte.

Von 1971 bis 1975 war ich Häuptgeschäftsführer der Arbeitsgemeinshaft der Evangelischen Jugend Deutschlands. Neben anderen christlichen Jugendorganisationen konnte ich hier auch den CVJM und die Jugendarbeit in der damaligen DDR unterstützen. Als ich dann 1975 Oberkirchenrat Walter Arnold um ein Empfehlungsschreiben für eine Bewerbung beim Evangelischen Pressedienst bat, sagte er: „Du gehst nicht zum EPD. Die Karlshöhe braucht einen Hauptgeschäftsführer." Dort war ich dann 20 Jahre bis zu meinem Ruhestand 1995 tätig. Ich konnte auch manche internationalen Erfahrungen verwerten, zum Beispiel mit Besuchen von Behindertengruppen in England oder auch Kontakten zu der christlichen amerikanischen Jugendorganisation Young Life. Die ganzen Jahre bis heute habe ich aber auch die Verbindung zu meinem Heimat-CVJM und zu den CVJM-Senioren gehalten.

Dr. Winfried Fischer | Ludwigsburg

Der Test

Eigentlich wollte ich Jugendpfarrer werden. Mein Theologiestudium in Tübingen und Hamburg, dem sich ein Master-Stipendium in den USA anschloss, bot die besten Voraussetzungen dafür, dachte ich. Aber der Dekan von Urach, dem ich zugeteilt wurde, dachte anders. „Du übernimmst die beiden Altersheime." Für ein Jahr war ich mit großer Freude Seniorenseelsorger. Denn so viel Schokolade habe ich nie mehr bekommen.

Wander- und Lehrjahre führten mich überall hin, aber nicht ins Jugendpfarramt. Welche Freude, als ich dann doch noch für sechs Monate dem Stuttgarter Jugendwerk als Jugendvikar zugeordnet wurde. Ein Kreis von Jugendreferenten, die auf verschiedene Gemeindebezirke verteilt waren, taten einen guten Dienst.

Bald fiel mir die vorzügliche Jungenschaftsarbeit eines Mitarbeiters auf. Paul Fischer aus der Markus-Gemeinde, war ein Menschenfischer der besonderen Art, der sein Herz an die Angel gehängt hatte. Neben seinem Dienst bei der Stadtverwaltung gehörte seine Liebe den 14- bis 17-Jährigen, die er in Kreisen und Gruppen sammelte. Paul war ein geistlicher Napoleon, klein von Wuchs, aber groß von Format. Er entwickelte Ideen, Pläne, Spiele. Immer war er am Wirbeln, um die Arbeit am Laufen zu halten. Absolutes Highlight war das Sommerlager. Schon damals hatte er einen weiten Blick, der nicht nur bis hinüber zum Schwarzwald oder hinauf auf die Alb ging, sondern bis nach Korsika. „Die Insel der Schönheit" hatte es ihm angetan. Jährlich wurde dort der Wimpel von „Markus" gehisst.

Wenige Tage nach meinem Dienstbeginn wurde ich von ihm dienstverpflichtet. „Du hältst die Bibelarbeiten. In der Kluft, versteht sich, nicht im Talar!" Das grüne Fahrtenhemd war absolute Pflicht für jedermann.

Im heißen August ging es los. Ein kleiner Voraustrupp war schon mit dem VW-Bus weggefahren. Auf dem Stuttgarter Hauptbahnhof wurde die ganze Lagerausrüstung auf die Gruppen verteilt. Hockerkocher, Kochtöpfe, Lebensmittel, Werkzeuge, eben eine komplette Lagerausrüstung. Auf Korsika wartete nur ein Strandgelände mit wenig Schatten. Schließlich setzte sich der Nachtzug Richtung Livorno in Bewegung. In meinem Abteil waren die einzigen weiblichen Wesen zugestiegen. Drei junge Damen im Alter von 18 Jahren, die als Köchinnen die hungrige Meute bei Laune halten sollten. Ob sie das schaffen? Erste Zweifel stiegen in mir auf, als sie zu mitternächtlicher Stunde zwei dicke Kochbücher studierten. Ob sie als Lagerköchinnen schon Erfahrungen gesammelt hätten, wollte ich wissen. „Das gerade nicht. Aber zuhause haben wir schon manchmal Oma bekocht." Dante ging mir durch den Kopf: „Lass alle Hoffnung fahren." Aber noch fuhren wir hoffnungsfroh Richtung Italien. Von Livorno aus ging es übers Wasser. Wir hatten es besser als Blücher, der mit seinem Heer den Rhein bei Kaub überqueren musste. Für uns stand ein Schiff bereit. Ohne Sturm auf dem Meer landeten wir in Bastia. Dort war erstmals Nachtruhe angesagt, weil das tiefblaue Meer die feuerrote Sonne langsam auslöschte. Ein Nachtlager war nicht gebucht. In Fünfer-Gruppen ging es hinaus in die stockfinstere Nacht. Nach einer halben Stunde hatten auch wir ein grünes Plätzchen gefunden und schliefen wie Jakob auf der Flucht. Am andern Morgen weckten uns Frauen mit der Gießkanne. Wir hatten leider den Friedhof zu unserer Schlafstätte gemacht.

Von Bastia aus ging es mit einem abenteuerlichen Schienentriebwagen quer durch die phantastische Bergwelt hinüber nach Ajaccio. Von dort setzte sich der Tross zu Fuß in Bewegung und erreichte schließlich den malerischen Golf de Lava. Ein Idealplatz für Zelte, Kochstelle, Spielplatz und Badestrand.

Zum ersten Mal trat das Küchenpersonal in Aktion und rührte in den großen Fahrtentöpfen. Auffallend war, dass die Kreisbewegungen der Rührlöffel immer langsamer wurden. Schließlich standen sie ganz still. Reisbrei sollte es geben, aber Reisbeton gab es. Die verbrannte und eingebrannte Masse war nicht mehr zu schöpfen. Der Lagervogt hieb Portionen mit dem Handspaten aus den Kesseln, aber sie waren ungenießbar. Weil Paul Fischer den „schleckigen Stadtbürschchen" das Maul stopfen wollte, wurde ein Test angesetzt. Um das Lager grasten ein paar ausgemergelte Kühe, die ihre Knochen wie Huthaken hinaus stellten. „Wenn die es nicht fressen, muss niemand essen." Alle Augen waren auf den Reistest gerichtet. Totenstille, als sich ein Tier dem Kochgeschirr näherte. Dann ein Muh, ein Satz, ein Sprung. Die Kuh suchte das Weite. Standing Ovations für das Viehstück, das sich vor dem verbrannten Strafgericht rettete. Die dann verteilten Baguettes stillten zwar nicht den Hunger, aber den Zorn über solches Menü. Während der nächsten Tage lernte die Küche dazu.

Unvergesslich das Baden im Meer, das Singen am Strand, das Spielen im Sand und die Stunden der Bibel unter freiem Himmel.

Viele Jahre später traf ich einen Jugendreferent des ejw. Unser Gespräch kreiste um das Thema Berufung in den hauptamtlichen Dienst. „Bei mir hat es sich auf Korsika entschieden."

Konrad Eißler | Hülben, Vorsitzender des CVJM-Landesverbandes 1969-1989

Am Anfang stand der CVJM

■──────────• Es war kurz nach Kriegsende, da nahm mich ein gleichaltriger Freund eines Tages mit in den CVJM. CVJM, das besagte mir zunächst gar nichts. Aber nach kurzer Zeit merkte ich: Mensch, hier gibt es Leute, denen du wichtig bist! Außerdem gab es dort nicht nur junge Männer (ich wusste inzwischen, was die vier Buchstaben CVJM bedeuten), sondern auch Männer von der Generation meines Vaters. Mein Vater war leider im Krieg gefallen, und so wurden die väterlichen Freunde im CVJM für mich umso wichtiger. Ihnen habe ich auch meinen späteren Weg in den hauptamtlichen Dienst wesentlich mit zu verdanken. Durch den CVJM kam ich dann zum ersten Mal in den Schwarzwald, in die Alpen, und auch sonst an viele schöne Orte unserer Welt. Und durch den CVJM lernte ich eine Reihe bekannter und vollmächtiger Prediger kennen und schätzen, z. B. Johannes und Wilhelm Busch, Fritz Bopp, Helmut Ockert, Rudolf Bohren ... Übrigens ist dieser CVJM, der „CVJM Adlerbrücke", einer von einer ganzen Reihe in meiner Heimatstadt Wuppertal, und auch einer der ältesten in Deutschland überhaupt.

Unterwegs erlebt

Meine erste „Landesfreizeit" war ein Abschnitt des Zeltlagers in Naturns/Südtirol. Wir aßen dort draußen im Freien auf der schönen, großen Wiese außerhalb des Ortes, die die Landesstelle des Jungmännerwerks gemietet hatte. Da es Hochsommer war, kamen zu allen Mahlzeiten Scharen von Wespen an unsere Tische. Viele der Freizeitteilnehmer erwehrten sich der schwarz-gelben Plagegeister auf nicht gerade tierfreundliche Weise, zumal wir alle mit Besteck und Geschirr ausgestattet waren. Die Tierquälerei hörte erst auf, nachdem Adolph Luckan, der Leiter des Zeltlagers, die Parole ausgegeben hatte: „Seid nett zu de Viecher, machet se glei hee!"

Mit einer kleinen Gruppe machten wir uns eines frühen Morgens auf den Weg, um einen Dreitausender zu besteigen, den italienisch-österreichischen Grenzberg Similaun. Dabei kamen wir auch ganz nah an dem berühmten „Ötzi" vorbei, der damals noch unbekannt im ewigen Eis lag. Was wohl geworden wäre, wenn wir nur ein paar Meter von unserem Weg abgewichen wären und wir die Entdecker des „Ötzi" geworden wären?

Beim „Urlaub mit der Bibel" 1971 in der Schweiz waren unsere Bibelarbeiten aus der Bergpredigt. Es gab lebhafte Gespräche und Diskussionen. Mein Kompagnon war der leider ebenfalls längst verstorbene Jugendreferent Günther Albrecht. Als wir an das Wort kamen „Wenn dich jemand schlägt auf deine rechte Backe, so biete ihm die andere auch dar", gab es natürlich wieder eine heiße Diskussion. Sie war aber zu Ende, als Günther mit großem Ernst sagte: „Warum probieren wir das eigentlich nicht einfach einmal ganz praktisch aus?" Ja, mit ihm hatten wir einen wahrhaft aufrichtigen Christenmenschen bei uns!

Bei einem „Urlaub mit der Bibel" in Südfrankreich wollte ich mit den Teilnehmern einmal über den Sinn des Lebens sprechen und bat sie deshalb, jeder solle doch auf ein Blatt seine Gedanken schreiben zu „Wenn ich nur noch ein Jahr zu leben hätte ..." Wir hatten ein gutes und hilfreiches Gespräch. Wovon wir jedoch alle keine Ahnung hatten: Eine der jungen Teilnehmerinnen hatte tatsächlich nur noch ein Jahr zu leben! Gott sei Dank konnte sie in großer Glaubenszuversicht sterben und war nicht zuletzt durch unsere Freizeit innerlich darauf vorbereitet gewesen.

Es war noch im alten „Silserhof", als wir eines Abends bei unserer Freizeit einen interessanten Gast hatten. Es war ein junger Schweizer Naturwissenschaftler, der uns anschaulich und eindrücklich die geologische Entstehungsgeschichte des Oberengadins erklärte. Wir erfuhren etwas über die Bedeutung der Eiszeit in dieser Geschichte, und dass ein gewaltiger Felssturz bei Maloja den Inn von seiner ursprünglichen Fließrichtung Bergell ins Oberengadin umgelenkt hat. Am nächsten Tag bestiegen wir den Piz Lunghin. Auf dem Gipfel lag das ganze Oberengadin vor uns wie ein aufgeschlagenes Geologiebuch. Plötzlich und ganz spontan begannen einige von uns zu singen, und alle stimmten wir mit ein in den Vers: „Großer Gott, wir loben dich; Herr, wir preisen deine Stärke. Vor dir neigt die Erde sich und bewundert deine Werke ..." Mir und vielen von uns wurde wieder neu bewusst, dass Naturwissenschaft und Glaube keine Gegensätze sind, sondern vielmehr die beiden Seiten ein und derselben Medaille!

Es war ebenfalls noch im alten Silserhof, als ich eines Abends das „Leiterzimmer" räumen musste, weil dort eine kleine, aber hochkarätige Delegation von Jugendwerk und Landeskirche eine Besprechung hatte. Das war natürlich kein Problem, zumal ich hinterher erfuhr, um was es dabei gegangen war. Dort wurde nämlich der Kauf des alten Silserhofs und der Bau des neuen beschlossen.

Den fertigen neuen Silserhof kannte ich dann jahrelang nur von Bildern. Inzwischen konnten meine Frau und ich bereits zweimal dort wohnen und erleben, wie schön es dort geworden ist. Ich glaube, ohne den Silserhof hätten viele von uns Nicht-Krösuse nicht so oft das einmalig schöne Oberengadin sehen und genießen können.

Gerhard Fey | Engelsbrand

Bola á la Carte
Bodenseelager des CVJM

▪─────────• Das war das spektakulärste Thema aller Zeiten. Ist denn das überhaupt möglich? Bedeutet das nicht, dass die Teilnehmer sich auswählen können, was sie machen, essen und hören wollen?

Zuerst habe ich mich gewehrt gegen den Gedanken, aber dann dachte ich an unsere neue Lagerordnung und ich war bereit, mit den Mitarbeitern darüber nachzudenken. Auf der nächsten Mitarbeiterbesprechung gab uns Gott ein neues Programm. Wir waren uns alle einig, obwohl wir noch nicht wussten, wie wir es finanziell bewältigen können. Wir haben beschlossen, ein Aufenthaltszelt zu kaufen und es als Bola-Cafe zu nützen. Das Bola-Cafe ist ein Ort der Begegnung. Hier gibt es Getränke, Spiele und bequeme Sessel. Es hatte nicht immer geöffnet, aber es war immer zugänglich. Hier wollten wir den Jungen Wünsche erfüllen, für sie dienstbereit sein und in einer Gemeinschaft mit möglichst wenig Barrieren mit ihnen leben. Morgens um 7:00 Uhr trafen sich die Mitarbeiter zur Tagesbesprechung und zum Gebet im Cafe-Zelt. Nach dem Mittagessen war das Cafe für etwa 2 Stunden geöffnet. In der Regel waren zwei Mitarbeiter dienstbereit. Für besondere Drinks (alkoholfrei), für Spielausgabe und Bücher und auch zu Gesprächen über die Bibelarbeiten oder persönliche Fragen. Das Cafe-Zelt stand an der kühlsten Stelle auf dem Zeltplatz unter einem großen Walnussbaum. Ein guter Kommunikations- und Erholungsort.

Wir hatten die Raucherecke abgeschafft, weil die Gefahr bestand, dass junge Teilnehmer dort das Rauchen lernen könnten. In unserer neuen Lagerordnung gab es einen Hinweis zum Rauchen: „Wir bitten euch, auf dem Lagerplatz und am Badestrand nicht zu rauchen. Weiter weisen wir darauf hin, dass es auf dem

Lagerplatz keinen Alkohol gibt." Ich gebe zu, diese beiden Bereiche machten uns die größten Sorgen. Wir wollten aber nicht einfach verbieten, wir wollten Gespräche führen. Dafür bot sich unser Cafe-Zelt an. Ich habe bereits bei der Begrüßung der Jungen am ersten Abend die Raucher ins Cafe-Zelt eingeladen. Sie bekamen einen Drink und dann sagte ich ihnen: Ich kann euch, wenn ihr das Alter habt, nicht das Rauchen verbieten. Ich möchte euch aber bitten, verantwortlich damit umzugehen, damit jüngere und gleichaltrige Teilnehmer nicht verführt werden. Dasselbe gilt auch für Alkohol. Irgendwie spürten wir eine Offenheit die wir sonst nicht hatten. Wir haben in unserer Lagerordnung auch die mögliche Kritik an unserer Lagerführung angeboten: „Wir haben Verständnis, wenn einzelne von euch bestimmte Anordnungen zu streng empfinden. Auch wenn ihr Programmpunkte nicht gut findet. Zu sachlichen Gesprächen sind wir bereit."

Irgendwie hat das Thema: „Bola a' la Carte" uns herausgefordert. Wir mussten vieles, was wir bis jetzt selbstverständlich taten und forderten, überdenken und gute Wege finden. Mich selbst hat dieses ganze Thema in meinem Umgang mit Mitarbeitern und Teilnehmern grundlegend verändert. Dabei fragte ich vor allem nach dem Willen meines Herrn Jesus Christus und bat ihn um seine Hilfe. Insgesamt bin ich der Meinung, dass wir einen segensreichen Weg gegangen sind.

Ist es schlimm, wenn ich verliere?

Wenn ich vom Bola erzählte und unseren Auftrag als Christen erläuterte, konnte es sein, dass man mir sagte: Im Bola ist das möglich, ihr habt ja ohnehin nur brave CVJM-Kerle. Oft stimmte das, aber immer wieder waren auch solche Jungen dabei, die nicht „brav oder bereitwillig" waren, manchmal mehr, manchmal weniger.

Einmal kam eine ganze Zeltgruppe von neun Jungen in Kampfanzügen aufs Lager. Das ist noch nicht schlimm, schließlich findet das „Bola" bei jedem Wetter statt und feine Anzüge wären fehl am Platz. Allerdings gab es noch andere Dinge, die sie aus der Gesamtgruppe herausstechen ließen. Eine dieser Besonderheiten war ihr Verhalten in der täglichen Bibelarbeit. Nun muss man wissen, dass wir uns viel Mühe gegeben haben, den Jungen das Evangelium so zu sagen, dass sie daran Freude bekommen sollten. Wir hatten eine Band und die Gesamtzeit der Bibelstunde auf 45 Minuten angesetzt. Es wurde viel gesungen und mit lustigen und anregenden Anspielen kurzweilig verkündigt. Ich selber hatte den Impuls aus der Bibel zu geben. Dazu hatte ich ca. 15 Minuten Zeit. Diese Zeit war dazu da, den Jungen Jesus Christus so nahe zu bringen, dass sie die Liebe Jesu zu den Menschen und besonders zu ihnen selbst erfahren und erleben können.

In einer solchen Bibelarbeit war es, dass diese Gruppe, die immer in der letzten Reihe saß und wenig Interesse an dem zeigte, was ich sagte und eher unter sich über alles Mögliche redete, über das erträgliche Maß ging. Schließlich machte ich eine Pause und bat den „Rädelsführer", nach vorne zu kommen und seine wichtigen Dinge öffentlich vor der ganzen Gruppe zu sagen. Ich weiß nicht mehr, was er alles sagte, denn ich war selbst im Kampf mit mir. Nach etwa 5 Minuten war die Zeit um. Ich konnte nichts mehr sagen, nicht einmal mehr beten, so hörten wir einfach auf.

Da stand auf einmal ein Junge vor mir, ein netter CVJMer, strahlte mich an und sagte klar und deutlich: „Georg, heute hast du verloren". Ich sagte nur „ja, das ist wohl so", drehte mich um und ging zum großen Versammlungszelt hinaus, an der Küchenbaracke vorbei zu meinem Zelt (Vorzelt des Wohnwagens, in dem meine Frau und Kinder wohnten). Ich setzte mich an den Tisch, stützte den Kopf in die Hände und versuchte zu beten. Immer wieder hörte ich: „Georg, heute hast du verloren ..."

Als ich wieder auf den Platz kam, sah ich hier eine Gruppe Jungen mit Mitarbeitern und dort eine und nochmal eine und ... Viele

Jungen waren im Gespräch mit den Mitarbeitern. Da fiel mein Blick auf unser Bola-Thema für das Jahr 1993. Mein Sohn Marco (damals 19) hatte eine Freude an Grafitti. Er hatte die Lagerlosung auf seine Art gestaltet und auf eine Lastwagenplane gemalt. Auf einmal war es mir nicht mehr so wichtig, ob ich verloren habe. Besser hätte es nicht sein können. Ich wollte ja nicht gewinnen, ich wollte dass Jesus gewinnt. Und er hat gewonnen. Die Zeltgruppe war in den nächsten Tagen wie ausgewechselt. Sie waren offen und bereit zuzuhören. Es war eines meiner tiefsten Erlebnisse in meiner Bola-Zeit.

Georg Terner | Bad Liebenzell

Der Sprayer

Valentin hat auf der Freizeit im CVJM sprühen gelernt. Er ist jetzt „Sprayer". Er will immer und überall sprühen.

Am Samstagabend haben wir unseren Freund (Polizist aus Esslingen) gefragt, wo es legale Sprühflächen gibt. Ja in „..." Unterführung. Sicher? Sicher. Ganz sicher? Ganz sicher. Am Sonntag um 8:00 Uhr ist er da hin und hat den ganzen Sonntag gesprüht. „Mama stell dir vor, da waren ganz viele weiße Flächen." Im Lauf des Tages kamen seine ganzen Kumpels und haben ihm geholfen. Der Polizist hatte sich mittlerweile schlau gemacht. Uns hat er nicht erreicht – nur die große Schwester. Die war auf einer Freizeit. Ob sie meint, er würde gleich loslegen? Nein, die Mama erlaubt das eh nicht. Vale soll mal langsam machen. Die Schwester hat die Nachricht vergessen und Vale war sehr schnell. Die Flächen waren nicht legal. Und jetzt steht in einer riesigen Unterführung mehrmals mit vielen großen Blumen, dass Jesus befreit. Die vielen Leute, die ihn angesprochen haben, bekamen als Antwort, dass die Polizei das erlaubt hat. Irgendwann hat uns der Polizist erreicht. Im Falle eines Strafprozesses würde er zu seinem Wort stehen. Jetzt weiß die halbe Stadt und alle, alle, alle, dass Vale sprühen kann. Mittlerweile ist die Kuh vom Eis. Der Polizist hat sein Wort gehalten und den Kopf für Valentin hingehalten.

Dorothee Krämer | Esslingen

Freizeiten waren entscheidend

▪――――――• Die Jugendarbeit hat mich in meinem Glauben-
leben entscheidend geprägt. Wobei es eine „gratia praeveniens",
eine vorlaufende Gnade, gab: Mein christliches Elternhaus. Dabei muss ich sagen, dass das Schöne an unserer Familie war, dass
es eine gewisse Selbstverständlichkeit gab, in der man sich in der
Gemeinde engagierte. Da war nie Verbohrtheit zu spüren oder
eine übertriebene Haltung. Die Überzeugung war tief verwurzelt, aber man gab Gott seinen Wirkrahmen und dem Reich Gottes Raum zum Wachsen. Meine Eltern haben in unserer Vorstadt-
siedlung oberhalb von Esslingen/Neckar einfach vorgelebt, wie
das sein könnte, aktives Mitglied der evangelischen Kirchengemeinde zu sein. Da gab es Bibelstunden und Männerkreise, Frau-
enkreise und Hilfsangebote für Spätaussiedler. Alles war grup-
piert um den Gottesdienst. Ein Segen war, dass wir in meiner
Jugend engagierte Pfarrer mit einer klaren Botschaft hatten.

Noch während meiner Konfirmandenzeit begann für mich die
Jugendarbeit. Selbst Mitglied bei den Pfadfindern, dann in einem
Kreis für Jugendliche, kam ich früh in Verantwortung. Eine Jung-
schargruppe wurde mir und einem Gleichaltrigen anvertraut (mit
14 Jahren, ich mag an das Risiko heute gar nicht mehr denken).
Ins kalte Wasser geschmissen, aber auch geschult durch das
Evangelische Jugendwerk Esslingen.

Das berühmte Bodenseelager lag im Jahr 1974 auf meinem Weg.
Karl Wetzel hatte die Botschaften, Walter Arnold, damals Präsident des Weltverbandes des CVJM, ließ es sich nicht nehmen,
die Freizeit zu besuchen. Auf diesem Lager habe ich begriffen,
dass die biblische Botschaft durch mich als Person hindurchge-
hen muss, dass sie mich grundlegend prägen soll. Zugleich wurde mir die Bedeutung der Freizeiten deutlich: Es ist eine besondere Zeit, und wenn die Freizeit gelingt, dann ist da Gottes An-

rede an die Teilnehmenden, dann kann Jesus Christus selbst zu Wort kommen.

Im Jahr 1975 war dann ein entscheidendes Jahr: Im August besuchte ich eine zweiwöchige Freizeit in Südnorwegen in einem kleinen Nest namens Eikely. Meine künftige Frau hatte sich auch angemeldet. Es war die Mischung aus persönlichen Vorbildern im Leitungsteam, dem beeindruckenden Programm, der herrlichen norwegischen Landschaft und einem Phänomen, das die Norweger nicht so oft haben: vierzehn Tage schönes Sonnenwetter. Ein kleiner Badesee war nur wenige hundert Meter von unserem Quartier. Ihn nutzten wir zu allen Tages- und Nachtzeiten (vor allem die mitternächtlichen Schwimmzeiten waren einfach gut). Da der Mond hell schien, sangen wir bewegt das alte Lied von Matthias Claudius: „Der Mond ist aufgegangen."

Diese Tage in Eikely bewirkten bei mir und meiner Frau Petra eine Vertiefung der geistlichen Erfahrungen und ein Ausrichten auf Gottes Weg für uns und unser Leben.

Die Schülerarbeit war von da an unser Feld. An verschiedenen Orten engagierten wir uns. Und wieder ist das persönliche Vorbild entscheidend. Ortwin Schweitzer hat uns hineingenommen in die Welt der Christusbeziehung. Was mir damals an ihm gefiel, war sein großes seelsorgerliches Gespür, das nicht Drängende, das Eröffnen der Weite des christlichen Glaubens.

Ein Höhepunkt des Jahres waren die Freizeiten Ende Oktober auf dem Michelsberg oberhalb von Geislingen/Steige. Ganz dichte Momente sind mir in der Erinnerung geblieben.

Eigentlich wollte ich Gymnasiallehrer für Deutsch und Geschichte werden. Aber die Erfahrungen in der Jugendarbeit brachten mich zu dem Entschluss, Evangelische Theologie zu studieren. Das Studium war gerade deshalb so interessant, weil ich als vom württembergischen Pietismus Angesprochener (wobei es sich um einen äußerst offenen und einladenden Pietismus handelte) nun in das Evangelische Stift eintrat, wo mir die gesamte Breite der kirchlichen Traditionen begegnete. Vor allem die Konfrontation mit den Fragen der Gegner des Glaubens haben mich nicht etwa verunsichert, sondern letztlich gestärkt für die Aufgaben als Pfarrer.

Nie hätte ich zu träumen gewagt, dass ich als Leiter des ejw, dieses gesegneten Werkes, einmal würde leiten dürfen. Genauso wenig hätte ich mir träumen lassen, heute als Generalsekretär der Deutschen Bibelgesellschaft für die Quelle unseres Glaubens mit Verantwortung übernehmen zu können.

Klaus Sturm | S-Möhringen, Leiter des ejw 2002 – 2007

In Sitzungen und Protokollen aufgeschnappt

„Das kommt davon, wenn man einen Taschenrechner mit Faust-Handschuhen bedienen will."

(in einer schwierigen Sitzungsdebatte)

Spuren in meinem Leben

▪——————— • Die Jugendarbeit begleitet mich bisher mein ganzes Leben lang – und hat mich wesentlich geprägt. Ich möchte 3 Eindrücke/Prägungen beispielhaft nennen:

1. Als Kind war ich viele Jahre in der Kinderstunde. Eindrücklich war für mich ein Anwesenheitswettbewerb. Bei jedem Besuch wurde auf „meinen" Fisch eine Schuppe geklebt. Der Fisch war auch Symbol und Beispiel für biblische Geschichten und Lieder.

Nicht vergessen werde ich ein Adventssingen. Wir waren unter anderem bei einem etwa 80-jährigen Mann. Sein Mitsingen (Brummen), sein Gerührtsein (ihm kamen Tränen) hat mir gezeigt, was so ein Besuch, verbunden mit Weihnachtsliedern, einem alten Menschen bedeuten kann. Die Entscheidung der Leiterin, in die Mission zu gehen, hat bei mir schon damals bewirkt, dass ich mich mit der Frage nach dem Einsatz für Christus auseinander gesetzt habe.

2. Später habe ich in meiner Zeit als Jungscharleiter sehr viel für mich gelernt. Der Umgang mit verschiedenen (auch schwierigen) Kindern, die Herausforderung, Kinder zu motivieren und anzuleiten, inhaltliche Zielvorstellungen zu entwickeln und dann auch umzusetzen, langfristig zu planen, Andachten in kindgerechter Form zu halten ...

All dies hat mir für mich selbst privat und beruflich sehr viel an Menschenkenntnis, Sensibilität und Führungserfahrung gebracht. Engagement bedeutet auch, selbst zu profitieren und Nutznießer zu sein.

3. Die Offene Jugendarbeit in Filderstadt hat zwischenzeitlich Tradition. Ausgangspunkt war eine „Zirkuskarre", mit der in zwei Stadtteilen engagierte Jugendreferenten an die Schulhöfe

und Brennpunkte gingen. Als Vorsitzender des Bezirksjugendwerkes durfte ich ein Konzept für die Streetworkerarbeit für die Stadt Filderstadt mit entwickeln. Unser Ansatz: Kirchliche Trägerschaft. Alle 5 Stadtteile erhalten jeweils 20% (insgesamt eine volle Stelle). Damit wurde eine sinnvolle Vernetzung mit der Arbeit der Jugendreferenten möglich und dies bekenntnisorientiert und nicht „weltanschaulich neutral". Der Kreisjugendring entwickelte parallel ein Konzept auf „neutralem" Boden. Somit war von der Stadt, dem Oberbürgermeister und den Gemeinderatsfraktionen eine Entscheidung für eines der beiden Konzepte zu treffen. Ich konnte intensive Gespräche mit allen Gemeinderatsfraktionen bzw. deren Vertretern, dem Oberbürgermeister, dem Sozialamtsleiter usw. führen. Beim beratenden Jugendbeirat der Stadt begleitete mich der Fachreferent des Landesjugendwerkes, Reinhold Krebs. Am Ende gab es eine nahezu einstimmige Stadtratsentscheidung für die Evangelische Jugend. Eine Stelle wurde finanziert – und die Basis für weitere Stellenfinanzierungen von Streetworkern und Schulsozialarbeitern durch die Stadt war gelegt.

Für mich war dies nicht nur eine große Gebetserhörung sondern der Beweis, dass in einer Kommune viel an gemeinsamer Arbeit mit evangelischen Jugendarbeitsträgern möglich ist – dank einer kirchlichen (in Filderstadt im besten Sinne pietistischen) Prägung und einer jahrzehntelangen, guten und über die Grenzen der Kirche hinaus akzeptierten, traditionellen Jugendarbeit.

Harald Alber | Filderstadt-Bernhausen, Vorsitzender des ejw seit 2004

Wertschätzung

■——————• „Vorm Eichholz", Hütte der Jugendwerke Nürtingen und Kirchheim/Teck. November 1969. Am Waldrand von Owen/Teck, gegenüber der Burg Teck und dem Jusi. Im Sommer hatte ich die Mittlere Reife gemacht, war dann aufs Technische Gymnasium Max-Eyth nach Kirchheim/Teck gewechselt und war seit einem Jahr Jungscharleiter. Mit 15 Jahren hatte ich eine Jungschar in Wendlingen angefangen. Ich war selber Jungscharler und seit meiner Konfirmation Kinderkirchhelfer. Mein Jungscharleiter und Jungenschaftsleiter Wilfried Böhmler (später Kaduna/Nigeria) hatte mich gefragt, ob ich nicht eine eigene Jungschar übernehmen würde. Ich übernahm. Wir trugen 1968 noch die grünen Fahrtenhemden mit dem braunen Halstuch. Den Jungscharanker an der linken Brusttasche, darüber Schwarz-Rot-Gold. Am linken Ärmel das YMCA Abzeichen – weltweit. Am Gürtel links das Fahrtenmesser. Wir waren stolz wie Oskar. Selbstverständlich hatten wir einen Speer mit eigenem Wimpel.

Nach einem Jahr selbständiger Jungscharleitung, selbstverständlich hielt ich jeden Montag eine eigene Andacht, als Kinderkirchhelfer konnte man ja Geschichten erzählen, dachte ich, ein Jungscharleiterkurs wäre auch mal nicht schlecht. Also meldete ich mich auf die Jungscharleiterfreizeit 1969 an. An einem Wochenende im November auf der Hütte „Vorm Eichholz".

Ich kannte niemanden. Keiner wollte etwas von mir wissen. Ich war mit meinen 16 Jahren mit Abstand der Jüngste. Doch einer begann sich um mich zu kümmern – das ganze Wochenende über: Hermann Hörtling. Er war Jugendreferent in Kirchheim/Teck. Er hat mich akzeptiert. Das habe ich gemerkt und es tat mir gut. Da war ein Erwachsener, der mich ernst nahm. Der mich anhörte und mit mir auf Augenhöhe verkehrte. Das war ich von Erwachsenen nicht gewöhnt. Eine neue Erfahrung. Das tat gut!

„Vorm Eichholz" war meine zweite Erfahrung mit „dem Jugend-werk". Die erste war das Landesjungenschaftslager in den Cevennen im Sommer 1968. (siehe Seite 94)

YMCA Canada Geneva Park 1971

1971 – ein Jahr vor dem Abitur. In Englisch war ich besonders schlecht. Unser Englischunterricht wurde auf Deutsch gehalten. Texte wurden auf Englisch gelesen, aber auf Deutsch besprochen und interpretiert. Ein großer Wortschatz wurde gepaukt. Die Grammatik auf Deutsch gelehrt. Ein Gefühl für die Sprache entstand nicht. Es war eigentlich ein bisschen so, wie damals Latein-lernen. Mit meinen Noten wurde mir klar, dass ich damit durchs Abitur fallen könnte.

Immer wieder zog es uns Jugendleiter in den Bernhäuser Forst. Wir haben uns ganze Nächte in den Sitznischen des „alten BEFO" mit unseren Themen um die Ohren geschlagen. „Christlich leben", „Ein Vorbild sein", „Tägliches Christsein" oder ... so hießen unsere Themen. Wir waren mit Feuereifer dabei und diskutierten. Natürlich, weil da auch Mädchen mit dabei waren. Eine gemeinsam durch diskutierte Nacht war schon etwas Großartiges. Jugendarbeit war damals noch streng nach Geschlechtern getrennt. Da gab es die Mädchenarbeit – und mit denen hatten wir natürlich nichts zu tun. Doch im BEFO saßen alle zusammen. Ein Hauch von Erotik durchwehte alles – über die natürlich niemand sprach.

Insofern waren die Abende und Nächte im BEFO für uns prägend. Deshalb bin ich dem BEFO bis heute tief verbunden. Er hat uns jungen Mitarbeitern eine damals nicht selbstverständliche, große Freiheit ermöglicht.

An einer Wochenendtagung sprach ich Eugen Reiser an. Er wurde mir genannt, als einer, der Kontakte zum weltweiten YMCA hatte. Ich erzählte ihm, dass ich eine Cousine in Toronto hätte und Chancen, sie zu besuchen. Ob ich das nicht mit einem Zeltlager oder so verbinden könnte? Sofort nannte er mir Namen aus Kanada und versprach mir ein Empfehlungsschreiben. Er hielt Wort.

Im Sommer 1971 war ich für zwei Wochen „Councellor" (Berater) im Sommercamp des kanadischen YMCA in Geneva Park, Ontario, am Lake Couchiching. Mein Job war es, mit Kindern aus dem Familienferiencamp täglich ein Ferienprogramm zusammen zu stellen und durchzuführen.

Gefühlsmäßig war ich in den ersten drei Tagen fast verhungert. Ich wagte nicht zu sprechen. Ich verstand zwar fast alles, aber traute mich nicht, selber zu sprechen, aus Angst, ich würde dafür ausgelacht werden. Verpflegt wurden wir in einer Art Mensa (so etwas kannte ich aus Deutschland nicht), wo wir sagen mussten, was wir wollten. Ich ging aber erst mal nicht hin, schließlich traute ich mich nicht, den Mund aufzumachen. Ich zeigte still auf die eine oder andere Speise, die schon da war. Die Menüs traute ich mich nicht zu bestellen. So aß ich Vorspeisen und Salate. Nach dem ersten so verbrachten Wochenende kam ich mit den Kindern in Kontakt. Alle Spiele unserer deutschen Jungscharen kannten sie nicht – ich musste sie erklären – und sie lachten mich nicht aus. Jeden Tag wurde ich selbstsicherer. Die deutschen Jungscharspiele waren der Hit. Keiner lachte mich aus.

Zurück an der Schule sprach ich fließend Englisch mit leichtem amerikanischen bzw. kanadischen Akzent, war vom Lehrer gefürchtet und das Englisch-Abi war ein Kinderspiel. Dem Jugendwerk und dem kanadischen YMCA gilt mein Dank dafür bis heute. Als ich dann auf unseren Freizeiten im Bezirk die ersten „Hamburger" und „Hot Dogs" einführte – zusammen mit „French Fries", sprich Pommes, war das eine Kulturrevolution. Das gab es – nicht zu glauben – in unserem Ländle noch nicht. Jedenfalls nicht auf einer Jugendwerkfreizeit. Meinem Jugendreferenten Hermann Lang erzählte ich, dass ich Baseball zu spielen gelernt hätte. Das wäre doch ein Spiel für uns im Bezirk. Uns war nicht klar, woher wir eine Ausrüstung bekommen könnten. Und als ich die Originalpreise aus Kanada besorgte, war klar, dass wir uns das nicht leisten konnten. Von ihm kam der Tipp: „Wende Dich doch mal an die amerikanischen Soldaten in Ludwigsburg." Ich machte mich an die Sache, ließ nicht locker, bekam Kontakt zum dortigen Kontaktbüro, die mir wiederum Name und Anschrift des obersten Sportoffiziers weitergaben. Dem schrieben Hermann Lang und ich einen langen Brief – auf Jugendwerkspapier und in bestem Englisch. Wir wurden nach Ludwigsburg in die Kaserne eingeladen zum Gespräch. Zum Abschluss des Gesprächs bekamen wir eine komplette Baseballausrüstung (eigentlich war es eine Softball Ausrüstung) geschenkt. Gebraucht zwar und ausgemustert – aber wir hatten alles, was wir brauchten. Unser Jugendwerk hatte eine neue Sportart.

JU-Camp Immenried 1972

Das Abi war gerade geschafft. Der Sommer kam. Ich war in den Bezirksarbeitskreis (BAK) des Jugendwerkes Nürtingen gewählt worden. Als Jugendlicher, um mal die alten Herren etwas aufzumischen. Unser neuer Jugendreferent Hermann Lang plante etwas Neues. Das Jungenschaftscamp in Immenried am Holzmühlenweiher im Allgäu. Ich war von Anfang an Feuer und Flamme und mit dabei. Später machten wir das als gemischtes Zeltlager. Mit großem Erfolg. Aber erst, nachdem es große Diskussionen und Zerwürfnisse im BAK gegeben hatte, ein gemischtes Lager. Eine Revolution.

Hermann Lang wollte etwas Neues – das Ranger-Spiel. Die Zeltgemeinschaften waren zwei Tage lang im Allgäu unterwegs. Mehr oder weniger auf sich allein gestellt. Den Schlafplatz mussten sie sich selber suchen. Unterwegs immer wieder bestimmte Orte finden (mit Kompass und Wanderkarte) und dort Aufgaben lösen. Die Übernachtung beim Bauern selber suchen. Mit den gelösten Aufgaben dann zu einer bestimmten Zeit am anderen Tag wieder ins Zeltlager zurück kehren. Das hieß: Verkleidungen basteln, einen Leiterwagen mitbringen, einen Stall bauen, darin drei Kaninchen mitbringen, ein eigenes Lied einüben, etc. Tagelange Vorbereitungen waren nötig, die einzelnen Gruppenleiter anzuleiten und auszubilden. Selbst das Marschieren nach Kompass musste gelernt werden. Es war ein Wagnis, aber ein voller

Erfolg. Noch viele Jahre wurde das Ranger-Spiel von mir und meinen Nachfolgern mit großem Erfolg durchgeführt. Das Ergebnis war jede Mühe der Vorbereitung wert. Immer fanden alle für die Nacht eine Bleibe.

Hermann Lang hat uns Mitarbeitern viel zugemutet. Aber er hat uns vertraut und uns bei unseren Aufgaben unterstützt und beraten. Das hat uns wachsen lassen, denn er hat uns den Freiraum gegeben, den wir für unsere eigene Entwicklung brauchten.

Mein Dank gilt der Evangelischen Jugendarbeit

Viele Geschichten könnte ich noch erzählen. Von geistlichen Wochenenden, die entweder toll waren oder völlig daneben gingen, weil wir Jungen keine Antworten auf unsere Fragen bekamen. Dies ließen wir uns nicht mehr bieten. Von großer Freiheit wäre zu berichten und von massiver Gängelei. Vom Entdecken und Zulassen eines weiten Horizonts, und von Bekanntschaften mit Menschen, die nicht hinter ihrer Miste hervorschauen können.

Immer wieder habe ich Menschen getroffen, die mir viel zugetraut und mich gefördert haben. Die mich ernst nahmen, obwohl ich weit jünger war. Sie haben einen erwachsen werden und damit ein eigens Erwachsenenbild entstehen lassen. Deshalb habe ich sie namentlich hier genannt.

Für mich war evangelische Jugendarbeit, ob im Bezirk oder im ejw, ob selbstverständlich möglich oder gegen enge Grenzen erkämpft, eine Erfahrung der Freiheit. Und das war es, was ich selber brauchte, um erwachsen zu werden. Allein im Elternhaus wäre das nicht möglich gewesen. Daher bin ich der evangelischen Jugendarbeit bis heute dankbar.

Jürgen Kaiser | Stuttgart

Vom Jungscharmitarbeiter zum Professor

Wenn mir damals jemand gesagt hätte, dass aus einem 15-jährigen Jungschar-Nachwuchsmitarbeiter einmal ein Professor für die Kinder- und Jugendarbeit werden könnte, hätte ich ihn für verrückt erklärt. Manchmal schreibt das Leben eben auch verrückte Geschichten. Aber – der Reihe nach.

Wenn ich zurückblicke auf die Zeit meiner ehrenamtlichen Tätigkeit, dann fallen mir verschiedene Lebensstationen ein, die mich und meinen Lebensweg geprägt und beeinflusst haben. Ganz am Anfang stand die Frage unseres Ortsverantwortlichen für die Jugendarbeit (wir nannten ihn der Einfachheit halber „Boss"), ob ich mir die Mitarbeit in einer Jungschargruppe zusammen mit einem erfahrenen Jungscharleiter vorstellen könnte. Ich war damals gerade mal stark 15 Jahre alt, seit meinem zehnten Lebensjahr selbst in einer Jungschargruppe, frisch konfirmiert, eigentlich noch „grün hinter den Ohren" und inzwischen Mitglied einer Jungenschaftsgruppe. Und dann diese Frage. Auf der einen Seite waren Zweifel: Kann ich das? Traue ich mir das schon zu? Habe ich diese Fähigkeiten, mich als Mitarbeiter in einer Jungschargruppe zu engagieren? Und vor allem: Bin ich nicht eigentlich viel zu jung? Auf der anderen Seite war da ein Gefühl von Stolz und Bestätigung: da traute mir einer etwas zu! Da glaubte einer, dass ich verantwortlich mit jungen Menschen umgehen kann, dass ich vor einer Gruppe stehen kann, ihr etwas erklären, sie motivieren, anleiten und auch leiten! Ich fühlte mich geschmeichelt und auch bestätigt. Jemand setzte Vertrauen in mich und meine Kompetenzen. Ich fand das „geil" (würde man heute wohl dazu sagen). Ich sagte zu – und wusste damals natürlich nicht, wie wegweisend diese erste Entscheidung für meinen weiteren Lebensweg werden würde.

In die Zeit meiner ersten ehrenamtlichen Schritte fiel die Anstellung eines neuen „Bezirksjugendwarts" (wie das damals hieß). Bei seinem Dienstantritt besuchte er zunächst einmal alle Orte und Gruppen, die es im Bezirksjugendwerk gab, und so trafen auch wir uns das erste Mal. Peter Neumann, der „Neue", war mir sofort sympathisch. Er konnte Gitarre spielen, toll Geschichten erzählen, war freundlich, aufmerksam und – er hatte ein Konzept für die Jugendarbeit, das merkte ich bald. So war es nicht verwunderlich, dass ich mich bald in seinem „Grundkurs" (und später in vielen weiteren Kursen) wiederfand. Vier anstrengende und inhaltlich gut gefüllte Wochenenden (bei denen es aber auch immer lustig zuging) zwischen Oktober und November 1969. Von den „Zielen unserer Jugendarbeit", über „Rechte und Pflichten eines Gruppenleiters", die Entstehung und Bedeutung der Bibel für die Jugendarbeit", „Sport und Spiel in der Gruppenarbeit", bis zu Themen wie „Die Entwicklung des Kindes zum Erwachsenen" reichte das Spektrum. Am Ende stand eine schriftliche Klausur und die Überreichung eines „Mitarbeiter-Diploms". Leider hatte es mir damals nur zur Note „gut" gereicht, was mich ein wenig wurmte, aber angesichts des Lernaufwandes, den ich für diese Klausur betrieben hatte auch irgendwie „gerecht" war. Viel wichtiger war: Nun gehörte ich wirklich dazu, nun war ich „geprüfter" ehrenamtlicher Mitarbeiter im Evangelischen Jungmännerwerk des Kirchenbezirks Leonberg.

Darüber hinaus wusste ich damals schon: dieser Bezirksjugendwart setzte auf mich (und auf ein paar andere Mitarbeiter aus unserem Ort). Er nahm uns „unter seine Fittiche", schickte uns Informationen, lud uns ein zu diversen anderen Veranstaltungen und gelegentlich auch zu sich. Das war richtig „cool" (würde man heute dazu sagen). Da nahm sich ein vielbeschäftigter Jugendwart Zeit für uns ganz persönlich, ging mit uns wandern, trank mit uns Tee und Kaffee und hatte Zeit für unsere Fragen. Das prägte auch meinen eigenen späteren Stil als Jugendreferent. Die Menschen und ihre Anliegen und Fragen sollten Vorrang haben vor der (auch notwendigen) Büroarbeit und vor Planungs- und Organisationsprozessen. Dieser Jugendwart lebte das vor.

Ich spürte früh: Die Jugendarbeit, das war meine Berufung, das war „mein Ding" – es brauchte aber noch einige (Reifungs-)Jahre, bis dem weitere Schritte folgten. Die eigentliche Zäsur in meiner Biografie war einige Jahre später mein Zivildienst im Evangelischen Jugendwerk des Kirchenbezirks Leonberg. Ich hatte in der Zwischenzeit den Beruf des Industriekaufmanns erlernt, konnte aufgrund des Besuchs der Höheren Handelsschule meine Lehrzeit verkürzen und stand nun nach einigen Monaten beruflicher Tätigkeit als fertiger Industriekaufmann vor diesem Einschnitt. Während der Zeit meiner Ausbildung war ich natürlich nach wie vor ehrenamtlicher Mitarbeiter in der Gruppenarbeit, bei Freizeiten und Schulungen, im BAK usw. Die Entscheidung für die Zivildienststelle im Leonberger Bezirksjugendwerk war bewusst gefallen. Ich wollte das Arbeitsfeld der Evangelischen Jugendarbeit mehr „von innen" kennen lernen und ich wollte „testen", ob es möglicherweise eine neue berufliche Orientierung für mich bot. Zum Ende des Zivildienstes war dann klar: Ja, ich wollte „mein Hobby zu meinem Beruf machen", oder seriöser gesprochen: ich wollte meine Fähigkeiten und Begabungen in den hauptamtlichen Dienst eines Jugendreferenten in der Württembergischen Landeskirche einbringen.

Der „Rest" (wäre zwar auch Seiten füllend) soll hier aber nur kurz dargestellt werden: Nach meiner Ausbildung auf der „Karlshöhe" (meine persönliche Alternative wäre das Johanneum gewesen) war ich insgesamt 11 Jahre hauptamtlich als Jugendreferent tätig. Stark 6 Jahre im Evangelischen Bezirksjugendwerk Böblingen und knapp 5 Jahre im Evangelischen Jugendwerk Degerloch, im damaligen Kirchenbezirk „Stuttgart-Filder". Seit 1989 arbeite ich nun als „Dozent für Kinder- und Jugendarbeit", seit 2008 als „Professor für Theorie und Praxis der Religionspädagogik", mit den Schwerpunktbereichen „Kinder- und Jugendarbeit" und „Gemeindepädagogik" an der Evangelischen Hochschule Ludwigsburg (vormals „Karlshöhe"). Unglaublich – aber wahr!

Bewegend war für mich die private „Professorierungsfeier" mit vielen „alten" Weggefährten, und ich hatte diese bewusst unter das Bonhoeffer-Wort gestellt: „Man überschätzt leicht das eigene Wirken und Tun in seiner Wichtigkeit gegenüber dem, was man durch andere geworden ist." Viele Menschen waren in diesen Jahren mit mir auf dem Weg (und ich vermute der eine oder andere schreibt auch einen Beitrag für diese Sammlung) und haben mich begleitet, bereichert und geprägt und aus mir das werden lassen, was mir bestimmt war. Dafür bin ich sehr dankbar.

Zwei Dinge möchte ich zum Schluss festhalten. Angefangen hat alles damit, dass mir jemand etwas zugetraut hat, dass jemand anderes entdeckt hat, was möglicherweise in mir steckt und mich mit seiner Frage auf einen neuen persönlichen Weg gebracht hat. Und da war dieser „Jugendwart", der mich menschlich und fachlich angesprochen und interessiert hat, der sich Zeit genommen hat auch für das ganz Private und im Fördern und Fordern meine Entwicklung entscheidend mitbestimmt hat. Er hat mit dazu beigetragen, dass sich meine Kompetenzen über den Weg in der Evangelischen Jugendarbeit entfalten konnten.

Vielleicht fragt nun der eine oder andere: Und wo ist da Gott, wo ist das „Berufungserlebnis"? Darauf kann ich nur antworten: Es ist im „in, mit und unter", also sozusagen „auf dem Weg" geschehen. Ich bin mir aber sicher, Gott hatte und hat auf meinem Lebensweg nach wie vor „seine Finger im Spiel". Und auch dafür bin ich sehr dankbar.

Prof. Gerhard Hess ╎ Ludwigsburg

Wort auf den Weg

■————————• Geprägt durch meine Eltern durchlief ich in den 1950er Jahren die damals klassische Stufenleiter im CVJM: Jungschar, Jungenkreis/Jungenschaft sowie Posaunenchor. Als Jungenschaftsleiter und auf zahlreichen Freizeiten und Jugendleiterschulungen lernte ich die Arbeit des damaligen Jungmännerwerks kennen und schätzen. Zu den Höhepunkten eines Jungenschaftsjahres zählten für mich damals die Frühjahrs- und Herbstrüsttreffen in der Stuttgarter Jugendherberge. Man traf dort nicht nur alte Freunde und gewann neue hinzu, tauschte Erfahrungen aus und erhielt wichtige Impulse für die vor uns liegende Sommer- bzw. Winterzeit.

Ein Erlebnis aus dieser Zeit hat sich bei mir bis heute tief eingeprägt. Am Ende jedes Rüsttreffens wurden wir mit einem „Wort auf den Weg" in unsere heimatlichen Gruppen entlassen. Einmal sprach dieses Schlusswort der damalige Obmann der Jungenschaft (heute würde er sich Vorsitzender des Fachausschusses nennen) Hans Wille. Es war ihm wohl bewusst, dass einige der vor ihm sitzenden jungen Männer in den folgenden Monaten ihren Grundwehrdienst ableisten mussten. Ihnen gab er mit auf den Weg, auch in der Kaserne an ihrem Glauben an Jesus Christus festzuhalten und Mut und Kraft zu schöpfen aus dem Gebetslied „Jesu, hilf siegen, du Fürste des Lebens" (EG 373). Mir persönlich hat dieses Gebet während meines Grundwehrdienstes sehr geholfen, vor allem auch während eines Lehrgangs in Hamburg mit den vielen zum Teil recht zweifelhaften „Freizeitmöglichkeiten" dieser Großstadt. Und dieses Lied begleitet mich bis heute und dient mir oft als Gebet in schwierigen Glaubenssituationen.

Gerhard Arnold ǀ Ötisheim

Meine Geschichte
mit dem Jugendwerk

Es war die ausdauernde, sich wiederholende Einladung der Gemeindedienstfrau (Ehefrau von Paul Heiland, dem ehemaligen Geschäftsführer des damaligen Jungmännerwerkes) in die Jungschar, die zu einem bis heute andauernden „Verhältnis" geführt hat. Über Jungschar, Jungenschaft in Degerloch, Praktikum im Lehrlingsheim in Ulm, Ausbildung auf der Karlshöhe, wieder Lehrlingsheim Ulm mit Jungmännerkreis und Jungfamilienkreis im CVJM bis zum heutigen Jugendwerk in Württemberg. Entscheidend war für mich in dieser Zeit, gerade in den Jahren der Pubertät, irgendwo hinzugehören, wo ich mich wohlfühlte, wichtig und angenommen war. Es waren dort dann auch Menschen, die mir wichtig geworden sind, die für mich hilfreich waren auf dem Weg zum Glauben und zur Lebensgestaltung und -bewältigung. Dies ist etwas, was ich heute für wichtiger denn je erlebe in einer Zeit, in der die Einflüsse von allen Seiten stärker und gravierender sind und sich entsprechend auf die Entwicklung der Jugendlichen auswirken, als zu unserer Jugendzeit. Auch denke ich, dass sie es weitaus schwerer haben als wir, sich in der Welt zurechtzufinden und zu einem sinnvollen, befriedigenden Leben zu finden.

Heute will ich von dem, was mir zuteil wurde, im Leben wichtig geworden ist, mir gerade in den Entwicklungsjahren entscheidend geholfen hat, auch anderen jungen Menschen zukommen lassen. Deshalb besteht auch heute noch das „Verhältnis" zum Jugendwerk, das für mich aus den Mitarbeitern besteht, die diese Aufgabe wahrnehmen, in den Gruppen überall im Land und in der Landestelle. Diese Lebenshilfe kann durch nichts anderes ersetzt werden.

Edwin App | Hauenstein

ER hat mich auf den Weg gebracht

▶ ————————• Eigentlich kann ich Tag und Stunde meiner Bekehrung nicht nennen. Ich wurde 1939 getauft und 1953 konfirmiert, wie es sich damals gehörte. Dem folgte die Einladung in die Junge Gemeinde, der ich gern folgte. Das war manchmal etwas spannend in den Jahren 1953 und folgenden, denn in der DDR-Gesellschaft sollte christliche Jugendarbeit keinen Platz haben. Das erfuhren wir auch in Erfurt.

Umso mehr hielten wir im Jungmännerkreis zusammen, hatten schöne gemeinsame Erlebnisse an unseren Jugendabenden, auf Fahrradtouren im Thüringer Wald, beim Besuch der Jungmännersonntage und bei Jugendevangelisationen in Erfurt. Das Evangelische Jungmännerwerk hatte eingeladen zum Thüringer Jungmännertag in das Allianzhaus nach Bad Blankenburg. Während einer Bibelarbeit erhielten wir eine Spruchkarte. Darauf war eine ausgestreckte Hand zu sehen mit den Worten „Hier bin ich, Herr sende mich." Sofort hatte ich den Eindruck, dass Gott mir seine Hand entgegen streckt und ich nun die Antwort dazu gebe. Seit diesem Erlebnis ging eine Veränderung in mir vor. Der Jugendwart des Jungmännerwerkes in Erfurt, der unseren Jungmännerkreis leitete, sprach mich kurz danach an.

Er forderte mich konkret zur Mitarbeit auf mit den Worten: „Ab nächste Woche leitest du den Jungmännerkreis für die Jüngeren." Ich hatte gespürt, dass Gott mit mir persönlich etwas vor hat, wenn ich zweimal so direkt herausgefordert werde. Was erwartet er von mir? Talent zur Leitung einer Jugendgruppe hatte ich jedenfalls nicht. Die eine Woche Vorbereitungszeit für die Gruppenstunde war Stress für mich. Was soll ich den Jungen sagen, was soll ich mit ihnen beten, wie kann ich meine Unsicherheit verdecken? Viele Ängste haben mir zu schaffen gemacht und dann ... Ich habe erlebt, dass Jesus den ganzen Abend in seiner

Hand hatte. Das tolle Erlebnis hatte mich ermutigt und motiviert zur ehrenamtlichen Mitarbeit und später zum hauptamtlichen Dienst. Unser Jugendwart des Jungmännerwerks lud mich ein zu den regelmäßigen Treffen eines Mitarbeiterkreises unserer Stadt. Dort wurden wir zugerüstet für den Dienst in unserer Jugendgruppe. Gott hatte mich auf den Weg gebracht, auf dem ich dann weiter ging – anders als ich es mir je vorgestellt hatte.

Dieter Oberländer | Erfurt

Von der Einsamkeit des Führenden

Eine ganze Reihe von Jahren habe ich im damaligen Evangelischen Jungmännerwerk Gruppen geleitet. Zunächst bei der Christlichen Pfadfinderschaft (CP) als Wölflingsführer und vor meinem beruflich bedingten Wegzug aus Württemberg als Leiter einer Gruppe von jungen Erwachsenen in der Ludwig-Hofacker-Gemeinde in Stuttgart. Dazwischen habe ich einige Male als sogenannter „Lagervogt" auf Freizeiten Dienst getan. Der Lagervogt war damals so eine Art Assistent des Lagerleiters. In allen Funktionen war es zwischendurch nötig, unpopuläre Entscheidungen zu fällen und durchzusetzen. Auch wenn vorher in der Gruppe alles harmonisch war, kann eine solche Entscheidung dazu führen, dass der Entscheidende mit einem Schlag für eine bestimmte Zeit ganz allein dasteht. Das ist dann die Einsamkeit des Führenden, mit der man erst einmal fertig werden muss. Und aus der eigenen Erfahrung heraus muss ich sagen, dass man mit dem „üben solcher Situationen" als Leiter einer Gruppe unschätzbare Erfahrungen für spätere Führungspositionen im Beruf sammelt. Dort kommen solche Situationen ja ständig vor. Ich jedenfalls bin dankbar, dass ich neben vielen anderen Erfahrungen auch hier Entscheidendes für mein berufliches Leben mitbekommen habe.

Hartmut H. Völker | Stuttgart, Vorsitzender der ejw-Stiftung

Gott meint es gut

• In meiner Heimatstadt Hannover gab es 1952/53 noch viele durch den Krieg zerbombte Häuser. Für Kinder war wenig Raum da. Dennoch hatte ich schöne und für mein Leben wichtige Erlebnisse:

An jedem Samstagnachmittag, pünktlich um 14:55 Uhr erschien sie in der Verandatür, eine stattliche Erscheinung, mit schütteren weißen Haaren, die in einem kleinen Knoten zusammen geflochten waren, mit gütigem, lebendigem Gesicht und einer runden Nickelbrille. Sie schloss auf, öffnete die Tür und wir, eine Menge 7- bis 9-jähriger Mädchen stürmten die Stufen zur Veranda hoch, drängelten durch die schmale Tür, warfen Jacken und Mützen auf das alte Sofa und versuchten einen der besten Plätze im Jungscharraum in der Nähe unserer Schwester Hildegard zu ergattern.

Weil es keine Liederbücher gab, hatte jedes Mädchen ein Oktavheft, in das wir die von Schwester Hildegard diktierten zwei Liedverse schrieben. Die Überraschung war groß, wenn sie in der vergangenen Woche bei jeder einen Vers oder ein ganzes Lied ergänzt hatte. Unsere Schreibfehler, unsere Lücken hatte sie korrigiert. Wir schmetterten aus unseren eigenen Büchern: „Der Winter ist ein fester Mann ..." „Fest und treu wie Daniel war ..." „Freuet euch der schönen Erde ..." und viele andere Lieder.

Dann kam die biblische Geschichte. Mir war es so, als wäre ich dabei gewesen, als z. B. Daniel in die Löwengrube geworfen wurde, und ich dränge mich mit vielen anderen um Jesus, als es auf dem Dach rumpelte und Männer die Balken wegnahmen, um ihren gelähmten Freund vor Jesus herunterzulassen.

Ich nahm in mir auf: Gott meint es gut mit seinen Menschen. Auf verborgene Weise hält er die Fäden in seiner Hand. Er will, dass unser Leben gelingt und wir in allen Lebenslagen Hoffnung behalten, mit dem Ziel seiner Ewigkeit.

Nach den biblischen Geschichten durften wir im Sommer zum gemeinsamen Spielen in den Garten. Ich freute mich viel mehr über ungünstige Witterung. Dann bastelten wir „herrliche" Sachen. Vieles haben wir aus sogenanntem wertlosem Material hergestellt. Wir durften unsere Werke mit nach Hause nehmen. Wenn alle selbständig weiter basteln konnten, las Schwester Hildegard eine Fortsetzungsgeschichte vor. Etwas Spannenderes gab es für mich kaum.

Jeder Nachmittag schloss mit dem Segenslied, das mir von den Haarwurzeln bis zu den Zehenspitzen gut tat:
„Segne und behüte, uns durch deine Güte.
Herr, erheb' dein Angesicht über uns und gib uns Licht.
Schenk uns deinen Frieden, alle Tag hienieden,
gib uns deinen guten Geist, der uns stets zu Christus weist.
Amen, Amen, Amen. Ehre sei dem Namen
Jesu Christi, unsers Herrn, denn er segnet uns so gern."

Das Leben unserer Schwester Hildegard gehörte Gott. Sie hatte Jesus lieb und uns Kinder auch. Das spürte ich. Das tat mir gut. Mein Wunsch war es: Wenn ich groß bin, will ich werden wie Schwester Hildegard. Ihre Jungschararbeit und die Jugendarbeit später haben mein Leben geprägt, mir Jesus Christus lieb gemacht und mir zu eigenen Glaubenserfahrungen geholfen.

Irmtraut Krumrey | Schwäbisch Hall

Dein ist der Tag und dein ist die Nacht

▪————————• Zurückerinnern soll ich mich, unter dem Arbeitstitel „Was hat's gebracht." Bin ich denn schon so alt? Nein – Ja, doch. Mitte 40, in der „Mitte des Lebens" stehend, liegen meine Jugendjahre und die ersten intensiven Erfahrungen in der Jugendarbeit 30 Jahre zurück. Nicht, dass die Arbeit mit Kindern und Jugendlichen auch schon so lange her ist. Die gibt es hauptberuflich und ehrenamtlich immer noch.

Doch nun – back to the roots – die liegen sicherlich in meiner Familie und mit ihr in der Kirchengemeinde und dem CVJM Friedrichshafen. Von dort öffnete sich dann auch der Blick – nein nicht über den See hin zum Alpenpanorama, sondern ins Ländle, Richtung Hauptstadt und der Landesstelle des Evangelischen Jugendwerkes. So kam es auch zu meiner ersten Sommerfreizeit in der Kieler Förde, zu der ich mich mit meiner Freundin Margit 1981 anmeldete. Überrascht, wie viele Gleichgesinnte es auf der Welt – zumindest im Land gibt, stiegen wir zwei zusammen mit ca. 70 anderen Mädchen in die Busse, die uns gen Norden brachten.

Da ich im Laufe meines weiteren Lebens viele solcher Freizeiten erlebt und später auch selbst durchgeführt habe, vermischen sich dabei so manche Erinnerungen. Von dieser allerersten großen Freizeit gibt es trotzdem noch einige deutliche und prägende Erinnerungen. So denke ich gerne an eine „durchgelachte" Nacht zurück. Zusammen mit den Mädels aus unserer Hütte lachten wir uns trotz Nachtruhe in meinen 16. Geburtstag hinein, was dazu führte, dass Rosemarie Pfister (sie war damals die Landesreferentin für Mädchenarbeit) in den frühen Morgenstunden mehrfach im Nachthemd erschien und uns ermahnte, da auch für sie im Nachbarhäuschen an Schlaf nicht zu denken war. Wie gut, dass wir uns damals so unbeschwert freuen konnten!

Die zweite wichtige Erinnerung fängt so an: „Unser Abendgebet steige auf zu dir, Herr, und es senke sich auf uns herab dein Erbarmen, dein ist der Tag und dein ist die Nacht ..." selbst beim Schreiben dieser Worte kann ich dieses tröstliche Grundvertrauen und die intensive Atmosphäre des gemeinsamen Rituals in der kleinen Kapelle an der Ostsee spüren.

Auf dieser Freizeit und auch sonst im Laufe meines Lebens habe ich bestimmt viele gute Gedanken in Bibelarbeiten und Predigten gehört, erlebt und hoffentlich auch selbst weitergegeben. Gefragt aber nach dem, was sich in meinem Herzen tief verankert hat, würde ich sagen, die oben beschriebenen Worte und die intensive Gemeinschaftserfahrung mit vielen Gleichgesinnten, was ich ja nicht nur auf dieser einen Freizeit erleben konnte. Dort nahm es allerdings seinen Anfang.

Was hat´s gebracht? Die Worte aus diesem alten Kirchengebet sind für mich so etwas wie eine Grundmelodie und darauf hat sich die letzten dreißig Jahre sehr viel Unterschiedliches abgespielt. Da war die Berufsausbildung zur CVJM-Sekretärin und meine Arbeit als solche im CVJM Würzburg. Auch hier durfte auf den Freizeiten das gemeinsame Abendgebet nicht fehlen. Während des Erziehungsurlaubs für unsere drei Kinder habe ich dann in der Kirchengemeinde einmal im Monat ein Taize-Abendgebet angeboten, das mit diesen Worten anfing. Seit 10 Jahren arbeite ich nun als Katechetin an mehreren Grund- und Hauptschulen im Dekanat Würzburg. Da lässt sich ein Abendgebet schlecht feiern aber dafür in der Advents- und Passionszeit ein „Kick in den Tag" mit der entsprechenden Morgenliturgie. Daran nehmen doch erstaunlich viele Schüler teil, egal welcher Konfession und Religion. „... Dein ist der Tag und dein ist die Nacht ..." Vielleicht können auch sie so ein tröstliches Grundvertrauen auf Gott für sich daraus mitnehmen. Ich wünsche es ihnen jedenfalls.

Eva Sohn-Fuchs ‖ Zell am Main

Ruckzuck und Punktum

■—————————• „Wir müssen den Mäusehimmel stürmen", sagte Mäusejosef entschlossen. Dieser Vorschlag störte selbst die dicke Hermannmaus aus ihrem trägen Halbschlaf auf. „Den Himmel?", fragte sie verblüfft. „Stürmen?" „Den Wurst- und Schinkenhimmel wollen wir erobern", bestätigte Mäusejosef zuversichtlich. [...] „Wir bauen einen Turm mit den Holzklötzen." Der überaus starke Willibald und die dicke Hermannmaus schauten den Mäusejosef mit Bewunderung an und nickten mit den Köpfen. [...] Haarfein legte der Mäusejosef ihnen den Plan auseinander. So gründlich wie nie zuvor überdachten sie alle möglichen Schwierigkeiten. Aber schon sieben Nächste später verkündete der überaus starke Willibald dem Rudel, daß er die Mäuse bis in den Himmel führen werde. Als er die unglaublichen Blicke sah und das erstaunte Geraune hörte, da sagte er: „Ein gutes Schicksal hat uns die Spielkiste mit den Holzklötzen geschickt. Damit bauen wir einen Turm, flink wie Fledermäuse, hart wie Tirolerbrot, zäh wie Schweineschwarte. Einen Turm bauen wir, der bis hoch hinein in den Wurst- und Schinkenhimmel reicht. Und dann, und dann ...", er konnte nicht weitersprechen, denn das Wasser lief ihm wie aus vielen Quellen im Munde zusammen. Voll Sehnsucht schauten die Mäuse empor zu den fetten Leberwürsten, den roten Salamis, den Schwartenmagen, den geräucherten Mettwürsten und zu den beiden Schinken, die dort hoch an der Decke hingen und tausend angenehme Träume aufblühen ließen. „Das ist unmöglich", sagte der Mausephilipp. [...] „Wir werden das Unmögliche möglich machen", prahlte Willibald. „Ruckzuck und Punktum!"[1]

„Flink wie Fledermäuse, hart wie Tirolerbrot, zäh wie Schweineschwarte" das wurde für zwei Wochen Motivationstreiber schlechthin; und kaum eine heiße Diskussion, die nicht mit „Ruckzuck und Punktum!" beendet wurde. Wir waren zwischen

16 und 18 Jahre alt, verbrachten unseren ersten Urlaub ohne Eltern in Frankreich und lauschten Punkt Mitternacht gebannt Wolfis „Gute-Nacht-Geschichte". Am Anfang noch kritisch beäugt (wir waren ja so cool), entwickelte sich daraus bald ein nächtliches Ritual, das kein Freizeitteilnehmer verpassen wollte.

Seitdem sind über 10 Jahre vergangen. Jahre, die ich als Teilnehmerin und als langjährige Mitarbeiterin in der evangelischen Jugendarbeit an ganz unterschiedlichen Stellen verbracht habe – immer geprägt von dieser ersten Begegnung mit dem ejw. Es hat mich ermutigt, dass man uns etwas zugetraut hat – von den vielen Freiräumen bis hin zur Programmmitgestaltung. Es hat mich herausgefordert, dass man uns gleichzeitig etwas zugemutet hat – sowohl den Kloputzdienst als auch tiefgehende Gesprächsimpulse. Und ich empfand es als enorme Wertschätzung, dass die Mitarbeiter für uns immer wieder versucht haben, das Unmögliche möglich zu machen – mit gigantischem Programm, aber auch mit dem Versuch, verborgene Talente bei uns zu wecken. Wir sind dem Himmel näher gekommen – ohne fachtheologische Einheiten, sondern durch die aufrichtige Achtung, die uns trotz unserer pubertären Verhaltensweisen entgegen gebracht wurde. Wir sind Gott näher gekommen – ohne Bibelstunden, sondern weil wir fragen, ja hinterfragen durften, und keine vorgefertigten Antworten, sondern persönliche, authentische Erfahrungen erzählt bekamen und manche Fragen offen blieben.

Wenn ich heute in der evangelischen Jugendarbeit Kindern und Jugendlichen begegne, dann habe ich den Anspruch, ihnen mit derselben Wertschätzung zu begegnen und sie Gottes Liebe erfahren zu lassen, indem auch ihnen etwas zugetraut und zugemutet wird. Mir ist es wichtig, dass sie Gott kennenlernen, indem sie von den Erfahrungen der Menschen – biblischen Gestalten ebenso wie heutigen Christen – mit Gott hören. Und die Bilder einer Geschichte sagen dabei mehr als tausend Worte. Nicht ohne Grund hat Jesus den Menschen die wichtigsten Botschaften in Gleichnissen und Geschichten vermittelt. Deshalb erzähle auch ich am liebsten Geschichten. Geschichten, die zum Nachdenken anregen, solche, die aufheitern und Geschichten, die christliche Wahrheiten gekonnt auf den Punkt bringen oder auch hinterfragen. Dabei geht es weniger um die Frage nach historischen Wahrheiten als vielmehr um die Frage, welche Erfahrungen und Überzeugungen für mich als Zuhörer wahr werden. Und manchmal wird dabei das Unmögliche möglich.

So war ich während meines Studiums an einer Brennpunktschule in Stuttgart im Religionsunterricht tätig. Die Schüler und Schülerinnen waren kaum christlich geprägt, glänzten durch Unruhe und schlechte Konzentration und waren mehr mit der Frage des täglichen Überlebens als mit hoch geistigen Fragen des Lebens und Glaubens beschäftigt. All das war wie weggewischt, als wir mit den biblischen Geschichten rund um David anfingen.

Der kleine Hirtenjunge, der sich und seine Schafherde tapfer mit der Schleuder gegen Löwen verteidigte, fesselte die Kinder ebenso wie der große König David, der Schuld auf sich lud. Ich habe die biblischen Geschichten spannend erzählt: Da brüllte der Löwe, die Schwerter im Kampf gegen die Philister klirrten, Blut floss, als Uria starb und das Kriegsgebrüll des Riesen Goliath war ohrenbetäubend. Mitten drin David – dem das Herz in die Hose sank und der dennoch auf seinen Gott vertraute. Und die Kinder haben gespürt, dass dieser Gott auch mit den Kleinen unter ihnen (und wer von ihnen hatte sich nicht schon klein gefühlt?) ist, sie haben erkannt, dass auch ein König (das gilt auch für den Gangleader) sich nicht alles erlauben kann und dass es gut tut, Freunde wie Jonathan oder eben Mehmet von nebenan zu haben.

Es müssen aber gar keine biblischen Geschichten sein. Pfiffige Kurzgeschichten, wie die vom Pfarrer, der gegen den Apfeldieb in seinem Garten ein Schild mit der Aufschrift „Gott sieht alles!" aufstellt und am nächsten Morgen den in roter Schrift hinzugefügten Satz „Aber er petzt nicht!" darunter findet, machen ohne große Worte deutlich, dass Gottes Liebe unsere menschlichen Vorstellungen sprengt. Und auch Geschichten wie die vom überaus starken Willibald, in denen Gott wörtlich nicht vorkommt, zeigen – ohne dass es weiterer Erklärungen bedarf, wo es hinführt, wenn die einen (ob Maus oder Mensch) sich über die anderen erheben und vergessen, dass sie alle eins (ob Rudel oder Gotteskinder) sind.

Nebenbei bemerkt lassen sich nicht nur Kinder für Geschichten begeistern. Sogar meine Kollegen in der Wirtschaft freuen sich an einer Kurzgeschichte, die die Prioritäten und Verhaltensweisen des Alltags in Frage stellt. Und Zuhörer in christlichen Kreisen finden es durchaus erfrischend, wenn scheinbare Selbstverständlichkeiten im Glauben hinterfragt werden. Auch Jesus war diesbezüglich nicht gerade zimperlich und hat die Vorstellungen seiner Zuhörer manchmal gehörig auf den Kopf gestellt (oder wo im alten Orient gab es einen Vater, der seinen Sohn entgegen gelaufen, gar entgegen gerannt ist?).

In diesem Sinne möchte ich Lust wecken, Geschichten neu zu erzählen. Auch wenn wir dabei nicht immer den Himmel stürmen werden (was im Übrigen auch Willibald und seinem Rudel nicht gelang), so können Geschichten doch unsere scheinbaren Grenzen sprengen und jenseits unserer erlebten Wirklichkeit Gottes Möglichkeiten aufzeigen. Und so Mut machen, Dinge anzupacken, die aussichtslos scheinen. Ruckzuck und Punktum!

Marianne Wirths | Renningen

---

[1] Willi Fährmann: Der überaus starke Willibald. 6. Auflage 1995. Arena Verlag GmbH, Würzburg.

Es begann am Idrosee

■ —————— • Oft denke ich: Würde es das ejw mit seinen Freizeiten, Angeboten und Mitarbeitern nicht geben, wäre ich heute
nicht die Person, die ich jetzt bin.

Ein prägendes und folgenreiches Erlebnis war für mich die Sommerfreizeit der Schülerarbeit am Idrosee 2003. Ohne genau zu
wissen, was mich da so erwarten wird, meldete ich mich mit meiner Freundin an. Surfen, Klettern, Wandern und Gemeinschaft –
das hörte sich doch gut an. Dass diese zwei Wochen allerdings so
weitreichende Folgen haben werden, hätte ich mir nie erträumt.
Es stimmte einfach alles: Sport und Spaß bei Wanderungen und
Aktionen, nette Teilnehmer und Mitarbeiter, tiefgehende Andachten und Gespräche. Man konnte spüren, dass in dieser Freizeit
mehr lag als nur ein gut durchdachtes Programm, gutes Essen und
nette Teilnehmer. Die Mitarbeiter waren authentisch und mit Spaß
und Leidenschaft dabei, offen und bereit über ihren Glauben und
ihr Leben zu reden – nicht von oben herab. Während diesen 14
Tagen schloss ich nicht nur Freundschaften fürs Leben, sondern
durfte auch erfahren, wie Glaube ganz unterschiedlich gelebt werden kann. Als 17-jährige Schülerin war es für mich oft nicht so
einfach, meinen Glauben im Alltag, in der Schule zu leben. Da tat
es besonders gut, auf dieser Freizeit andere kennen zu lernen, denen es ähnlich ging und Mitarbeitern zu begegnen, die in unter-
schiedlicher Weise Vorbild sein konnten. Natürlich wollte keiner,
dass diese zwei Wochen je wieder vorbei sein sollten. Doch ein
kleiner Lichtblick war der Michelsberg, die Herbsttagung der
Schülerarbeit, bei der wir uns wieder sehen konnten.

Nach diesem Herbst verebbte der Kontakt zur Schülerarbeit zunächst. Doch als ich 2006 nach meinem FSJ aus dem Ausland
zurück kam, fand ich einen Brief auf meinem Schreibtisch, der
mich einlud, als Mitarbeiterin beim Michelsberg 2006 dabei zu
sein. Ich konnte es kaum glauben und musste auch nicht lange
überlegen. „Die erinnern sich noch an mich?", war mein erster

Gedanke. So begann dann die Zeit, in der ich mehr und mehr in die Schülerarbeit hineinwuchs. Mittlerweile liegen einige Michelsberge, Sommer- und Winterfreizeiten, bei denen ich als Mitarbeiterin mitgemacht habe, sowie vier Jahre im Mitarbeiterkreis der Schülerarbeit hinter mir. Begegnungen, Aktionen und Gotteserlebnisse, die ich nicht missen möchte und durch die ich in meiner Persönlichkeit und meinem Glauben wachsen durfte. Stets motiviert durch die Erlebnisse, die ich selbst als Schülerin und Teilnehmerin gemacht habe.

Anne Wahl Tübingen

Chancenlos?

Mehrere Jahre begleitete ich in der Jugendarbeit ein Mädchen, dessen Mutter früh gestorben war, das es schwer hatte und auch in der Schule versagte. Nachdem sie die 10. Klasse bereits wiederholen musste, stand sie nach dem 1. Halbjahr in Klasse 11 in 5 Fächern auf 4,5 bzw. 5. Ich sah wirklich keine Chance mehr, dass sie die 11. Klasse und das Abi noch schaffen könnte. Dann haben wir sehr viel zusammen gepaukt und darüber gebetet (wir haben auch schon vorher zusammen gelernt, aber dann noch mal ordentlich zugelegt). Bis zum Ende der 11. Klasse waren alle Fünfer weg, was ich niemals für möglich gehalten hätte. Sie konnte dann mehrere Fächer abwählen. Wir haben weiterhin zusammen gelernt, und sie hat das Abi gut geschafft, auch das anschließende Studium für Bibliothekswesen. Schließlich hat das schon in jungen Jahren leidgeprüfte Mädchen in unserem Kreis junger Erwachsener noch ihren Ehemann kennengelernt und ist inzwischen Mutter von zwei Kindern. Auch am neuen Wohnort ist sie in der Kinderkirche engagiert.

Ich habe mich sehr darüber gefreut, wie Gott da geholfen hat und eine schwierige Situation zum Guten gewendet wurde.

Iris Geyer Heilbronn

Langzeitwirkung durch Vorbilder

Einführung und Beratung braucht jeder Mensch und zwar von denen, die vor ihm schon gelebt haben: Wie man jagt, wie man fischt, mit Messer und Gabel isst, Häuser baut, Getreide sät, Auto fährt, E-Mails schreibt ...

Ohne Einführung in das Leben geht es grundsätzlich nicht, egal auf welchem Kontinent, in welchem Kulturkreis, in welcher Zeitepoche ein Mensch geboren wird.

Warum sollte das bei der Religion, beim Glauben an Jesus Christus anders sein? Wie war das eigentlich bei mir? Wer hat mir diese Orientierung gegeben? Wer hat mich beraten, begleitet, wenn es um meinen Glauben an Jesus Christus ging? Von wem habe ich gelernt, wie man betet, die Bibel liest?

Es gibt Lebensphasen und Situationen eines Menschen, da braucht man nicht eine Menge Erklärungen über entwicklungspädagogische Situationen, sondern einen Menschen, ob Frau oder Mann, in seiner Nähe zum Anfassen, Hinschauen, Zurückfragen, Nachmachen, Einüben.

Nicht anders macht es der Apostel Paulus. Nachdem er in seinem Brief an die junge Hauskreiskirche in Philippi alle möglichen schwierigen, theologischen Zusammenhänge erklärt hat, schreibt er am Ende in Philipper 3,17: „... wie ihr uns zum Vorbild habt." Wenn ihr auch nicht alles schon verstanden habt, dann nehmt uns zum Vorbild. Vorbilder gibt es überall. In der Politik, in der Schule, im Beruf, in Vereinen, im CVJM, in der Gemeinde. Ich mach es wie die, wie der – find' ich super. Und irgendwann mach ich mein Ding, lebe ich mein Leben, meinen Glauben. Langzeitwirkung durch Vorbilder.

Manfred Bletgen | Filderstadt-Bernhausen

Langzeitwirkung
durch Vorbilder

Gustav Adolf Gedat

1903 – 1971

■────────• Während meines Praktikums in der Danneckerstraße (1956 bis 1958) kamen viele Besucher zu den Völkers. Von der Heimleiterin, Elisabeth Völker, immer mit gutem Ratsherrenkaffee bewirtet. Fast immer durfte der Praktikant dabei sitzen.

Einer der bedeutendsten Besucher war Gustav Adolf Gedat. Er war Bundestagsabgeordneter der CDU. Wenn Frau Völker ihn fragte, was er denn so tue, sagte er mit seiner beeindruckenden und ehrfurchtgebietenden tiefen Stimme: „Ich regiere." Dann erzählte er aus Bonn. Spätestens im dritten Satz war er aber bei einem Beispiel aus fernen Ländern. Es hieß ja von ihm, er habe einmal gesagt: „Ich habe die ganze Welt bereist und darüber hinaus." Deshalb wohl auch gründete er auf Burg Liebenzell das „Internationale Forum". Dorthin durfte ich oft mit Heiner Völker fahren. Später besuchten wir dort Seminare mit internationalem Flair. Globalisierung – längst ehe es dieses Wort gab. Von Konrad Adenauer hat er uns erzählt und von den Gesprächen in Hinter- und Nebenzimmern. Von Mauscheleien zum Wohl des Volkes. Von der Schwierigkeit und der großen Chance als Christ in der Politik. Von der Notwendigkeit, diese nicht allein den Katholiken und den Ungläubigen zu überlassen.

Gelernt habe ich von ihm, dass Christen keine Duckmäuser und schwäbische Hinterwälder sein dürfen. Dass Staatsbürger und Christen zum Engagement und nicht nur zum Meckern über „die da oben" da sind. Als ich dann später in der SPD aktiv wurde, habe ich nie vergessen, dass es auch in anderen Parteien – wohl in allen – Christen gibt. Und dass deren Zusammengehörigkeit wichtiger ist als Parteigrenzen. Und von dem Beter Heiner Völker habe ich gelernt, wie wichtig es ist, für Politiker zu beten.

Rolf Lehmann ׀ S-Birkach, Ministerialdirektor i.R., Vorsitzender des ejw 1998-2004

Karl-Otto Horch   1887 – 1965

„Reichsjungscharonkel", so nannte man ihn noch in den 50er Jahren, obwohl es schon lange kein Reich mehr gab. Karl-Otto Horch lebte in Faurndau in einem sehr tätigen – vor allem schreibenden – Ruhestand. Aber er war immer noch bereit, in Jungscharen zu kommen. So holten wir ihn nach Birkach. Seine erste Jungscharstunde eröffnete er mit dem Spruch: „Jedes Schiff braucht einen Seemann und die Jungschar braucht den Lehmann." So etwas beflügelte den 16-jährigen Jungscharleiter. Horch erzählte Geschichten. Fesselnder, als es heute ein spannender Fernsehfilm kann. Das brachte er uns Mitarbeitern bei. Keine Sekunde darf es in der Gruppe langweilig sein. Ein Höhepunkt war seine Witze-Sammlung. Ein Jungscharler sagte eine Zahl und er erzählte den Witz, der in seinem Büchle unter dieser Nummer aufgeschrieben war. Am Schluss kam eine Andacht. Wer kennt die Telefonnummer Gottes? Nummer 5015. Stille. Fragende Gesichter. Das ist Psalm 50, Vers 15: „Rufe mich an in der Not." Begriffen? Bitte nie vergessen. Und dann wurden noch „Jumbo Hefte" verteilt. Jeder durfte sich eines abholen und der „Jungscharonkeldoktor" malte einen kleinen Elefanten (Jumbo) drauf und signierte. Alle waren begeistert. Dr. Horch kam dann öfter zu uns. Jetzt immer eine Stunde vorher, um bei meiner Mutter zu läuten und sich mit den Worten zu melden: „I bin der Horch und möchte ins Cafe Lehmann." Das hat dann auch meine Mutter von der Jugendarbeit begeistert. Spannend musste es sein. Und lustig. Die Verkündigung wirkte nie aufgesetzt. Die Buben spürten, dass er sie mochte. Und junge Mitarbeiter haben viel von ihm gelernt.

Was ich bei ihm und in den Jahren als Jungscharleiter gelernt habe, veranlasste mich Jahrzehnte später als Vorsitzender des ejw und nach einem langen Politikerleben der Delegiertenversammlung zuzurufen: „Wer eine Jungschar wirklich und gut leiten kann, kann auch ein Ministerium leiten!"

Rolf Lehmann | S-Birkach, Ministerialdirektor i.R., Vorsitzender des ejw 1998-2004

Paul Erne

▪─────────• Die Zeiten ändern sich. Wer weiß das nicht. Wenn ich auf meine Zeit in der Jugendarbeit zurückschaue, soll es mir nicht darum gehen, Vergangenes zu beschwören, sondern mich daran zu erinnern, wer damals für mich besonders hilfreich gewesen ist. Ich bin dankbar, dass mir dabei die Namen vieler Freunde in den Sinn kommen. Eine Persönlichkeit, die für mich besonders wichtig wurde, aber ragt heraus, Paul Erne. Er war im wahrsten Sinne sein ganzes Leben lang im Ulmer CVJM aktiv.

Noch vor dem ersten Weltkrieg, an dem auch er teilnehmen musste, wandte er sich der Jungschararbeit zu, die ihn nicht mehr loslassen sollte. Aber das war nicht alles: Er organisierte Wanderungen ins Allgäu und, damals noch etwas Besonderes, ein Streichorchester. Der eine und andere Chor wurde von ihm initiiert und geleitet. Manche erinnern sich noch an die Sonntagsschule in den Jahren des sogenannten Dritten Reichs, in der er immer für „seine" Jungen da war. Er wusste damals, zusammen mit seinen Freunden, den Spielraum auszuloten, der der evangelischen Jugendarbeit in dieser Zeit noch blieb. Besonders dankbar waren die jungen Soldaten an der Front für die „Ulmer Briefe" des CVJM, die Paul Erne verantwortete und mit denen die geistliche Verbindung zu ihnen aufrecht erhalten wurde. Nach dem Ende des zweiten Weltkriegs, an dem er dann von 1944 an auch teilnehmen musste, baute er mit alten Freunden die Jungschararbeit wieder auf. Als es 1953 um die Wiedergründung des Ulmer CVJM ging, gehörte er zu den Wortführern einer eigenständigen Jugendarbeit.

Als Schriftsetzermeister in der örtlichen Großdruckerei setzte er sich dort besonders für die Auszubildenden ein. Damals hießen sie noch Lehrlinge. Sein Arbeitgeber bezeichnete ihn als den guten Geist des Betriebs. Er lebte seinen Glauben ganzheitlich, auch dort. Auf ihn traf das zu, was ich kürzlich gelesen habe und was ich von ihm gelernt habe: wie wichtig es ist, Freude an dem zu haben, was man tut. Und wie gefährlich es ist, so etwas aufzugeben, nur um mehr Geld zu verdienen. Sicherlich hätten ihn seine Fähigkeiten auch in seiner Firma weiter nach oben gebracht, denn seinen Beruf nahm er ernst. Auch uns ließ er sprachliche und gestalterische Nachlässigkeiten nicht durchgehen. Aber die Liebe zur Arbeit mit seinen Buben war ihm zu wichtig. Jahrelang war er Ulmer Stadtrat und noch eine beträchtlich längere Zeit Kirchengemeinderat. Und wer ihn kannte, wusste, dass er alle seine Ämter ernst nahm und sich immer voll und ganz einbrachte. Er hatte das Vertrauen weit über die Jugendarbeit und seine Kirche hinaus. Denn ihn zeichnete ein weiter Horizont aus. Ihm spürte man ab, dass sein Gottvertrauen einen Sitz im Leben hatte.

Wohl auch deshalb hat er Generationen von Jungscharmitarbeitern, darunter auch mich, begeistert und geprägt. Als ich 1957 dazu stieß, bestanden unter seiner Leitung im Ulmer CVJM rund 15 Jungschargruppen. Er selbst betreute schon keine eigene Gruppe mehr. „Dr Herr Erne", sagten wir alle voller Respekt, allenfalls unter uns nannten wir ihn mal „dr Paule". Das heute so allgemein gebräuchliche „Du" wurde damals nur gegenüber Gleichaltrigen oder Jüngeren verwendet. In regelmäßigen Mitarbeiterbesprechungen lernten wir unter seiner geistlichen und inhaltlichen Leitung zu planen und Verantwortung zu tragen. Dort erhielten wir die nötige Zurüstung und Handreichung – so formulierte man damals noch. Sein Vorbild und sein spürbarer Glaube machte uns Mut, frei zu beten und eigenständig Andachten auszuarbeiten. Er fragte nach, wie unsere Vorbereitung auf die Gruppenstunden aussehen würde, was wir in unseren Gruppen machten und ob wir unserem Verkündigungsauftrag nachkommen würden. Wenn ein Jungscharmitarbeiter ausfiel, sorgte er dafür, dass die Gruppe von einem anderen übernommen wurde. Ich selbst war ein Jahr lang ein solcher „Springer".

Ihm und einem oder zwei Älteren oblag die Planung der jährlichen, großen Ulmer Jungscharlager mit über 120 Buben und entsprechend vielen Mitarbeitern in Walddorf, Nürtingen, Hoheneck oder anderswo. Ein Abschnitt wurde immer von ihm selbst geleitet, wobei seine Frau die Gesamtverantwortung für die Küche übernahm. Sofern er die Leitung nicht selbst übernahm, gewann er Theologiestudenten, die aus der Jungschararbeit hervorgegangen waren für die täglichen Bibelarbeiten. Er war ein prächtiger Erzähler, der spannend und mit Humor Geschichten erzählte und dem die Buben, aber auch wir, förmlich an den Lippen hingen. Höhepunkt waren die Lagerwettbewerbe, die seine Handschrift trugen. Das Auswendiglernen von Liedern und Psalmen gehörte dazu, bei allem Maulen und Stöhnen, aber vieles dann doch mit „Langzeitwirkung". Sportliche Aufgaben für einzelne und in Gruppen, wurden nach Punkten gewertet und sorgten immer für Spannung. Trotz aller Vorbereitungen vor Freizeitbeginn wurde abends der nächste Tagesplan unter Paul Ernes Leitung mit Alternativen auf die halbe Stunde genau erörtert, gewogen und angenommen. Dabei waren diese Besprechungen beliebt oder zumindest erträglich, weil uns die „Nachsitzungen" Gelegenheit boten, öfter auch mit den Küchenhelferinnen zusammen, nach einem anstrengenden Tag fröhlich auszuspannen.

Mit mir sind viele Mitarbeiter, die bei Paul Erne „in seine Schule der Jungschararbeit" gegangen sind, für ihr ganzes Leben geprägt worden von dieser beeindruckenden Persönlichkeit, die uns nicht nur in unserer Jungschararbeit unterstützte, sondern Mut machte für unseren ganz persönlichen Lebens- und Glaubensweg. Er hat uns vorgelebt, was es heißt, Verantwortung zu übernehmen und mit Freude für andere da zu sein. Für uns war er ein väterlicher Freund und treuer Ratgeber, auf den wir uns verlassen durften. Seine natürliche Autorität, sein Vertrauen zu uns und seine liebevolle Haltung bewahrten uns vor manchen Irrwegen.

Dietmar Spreer | Weil der Stadt

Dr. Manfred Müller 1903 – 1987

• Seine Freunde nannten ihn „Ami". Und diese Anrede vertrauter Nähe blieb für viele auch noch erhalten, als der Landesjugendpfarrer von einst längst in das kirchenleitende Amt eines Oberkirchenrates aufgerückt war. Gemeint ist Dr. Manfred Müller. Als Landeswart für die Schülerbibelkreise (BK) hatte er anfangs der 30er Jahre begonnen. Es würde den Rahmen sprengen, wenn man nun im Einzelnen erzählen würde, wie er sich dann als Landesjugendpfarrer gegen die braune Flut stemmte. Zwar gab es seit Dezember 1933 einen Vertrag, der das Verhältnis der evangelischen Jugendarbeit zur Hitlerjugend regeln sollte. Aber durch Schikanen und Spitzfindigkeiten versuchte man langsam, den kirchlichen Jugendgruppen den Garaus zu machen. Wenn es aber kritisch wurde, war Ami zur Stelle, so dass sein überraschendes Auftauchen auch die „andere Seite" immer wieder in Erstaunen versetzte. Er scheute sich nicht, wenn es sein musste, bis zur Gebietsführung oder Reichsjugendführung vorzudringen, um wieder einmal ein Stück Freiraum zu erkämpfen. Vor allem aber besuchte er die Gruppen und Kreise und gab auf Bezirksjugendtagen und Rüstzeiten eine klare biblische Orientierung gegenüber der braunen Weltanschauungsideologie.

Nach dem Vertrag von 1933 war alles verboten, was zu einem jungenmäßen Leben gehört. Erlaubt war nur noch das biblische Gespräch. Zur Teilnahme an Bibel-Rüstzeiten brauchte man einen Urlaubsschein der Hitlerjugend. Damit meinte man, evangelische Jugendarbeit so langsam „austrocknen" zu können. Doch das Gegenteil geschah. Die Kreise wurden zwar kleiner, aber unterkriegen ließen sie sich nicht. Das machte die Hitlerjugend nervös.

Die Osterfreizeit in Stötten 1939 war wohl die letzte Bibelrüstzeit vor Kriegsausbruch. Dann war es aus „kriegsbedingten Gründen" mit mehrtägigen Freizeiten aus. Da wurde die „Paula" geboren.

Dieses mysteriöse Wort war eine phantasievolle Abkürzung von Pfarrhauseinladung. Irgendwo in abgelegenen Orten ließen sich Jugendliche durch ein persönlich gehaltenes Schreiben „privat" für ein Wochenende ins Pfarrhaus einladen.

An die Stelle der Rüsttreffen traten die Rüsttage. So war das jährliche Ostermontagstreffen in Schorndorf für das ganze Remstal und über den Schurwald hinweg ein wichtiger Ort der Begegnung. Die Stadtkirche war voll, wenn Ami die Predigt hielt. Und für viele junge Teilnehmer war es ermutigend und hilfreich, dass der Mann, der jetzt im schwarzen Talar vor ihnen stand, nicht abgehoben einen geistlichen Höhenflug machte, sondern ganz „einer der ihren" war, der wusste, wo der Schuh drückt. So wurden diese Rüsttreffen geistliche Lebenshilfen zur Bewährung im Alltag.

Als mit dem Ende des verlorenen Krieges auch der braune Spuk weggefegt war, konnte auch evangelische Jugendareit neu beginnen. Eine junge Mannschaft war heran gewachsen, die in den Jahren der Bewährung festen Boden unter die Füße bekommen hatte. Langsam kamen auch die Heimkehrer aus Krieg und Kriegsgefangenschaft zurück. Konnte man in den alten, traditionellen Formen der Verbände und Bünde wieder weitermachen? Oder war die in der Bewährung gewachsene Form der Gemeinde-Jugendkreise die zukünftige Form evangelischer Jugendarbeit? In langen, zähen, aber brüderlich geführten Gesprächen, bei denen der Landesjugendpfarrer selbst Initiator und treibende Kraft war, wurde die Neuordnung der evangelischen Jugendarbeit geschaffen. Im Oktober 1946 wurde diese Ordnung verabschiedet. Die Kirchenleitung gab die Arbeit in vollem Umfang in die Selbstverwaltung des Jugendwerkes zurück: „Ein freies, eigenständiges Werk in der Kirche und mit der Kirche – aber nicht unter der Kirche". Hier hatten die CVJM alter Prägung genau so Platz wie die Pfadfinder oder die Schülerbibelkreise oder Gemeinde-Jugendkreise.

In ihren Grundzügen hat sich diese Form evangelischer Jugendarbeit in Württemberg bis heute erhalten. Doch ohne das Engagement des Landesjugendpfarrers, die Bereitschaft der Brüder und das Vertrauen der Kirchenleitung hätte diese Form wohl nicht entstehen können. Nun stand der Landesjugendpfarrer vor neuen Aufgaben. Durch den Bischof wurde er in die Kirchenleitung berufen. Gleichzeitig gründete er die Arbeitsgemeinschaft der Evangelischen Jugend in Deutschland und war lange Zeit deren Vorsitzender. Aber auch jetzt noch ließ er es sich nicht nehmen, den Einladungen aus den Jugendkreisen zu folgen. 1947 hatten wir das erste große Wochenendtreffen in unserem Kirchenbezirk. Es stand unter der Jahreslosung „Dein ist das Reich und die Kraft und die Herrlichkeit." In der Bibelarbeit und im Gottesdienst am Sonntag machte uns Ami dieses Wort lebendig. Große Betroffenheit ging durch das Land, als im Februar 1948 bekannt wurde, dass Manfred Müller einen schweren Verkehrsunfall hatte. Er war ja viel unterwegs im Land. Und spät am Abend, kurz vor der heimatlichen Garage, passierte es. Es brauchte eine lange Zeit, bis das Schlimmste überwunden war. Viel treues Gedenken hat ihn in dieser Zeit begleitet.

Nocheinmal kam es zu Jahren vertrauensvoller Zusammenarbeit, als er den Vorsitz im Evangelischen Jungmännerwerk von Stuttgart übernahm. Nicht als Oberkirchenrat ist er in dieses Amt berufen worden und auch nicht als der Jugendpfarrer von einst, sondern als der Mensch Dr. Manfred Müller. Dass dabei aber auch die Erfahrungen der langen Jahre zum Tragen kamen, konnte für unsere Arbeit in Stuttgart nur fruchtbar sein. Er gehört zu den Menschen, die in Jahrzehnten für viele junge Menschen Ansporn und Ermutigung zum Glauben geworden sind.

Helmut Schipprack | Leutkirch

Walter Arnold

◼————————• In meinem Büro des Ludwigsburger CVJM saß ich, als der im Nachbarhaus wohnende Pfarrer Walter Arnold hereinstürmte und sagte: „Stell dir vor, ich soll Reichswart werden. Darüber müssen wir reden. Komm wir fahren nach Asperg in den Adler zum Mittagessen." Wir kannten uns, weil er oft Bibelstunden im CVJM gehalten und bei Mitarbeiterschulungen mitgewirkt hatte.

Nun kam ich in ein ungewohnt vornehmes Lokal. Ich musste ihm erzählen, was ich vom CVJM wusste. Ich hatte ja in Kassel noch die Reichswarte – so hießen damals noch die späteren Generalsekretäre – Erich Stange, Fritz Bopp ... kennengelernt und kannte den Reichs-, später Gesamtverband aus einigen Gremien. Am Ende des Gesprächs: „Ich glaub, ich mach's."

Wenige Wochen später musste ich ihn nach Gelnhausen fahren, weil sein in Amerika gemachter Führerschein hier noch nicht galt. Viel wurde da über den weltweiten CVJM geredet. Auf der Heimfahrt ging das Auto kaputt. Weil er morgens um 7:00 Uhr eine Andacht im Hospiz halten musste, fuhr er mit dem Nachtzug von Würzburg aus weiter. So ernst nahm er seine Verpflichtungen.

Er wurde ein bedeutender Reichswart – Generalsekretär – mit weltweiter Ausstrahlung. Er rettete den Verband aus einer großen Not. Vermittelt war er durch Paul Heiland, den Geschäftsführer des württembergischen Jungmännerwerks, der zuvor den Verband aus einer schweren Finanzkrise geführt hatte. Wenn es ganz schwierig wird, braucht man sie halt, die Schwaben.

Rolf Lehmann ⏐ S-Birkach, Ministerialdirektor i.R., Vorsitzender des ejw 1998-2004

Heiner Völker

1907 – 1978

▪──────────• Im Bergheim Unterjoch stehen zwei junge Mitarbeiter vor dem „Heiner-Völker-Zimmer". „Wer war Heiner Völker, dass ein Zimmer nach ihm benannt wurde?", so fragen sie. Ich will eine kurze Antwort geben, komme aber ins Erzählen, ins dankbare Schwärmen.

Heiner kam 1945 aus dem Krieg zurück. Und er packte gleich tatkräftig an. Er sammelte junge Männer um Gottes Wort, lud sie zu Freizeiten ein, besorgte bei den Amerikanern Verpflegung und organisierte mit ihnen Aufbaulager. So entstanden das Bergheim Unterjoch, das erste Aufbaulager, die ersten internationalen Kontakte. Nicht nur reden, sondern etwas miteinander tun! Architekten und Theologen, Kriegsheimkehrer und Schüler – Heiner gab jedem eine Aufgabe, je nach seinen Gaben. Und er führte zusammen. Vor dem Krieg war Heiner Jugendwart in Göppingen. Dorthin wurde der gebürtige Fürther nach seiner Ausbildung an der Kasseler CVJM-Sekretärschule berufen, zusammen mit seiner ebenfalls aus Fürth stammenden Ehefrau Else. Diese hat im langen Berufsleben ihres Mannes vielen jungen Menschen eine Heimat geboten.

Heiner Völker wurde Landesjugendwart. Er hat die Jungenschaften gegründet. Abend für Abend war er mit seinem VW-Käfer im Land unterwegs. Dabei besuchte er Mitarbeiter an vielen Orten, kam einfach vorbei, ermutigte und stellte ans Werk. Mit dem Bau der neuen Zentrale in der Danneckerstraße wurde auch ein Lehrlingsheim mit 50 Plätzen in Betrieb genommen. Für die Leitung kam nur das Ehepaar Völker in Betracht. Jugendarbeit ohne sozialen Auftrag war für beide nicht denkbar. Eine Mitarbeiterbesprechung ohne Gebet auch nicht. Heiner Völker war nicht nur ein begabter Organisator, er war auch ein treuer Beter und ein großer Menschenfischer. „Wer einen Jungen fischen will, muss sein Herz an die Angel hängen", hat er immer wieder gesagt und damit in einem Satz seinen pädagogisch-theologisch-missionarischen Grundsatz formuliert.

Was hat er nicht noch alles als Erster angefangen? Das Diakonische Jahr, als er Mitarbeiter für das Lehrlingsheim brauchte. Verlobtentage in Schmie, während andere noch über Koedukation theoretisierten. Eine Jugendsekretärs-Kurzausbildung, als es zu wenig Jugendreferenten gab. Nach der Zuständigkeit für Jungenschaften wurde er für die Jungmännerarbeit verantwortlich und dann der erste Personalreferent in der Landesstelle.

So wie ich bei den beiden jungen Leuten ins Schwärmen geriet, so ist es heute noch, wenn ich Ehemaligen begegne. Immer fällt dann dankbar der Name Heiner Völker. Für viele war Heiner das Jungmännerwerk. Ein glaubwürdig treuer Zeuge seines Herrn, dessen Segensspuren wir heute noch im ganzen Land begegnen.

Rolf Lehmann | S-Birkach, Ministerialdirektor i.R., Vorsitzender des ejw 1998-2004

Dr. Helmut Lamparter 1912 – 1991

▪——————• Mit dem eigenen Vater ist eine Vielzahl von Erinnerungen verknüpft. Nicht anders ergeht es mir als Sohn von
Helmut Lamparter, dem Vorsitzenden des Jungmännerwerks in
den Jahren 1960 bis 1971. Vieles von dem, was er damals im
Jungmännerwerk tat, habe ich nicht oder nur andeutungsweise
mitbekommen. Einmal im Jahr aber waren wir als Familie sozusagen hautnah dabei. Ich denke an die Osterfreizeiten im Silserhof in jenen Jahren, die mein Bruder und ich als Kinder miterle-
ben durften, und das, obwohl die Freizeiten eigentlich erst für
junge Erwachsene ab 17 Jahren konzipiert und ausgeschrieben
waren. Wir waren eben als Familie dabei, meine Mutter, mein
Bruder Ulrich und ich, zusammen mit unserem Vater, der die
Bibelarbeiten hielt. Einige Mal nahm auch unser älterer Vetter
Helmut Elsäßer als regulärer Freizeitteilnehmer – er hatte schon
das vorgesehene Alter – an diesen Osterfreizeiten teil.

Helmut Lamparter war damals Vorsitzender des Jungmännerwerks. Sein eigentlicher Beruf war, wie er bescheiden zu sagen
pflegte, „in der Lehrerbildung tätig" zu sein. Nach dem Krieg
hatte der 1912 geborene Theologe und Pfarrer zunächst die Pfarr-
stelle in Mittelstadt bei Reutlingen versehen, in der Nachfolge
seines im Krieg gestorbenen Schwagers Walter Elsäßer. 1955
wechselte er als Dozent an das Pädagogische Institut in Stuttgart,
kurz „PI" genannt. Später wurde daraus die PH Ludwigsburg. Er
wurde im Jahr 1961 zum Professor ernannt und auch auf den
Freizeiten manchmal respektvoll „unser Professor" genannt. „Jetzt
kommt der Professor", wurde geraunt, besonders dann, wenn er
als begeisterter Skifahrer in seinem eigenen Stil, den er sich einst
selbst im Kleinen Walsertal beigebracht hatte, zu Tal fuhr. Für
uns im Familienkreis war er aber einfach unser „Dok". Dieser
Name hat sich bleibend durchgesetzt.

Die Osterfreizeiten in Sils leitete er einige Jahre zusammen mit Ernst Schiele, dann mit Fritz Gaiser. Bei jenen lagen die organisatorischen Dinge und die Gestaltung des übrigen Freizeitprogramms. Unser „Dok" war für das – übrigens verbindliche – geistliche Angebot, Bibelarbeiten und Gottesdienste, zuständig.

Die Bibelarbeiten hatten einen hohen Stellenwert. In der Regel wurden sie morgens um 10 Uhr abgehalten, auch bei Sonnenschein und perfekten Wintersportbedingungen draußen. Erst anschließend stapfte man dann mit den Ski auf den Schultern in Skistiefeln etwa eine Dreiviertelstunde lang einen Waldweg hinauf Richtung Fextal zum Silser Übungsgelände, wo ein Hang flach getreten wurde und man fleißig Bögen übte („Ausstemmen!", „Talski belasten!") unter gestrenger Anleitung einiger mitgebrachter und eines einheimischen Skilehrers. Der einheimische Skilehrer war Herr Gabriel, damaliger Besitzer des Silserhof. „In der Schweiz wird nicht gewedelt" – war einer seiner Sätze. Wedeln war damals eine neumodische Skitechnik. Von Herrn Gabriel ein Lob zu erhalten, war so selten wie eine Sonnenfinsternis. In Erinnerung ist mir sein selbst hergestelltes Sonnenschutzmittel, das er anpries als besser als jedes käufliche „Piz Buin" oder „Tschamba Fii" oder wie die Sonnenschutzmittel damals hießen. Für mich war dieses Thema wichtig, da ich als Bub mit heller Haut und blonden Haaren einmal einen fürchterlichen Sonnenbrand im Gesicht bekommen hatte. Von den eigenen Skilehrern sind mir besonders Klaus Strittmatter aus Stuttgart-Degerloch und Hartmut Jost aus Ravensburg im Gedächtnis, die ich damals als Bub bewunderte. Klaus Strittmatter hat uns Kindern nach den Abendessen öfters seinen Nachtisch überlassen, so dass einer von uns dann zwei Nachtische, es gab zum Beispiel Pudding oder eine Scheibe Ananas, verzehren konnte. Besonders wäre ich gerne so braun wie Herr Jost geworden. Und ich dachte: So wie die beiden sollte man Skifahren können. Liften? Das kam erst nach zwei oder drei harten Übungstagen in Betracht und auch dann erst am Schleppbügellift in Sils. Danach kamen als weitere Steigerung Fahrten mit dem Bus über den Julierpass nach Bivio an die Reihe mit dem dortigen, sehr langen Schlepplift, der weite Hänge erschließt. Erst am Freizeitende stand als Höhepunkt die Fahrt mit der Seilbahngondel auf die Diavolezza auf dem Programm. Die Corvatschbahn gab es anfangs der 60er Jahre noch nicht. Freilich merkte man schon von Jahr zu Jahr eine Lockerung. Die Teilnehmer und Teilnehmerinnen drängten früher an die Lifte, man wollte dann schon am 2. oder 3. Tag nach Bivio, und, nicht ohne vorherige Diskussionen, wurden dann Bibelarbeiten („Sind wir dann nicht zu müde?") auch auf den Abend verlegt, um den Tag voll ausnützen zu können.

Bei den Bibelarbeiten ist mir eine Freizeit besonders in Erinnerung, bei der „der Römerbrief" das Thema war. Zentrum war das achte Kapitel, kurz „Römer 8". Ich sehe unseren Vater vor mir stehend in dem holzgetäfelten Raum, rings umgeben von dicht bei dicht sitzenden jungen Leuten, wie er in freier Rede engagiert des Paulus Gedanken von Geist und Fleisch, Gesetz und Sünde, Freiheit und Kindschaft, Sehnsucht der Kreatur und der Liebe Gottes vorträgt. Er scheint in höheren Sphären zu schweben, wie er so nach oben oder in die Runde schaut, die Fingerspitzen zusammenlegt und mit seiner Stimme mal laut und impulsiv, dann leise einfühlsam, mal ernst, mal humorvoll redet und selbst ergriffen ist von dem, was er zu sagen hat. Der Funke springt über, das war zu merken, auch wenn mir als etwa 10-jährigem Buben, und wahrscheinlich nicht nur mir, manches „zu hoch" war. „Römer 8" ist für mich seitdem wie eine Kathedrale, wollte man die Kapitel der Bibel mit Kirchen vergleichen, kunstvoll, hoch, respekteinflößend.

Eine besondere Prägung auf diesen Freizeiten hatte der Karfreitag, der ja stets in die Freizeiten fiel. An diesem Tag ging man zum Gottesdienst in die Silser Kirche. Einige Male hat unser Vater dort gepredigt und das Abendmahl ausgeteilt. Feierlicher Ernst lag über diesem Tag, und zusammen mit dem Vergnügen des Skifahrens und der Urlaubsstimmung ergab das einen seltsamen Kontrast. Sollte man jetzt ernst sein oder sich freuen? Das wusste ich als Kind nicht so recht. Einmal war ein gleichaltriger Freund mit dabei, Adi, der mit uns in Degerloch im selben Haus wohnte. Eindrücklich ist mir, als wir Kinder einmal am Karfreitag mit Karten spielen wollten und unsere Mutter das energisch verbot. Ich konnte das damals nicht verstehen, erst später ging mir auf, dass es vom harmlosen Spiel damals eine Gedankenverbindung zum Würfelspiel der Soldaten unter Jesu Kreuz gegeben hat. Ansonsten aber wurde viel gespielt auf diesen Freizeiten und es gab ja noch die Kinder der Familie Schiele, mit denen wir gerne zusammen waren. War der ernste und manchmal beklemmende Karfreitag vorbei, so war als Gegensatz dann der freudig gestimmte Ostermorgen umso schöner. Da wurde gesungen und gelacht, und natürlich mit Freude – aber bitte erst nach dem Gottesdienst – Ski gefahren.

Was für mich sonst noch eindrücklich war? Helmut Lamparter, der Professor, unser Dok, war theologisch hochgebildet und dabei ein ganz bescheidener Mensch. Er konnte hochkonzentriert sein und sich seine Bibelarbeiten im Kopf zurechtlegen – nur dabei sollte man ihn möglichst nicht stören. Er konnte „abschalten" und alles andere um sich herum vergessen. Von den Bergen war er begeistert. Seine Freude und sein Überwältigt-Sein beim Anblick sonnenbeschienener Schneeberge, der Dreitausender und des Viertausenders im Engadin, war ansteckend. Minutenlang konnte er versunken die sonnen beglänzte Bernina mit ihrem scharfen Biancograt betrachten, die Bellavista und den Piz Palü. Einmal in einem Sommer hat er die Bernina zusammen mit Ernst Schiele und Ernst Nehr, zum 50. Geburtstag aller drei, von Süden her, von ihrer italienischen Seite aus, bestiegen. Ein bergsteigerischer Traum ging damals für ihn in Erfüllung. Die Freude dieses tiefgläubigen Mannes an der wunderschönen Natur ging einher mit dem Lob Gottes, des Schöpfers. Besonders in den Psalmen fand er, was ihn bewegte, wieder. So hat er auch sämtliche

Psalmen bereits als Mittelstädter Pfarrer in dem Bändchen „Wecken will ich das Morgenrot" in Gedichtform übertragen. Der Titel dieses Büchleins ist ein Zitat aus Psalm 108.

An eine der vielen Busfahrten erinnere ich mich besonders. Wir waren stets mit einem Bus des Reisebüros Schmälzle aus Pfullingen unterwegs. Die Fahrt ging über den Julier von Sils nach Bivio, und langsam schraubte sich der blaue Bus die Kehren zur Passhöhe hinauf. Sonne lag über der Landschaft. Man konnte hinüber über die zugefrorenen und verschneiten Engadiner Seen zum Corvatsch schauen. Alles war still. Die ganze Teilnehmerschar schaute versunken nach draußen oder döste vor sich hin. Man hörte nur den Motor brummen. Unser Vater saß vorne in der ersten Reihe neben dem Fahrer, auf dem Sitz für Begleitpersonal. Plötzlich fing er an, ohne Ankündigung, laut zu singen „All Morgen ist ganz frisch und neu". Die versammelte Mannschaft hinter ihm schreckte auf, war verdutzt, einige lachten. Und dann sang der ganze Bus dieses Morgenlied mit.
Bei einer oder zwei Fahrten nach Sils waren wir auf der Anfahrt von Stuttgart her allerdings nicht mit dem großen Bus unterwegs, sondern mit einem kleinen roten VW-Bus mit Dortmunder Kennzeichen, der von Rudi Dalferth, dem für Medien und Filme zuständigen Mitarbeiter des Jungmännerwerks, gesteuert wurde. Die Fahrten mit diesem witzigen, humorvollen Mann, seiner lieben Frau Margot und den vier Dalferth-Buben waren ein Erlebnis der besonderen Art.

Auch Tagespolitik und Weltgeschehen waren nicht außen vor auf den Freizeiten in Sils. Es war am 11. April 1968. Ich erinnere mich, als Fritz Gaiser aufgewühlt vor dem Abendessen, noch vor dem Tischgebet, verkündete: „Auf Rudi Dutschke wurde ein Attentat verübt!" Es war die Zeit der Studentenunruhen, es gärte und brodelte damals im ganzen Land. Gegen alle Autoritäten wurde aufbegehrt. Alles und jedes wurde hinterfragt und zur Diskussion gestellt.

Was mir blieb? Die Freude, ja Begeisterung am Skifahren, an den Bergen, an der Natur. Mit dem Schweizer Skilehrer Artur aus Rapperswil wurden in den späteren Jahren dann sogar Touren mit Fellen unternommen. Diese Freude wurde durch unsren Vater verknüpft mit der geistlichen Dimension, dem Lob Gottes und der Dankbarkeit gegenüber ihm. Helmut Lamparter hatte den Umstand, lebend und gesund aus dem Krieg heimgekehrt zu sein, stets wie ein zweites Leben empfunden. Die Chance, nach den Schrecken des Krieges Familienvater zu werden und als Pfarrer und Theologe arbeiten zu dürfen – das alles war für ihn ein Geschenk. Darauf hatte er, wie aus in den Kriegsjahren geschriebenen Briefen hervorgeht, kaum zu hoffen gewagt. Er war innerlich schon darauf vorbereitet gewesen, mit dem Leben abzuschließen. So war in seinem Herzen eine tiefe Dankbarkeit zu spüren, verbunden mit einem Blick, geradezu einem Zug nach vorn. Was vergangen war, davon wollte er nicht mehr so viel wissen, ganz im Sinne dessen, was Paulus im Philipperbrief einmal schreibt: „Ich vergesse, was dahinten ist, und strecke mich aus nach dem, was vorne ist." (Phil. 3,13). Auch mit einer Freizeit hatte er am Tag nach der Heimfahrt schon abgeschlossen. Freizeit-Nachtreffen mochte er nicht.

So saß er einmal gedankenversunken wieder auf dem Beifahrersitz im Bus, während einer Heimfahrt zurück nach Stuttgart. Er schien zu schlafen, vielleicht eine halbe Stunde lang. Darauf angesprochen, ob er müde sei, gab er zur Antwort: Ganz und gar nicht. Und er fuhr sinngemäß fort: Ich bin die zurückliegenden Freizeittage nochmals durchgegangen in der Erinnerung, jeden einzelnen Tag, jedes Erlebnis, jede Begegnung, jedes Gespräch. Nun ist das für mich abgeschlossen. Nun bin ich frei für die Aufgaben, die vor mir liegen. Auch das war Dok: ganz gegenwarts- und zukunftsbezogen zu leben, dankbar und ganz konzentriert auf das für ihn Wesentliche.

Das Jungmännerwerk bedeutete ihm viel, es lag ihm am Herzen. Viel gäbe es noch zu berichten von Begegnungen mit Paul Heiland, Rolf Scheffbuch, Dr. Theo Sorg, Erwin und Renate Breitmayer. Von Jungmännertagen auf dem Killesberg und Posaunentagen. Die Fusion mit dem Mädchenwerk zum Jugendwerk zeichnete sich am Ende seiner Vorstandschaft ab. Gremienarbeit mit vielen Sitzungen mochte er nicht so sehr. Er hat alles dann in andere, jüngere Hände gelegt.

Der PH Ludwigsburg blieb er weitere Jahre bis zum Ruhestand 1977 erhalten. Als Autor einer Reihe von Büchern, hauptsächlich im Calwer Verlag und im Metzinger Ernst-Franz-Verlag erschienen, und als Psalmendichter ist er in Württemberg bekannt geworden. In vielen Gemeinden hat er Bibelwochen, Vorträge und Gottesdienste gehalten.

Vor 20 Jahren, am 18. März 1991, ist Helmut Lamparter in Tübingen gestorben. Am 28. September 2012 jährt sich sein Geburtstag zum hundertsten Mal. Noch voraussichtlich dieses Jahr wird eine von dem in Hessen lebenden Komponisten Wolfgang Grau erstellte Vertonung seiner Psalmen-Nachdichtungen als Melodie- und als Chorheft herausgegeben werden unter dem damals von ihm gewählten Titel „Wecken will ich das Morgenrot".

Im Jugendwerk hat er Spuren hinterlassen. Viele Ältere erinnern sich persönlich noch an ihn, auch viele späteren Lehrerinnen und Lehrer, die ihn an der PH erlebt haben. Wir Söhne und sein Neffe denken dankbar an ihn zurück, unseren Dok.

Dr. Jörg Lamparter | Reutlingen

Agnes Lumpp

Weg-Genossen

Viele Menschen haben Ideen. Nur wenige haben die Kraft, sie zu verwirklichen. Zu diesen gehört Agnes Lumpp, eine Pfarrerstochter aus Murrhardt, die in Stuttgart aufgewachsen ist. Nach ihrer Ausbildung als Jugendsekretärin hat sie zusätzlich theologische Vorlesungen in Zürich gehört. Sie war ein Mensch voll Energie und Willensstärke, gescheit, zur Führung begabt, ohne die Geführten an sich zu binden, gerade heraus mit ihrer Meinung. Zeit Lebens ging es ihr darum, Menschen für Jesus Christus zu gewinnen, nicht nur durch ihr Wort, sondern auch durch ihr persönliches Christsein. Unablässig hat sie sich selbst Gottes Wort gestellt.

Ihre Berufstätigkeit begann 1924 beim Evangelischen Verband für die weibliche Jugend. Sie sammelte Schülerinnen höherer Schulen in den Kreisen der „Weg-Genossen". Dieser Gemeinschaft ist sie treu geblieben. Noch kurz vor ihrem Tod im Jahr 1978 ließ sie an ihre „Ehemaligen" einen Gruß verschicken. Es gehörte geradezu zu den Merkmalen ihres Wesens, dass sie vielen eine „Weg-Genossin" im besten Sinn des Wortes in leichten und schweren Tagen geblieben ist. Als 1934 der Nationalsozialismus das Wirken der Evangelischen Jugendverbände unmöglich machte, ließ sie sich zusammen mit ihrer unentbehrlichen Mitarbeiterin Elisabeth Wiedenhöfer von der Landeskirche zur Leitung der Mädchenarbeit berufen. Zwölf Jahre reiste sie unermüdlich durchs Land. Ihre Bibelabende, Treffen und Freizeiten waren so lebensnah, dass sie trotz der Gegnerschaft der Hitlerjugend große Scharen anzogen. Durch den immer enger werdenden Spielraum für ihr Tun ließ sie sich nicht entmutigen. Sie erkannte auch die Gefahr, dass der erzwungene Verzicht auf feste Mitgliedschaft der Jugend ihre Tätigkeit unverbindlich machen könnte. Wer sich aber durch das Evangelium nicht in die Pflicht genommen weiß, tritt im Glauben bestenfalls auf der Stelle. Was tun? Ihr Vorschlag an die Mädchen im Land hieß kurz „Johannes 7,17". An dieser Stelle sagt Jesus: „So jemand will des Willen tun, der wird inne-werden, ob diese Rede von Gott sei oder ob ich von mir selbst rede."

Ausführlich legte sie ihre Gedanken dazu vor. Wer diese bejahte, bekam eine Karte, auf die er seinen Namen mit folgender Selbst-verpflichtung schrieb: „An dieses Wort will ich mich halten und mit vielen anderen zusammen jeden Tag die Bibel lesen und be-ten ..., mich bemühen, in Haus, Beruf, Schule, BDM (Mädchenor-ganisation der Hitlerjugend) und Freundschaft wahrhaftig, treu, dienstbereit und rein zu sein." Man mag über diesen Zusammen-schluss, zu dem sich etwa 700 Mädchen meldeten, heute den Kopf schütteln, ja ihn als gesetzlich abtun. Unbestreitbar ist, dass er vielen zu lebenslanger Hilfe geworden ist, besonders in Zeiten der inneren Müdigkeit oder der Anfechtung.

Bei Kriegsbeginn erfolgte ein weiterer Schlag gegen die Jugend der Kirche: Alle Freizeiten wurden verboten. Sie waren beson-ders wichtig gewesen, weil sie über die eigene Gemeinde hinaus innere Anregung und Gemeinschaft mit Weg-Genossen geboten hatten. Sollte es damit tatsächlich zu Ende sein? Nicht für Agnes Lumpp! Ihre neue Idee waren die „Paulas", eine Abkürzung und zugleich ein Deckname für „Pfarrhauseinladung". Die „Listenrei-che" setzte sich in Verbindung mit Pfarrersleuten und fragte an, ob sie nicht ein Dutzend oder noch mehr Mädchen für ein paar Tage persönlich einladen und irgendwie unterbringen könnten. Sie selbst oder eine Mitarbeiterin kämen auch zur Ausgestaltung des Zusammenseins. Ein solches Unternehmen war selbstver-ständlich nicht ohne Last und Risiko für die Gastgeber, zumal die jungen Leute auch verpflegt werden mussten. Es ist ein Ruhmes-blatt für eine Reihe von Häusern und Diakonischen Werken, dass sie fünf Jahre hindurch immer wieder Mädchen, bald auch männliche Jugendliche, auf diese Weise beherbergt haben. Oft stand eine mehrstündige, tägliche Bibelarbeit im Mittelpunkt der „Minifreizeit". Die jungen Menschen wollten und brauchten sie im Kampf um ihr Christsein in einer Christus feindlichen Umwelt. Wie durch ein Wunder sind diese Unternehmungen von der Gestapo nie entdeckt worden. Kein Nachbar hat sie verraten!

Als der 2. Weltkrieg verloren und damit die NS-Herrschaft zu Ende gegangen war, konnte die Jugendarbeit der Kirche wieder frei durch die Verbände gestaltet werden. Agnes Lumpp schuf sich darin ein neues Arbeitsfeld. Mit ihren wachen Augen hatte sie neue Nöte entdeckt. Auf der einen Seite gab es eine wachsende Zahl von Mädchen, die der Schule entwachsen keine für sie geeignete Aufgabe fanden, vielleicht auch für einen Beruf noch nicht reif waren. Auf der anderen Seite seufzten viele Frauen und Mütter unter der Last ihrer Pflichten, ja, sie drohten daran zu erliegen oder waren schon krank. Konnte man beiden Gruppen nicht zur Seite stehen, in dem man sie sinnvoll zusammenführte? Wieder hatte Agnes Lumpp eine Idee, die sie in die Tat umsetzte. Sie suchte ein leerstehendes Haus und fand es in Ebingen, heute Albstadt. Dorthin lud sie junge Mädchen ein, sich ein halbes Jahr in der Hauswirtschaft ausbilden zu lassen, unter der Voraussetzung, dass sie bereit waren, anschließend in eine Familie, die in Not war, entsandt zu werden. Auch bei dieser Maßnahme ging es der Initiatorin nicht nur um einen sozialpolitischen Akt. Ihr Leitwort für diese „Lern- und Dienstschar" war wieder aus der Bibel genommen, aus Kolosser 3,17: „Alles, was ihr tut mit Worten oder mit Werken, das tut alles in dem Namen des Herrn Jesus und danket Gott, dem Vater, durch ihn."

Die „Maiden", wie sie genannt wurden, sollten „lernend dienen und dienend lernen". War auch die Unterbringung zunächst sehr primitiv, 25 in einem Schlafsaal, so meldeten sich doch so viele, dass ein zweites Haus gefunden werden musste. So konnten in den folgenden Jahren bis zu 50 Mädchen gleichzeitig ausgebildet werden. Standorte und Ausbildungsart haben allerlei Wandlungen durchgemacht. Doch vielen Familien ist durch die Schar ein unschätzbarer Dienst erwiesen worden. Auch bei dieser Einrichtung war sich Agnes Lumpp bewusst, dass die jungen Kräfte nicht nur während ihres Kurses, sondern auch danach Weg-Genossen brauchten, wenn sie ihren Glauben im Alltag durchhalten wollten. Obwohl dieser Arbeitszweig Ende der 60er Jahre wieder aufhörte, weil die Jugend durch andere, oft aussichtsreichere Berufe gelockt wurde, hielt Agnes Lumpp die Verbindung mit ihren Maiden aufrecht. Jedes Jahr lud sie im Herbst zu einem Treffen mit Bibelarbeit, Erfahrungsaustausch und Vortrag über eine Lebensfrage ein. Wenn man bedenkt, dass solche Begegnungen auch heute noch, sechs Jahre nach dem Heimgang der Gründerin, wenn auch unter geringerer Beteiligung, stattfinden und dass der jährliche Rundbrief von 120 Ehemaligen angefordert wird, so ist deutlich, welch wichtige Weg-Genossin Agnes Lumpp auch diesen Frauen geblieben ist.

Ihre letzten Jahre waren durch viele Krankheitsnöte belastet. Trotzdem verfolgte sie mit wachem Interesse das Geschehen in der Jugend, ihrer Kirche, ihrem Volk und in der Welt. In dem wohl letzten Brief, den sie kurz vor ihrem Sterben diktiert hat, bemerkt sie: „Es lächert mich manchmal beinahe, wie Gott es fertig kriegte, mich zu einem langsamen und bedächtigen Menschen zu machen." Es heißt darin ferner: „Ich habe gelernt, Hilfe für mich anzunehmen, ja auch zu erbitten. Ja sicher, Christus ist der beste Seelsorger. Es ist nie eine Blamage, den Weg-Genossen um Hilfe zu bitten, auch für unser inneres Leben. Das ist ein großer Reichtum. Lasst uns nicht daran vorübergehen."

Die Segensspuren dieses Werkzeugs Jesu Christi sind bis heute sichtbar.

Dr. Manfred Müller

aus Erika Stöffler, Lebensbilder evangelischer Frauen

Annelise Bausch

1923 – 1982

◗ ─────── • Am 30. November 1993 wäre Annelise Bausch 70 Jahre alt geworden. Von 1970 bis 1982 war sie als Studienleiterin im Bernhäuser Forst tätig. Über einige Jahre hatte ich die Gelegenheit, mit ihr zusammenzuarbeiten bei Tagungen, Seminaren, Freizeiten und in der Begleitung der Mitarbeiterinnen und Mitarbeiter der Bildungsstätte. Hier sollen einige Erinnerungen festgehalten werden sowie einige Zitate von ihr, wohl wissend, dass dies keine umfassende Würdigung der Persönlichkeit von Annelise Bausch sein kann.

Die Sprache der Bilder

Es waren immer besondere Tage, die Tage zwischen Weihnachten und Neujahr, die wir meist mit einer Gruppe von jungen Erwachsenen und Erwachsenen im Bernhäuser Forst gestalteten. Das Programm des Silvesterabends war geprägt von biblischer Besinnung, Phasen der Stille und Meditation; aber auch das Gespräch untereinander hatte seinen Platz. Ein Anliegen von Annelise Bausch war es, dass bei jeder Tagung mindestens ein Bild intensiv betrachtet wurde. Ihrer Einführung konnte man das immer abspüren, dass sie selbst von dem Bild berührt war. Ich denke an unzählige Bilder von Roland Peter Litzenburger (mit dem sie eine langjährige Freundschaft verband) sowie an Bilder von Christamaria Schröter, Benedikt Werner Traut, Sieger Köder, Sigmunda May, Friedensreich Hundertwasser, Emil Nolde, Marc Chagall und vielen anderen Künstlern – von der mittelalterlichen bis zur modernen Malerei. Damit hat sie vielen jungen Menschen einen Zugang zur Kunst geebnet. Verstärkt wurde dieses Bemühen durch zahlreiche Veröffentlichungen von Arbeitshilfen zu Bildern und das Angebot, die Bilder preiswert als Drucke beziehen zu können. Dieses Material ist nach wie vor eine wertvolle Fundgrube von Bild- und Textmaterial für die Jugend- und Gemeindearbeit

Der Jahreswechsel als Wunschbörse

Den Jahreswechsel selbst erlebten wir auf dem Dach des Hauses, auf der großen Terrasse des Hochhauses des Bernhäuser Forst. Von hier aus hat man einen herrlichen Überblick über die Filderebene und kann das bunte Feuerwerk, das Krachen und Blitzen aus angenehmer Distanz genießen. Gleichzeitig ist dieses Szenario ein lebendiger Hintergrund für das gegenseitige Zusprechen der Wünsche für das neue Jahr. Annelise Bausch begann ihre persönlichen Wünsche meist mit dem altschwäbischen Neujahrswunsch: „En gsonda Leib, de Friede ond de Heilige Geist."

Im Rückblick auf die Mitarbeiterkonferenz 1976 zum Thema „Sucht und Sehnsucht" schrieb Annelise Bausch: „Für viele war es eine Befreiung zu erkennen, dass Wünsche und Sehnsüchte wichtige Antriebe des menschlichen Lebens sind, dass durch sie Kräfte freigesetzt werden, die zum Leben fähig machen. Genauso deutlich wurde auch, wie wichtig es ist, mit den eigenen Wünschen und Träumen umgehen zu lernen, um die Wirklichkeit nicht zu verlieren und die Gegenwart nicht zu versäumen.

Ebenso bedeutsam können zugesprochene Wünsche (z. B. Neujahrswünsche) werden, wenn ein Mensch diese annehmen und sie als „Bausteine der Hoffnung" für das eigene Lebenshaus nehmen kann. Dasselbe gilt für das Zusprechen des Segens im Rahmen der Seelsorge oder in einem Gottesdienst.

Einen „Guten Rutsch" wünschen

Annelise Bausch zitiert einen Dankbrief von Wilhelm Stählin, den dieser auf die Neujahrswünsche eines Freundes geschrieben hatte: „Du hast mir einen guten Rutsch ins Neue Jahr gewünscht. Sei mir nicht böse, wenn ich offen sage: Diesen Wunsch nehme ich nicht an ... Rutschen ist zumeist etwas Unerfreuliches. Man rutscht auf einem glatten Boden, auf einem schmutzigen Weg, an einem steilen Berghang; man rutscht aus Versehen, und zumeist ist das Rutschen eine gefährliche Sache. Aber von einem Jahr zum anderen sollten wir gerade nicht rutschen, sondern sehr bewusst gehen. Das Gebet, das Du kennst: Herr, lass unsre Füße sichere Tritte tun – besagt genau das Gegenteil. Niemand von uns wird vor einer Wendung seines Lebensweges etwa beten: Herr, lass mich da hinüber rutschen! Du hast Dir nichts Böses gedacht, das glaube ich gern. Aber Du hast mir etwas Böses gewünscht und das nehme ich nicht an, sondern wünsche Dir das Gegenteil, nämlich, dass Du im neuen Jahr nicht ins Rutschen kommst."

So oder so ähnlich hätte sich vermutlich auch Annelise Bausch ausdrücken können.

Peter Neumann | Filderstadt
(in UnterUns 12/1993)

In Sitzungen und Protokollen aufgeschnappt

**Als es um die Zusammensetzung eines Teams geht:
„Wir entscheiden sachlich und nicht geschlechtlich."**

Karl Wezel   1908 – 2004

Ein Evangelist ohne Ausbildung

Was habe ich an Karl Wezel in der Zeit unserer gemeinsamen Arbeit im württembergischen Jungmännerwerk gelernt und geachtet? Es waren drei Dinge, die ich ganz kurz nennen möchte. Das erste, was mir bei Karl Wezel wichtig war, ist: Alles, was er tat, tat er aufgrund einer besonderen Gnadengabe. Bei uns Theologen und bei anderen „Ausgebildeten" ist es so, dass man vieles von dem, was man zu tun hat, aufgrund seiner Ausbildung macht. Ausbildung, Fortbildung, Weiterbildung und was dazu gehört. Alle diese Dinge sind bei ihm weggefallen. Wenn das Wort nicht so verbraucht wäre in unserer Gegenwart, dann würde ich sagen: Karl Wezel war Träger eines echten Charismas, ein Mann ohne jede Ausbildung. Glücklich ein Jungmännerwerk, glücklich ein CVJM, glücklich eine Kirche, die Menschen in ihrer Mitte hat, die ohne Ausbildung auf Grund der besonderen Gaben, die Gott ihnen gegeben hat, im Segen wirken können. Das ist mein Wunsch an die Jugendarbeit heute und an unsere Kirche, dass uns solche Menschen erhalten bleiben, die durch ihr besonderes Charisma der Evangelisation, der Seelsorge und was es immer sein mag, ihrem Herrn und den Menschen unserer Zeit dienen.

Das zweite, was mir bei ihm wichtig war, habe ich bei keinem der anderen Landesmitarbeiter so beobachten können wie bei ihm. Karl Wezel wurde in allem, was er tat, getragen von einer Bruderschaft am Ort. Das ist ein ganz besonders wichtiger Zug für alle Evangelisten. Sie sind oftmals ganz einsame Leute, weil sie Einzelkämpfer sein müssen, weil sie nach vorne geschobene Speerspitzen der Verkündigung sind und kaum jemanden haben, zu dem sie selbst Zuflucht nehmen können. Das war das Große, was ich beobachtet habe, und das ist ein Wort herzlichen Dankes wert an den CVJM und an die Gemeinde in Walddorf, dass sie Karl Wezel immer ausgesandt und wieder zurückgerufen haben, so dass es ein gegenseitiges Geben und Nehmen war. Menschen, die eine solche tragende Bruderschaft kennen, können im Segen wirken. Und das dritte kann das ganz kurz andeuten. Alles, was Karl Wezel getan hat, hat er aus der Stille heraus getan. Karl Wezel war sicherlich im Kreis der Landesmitarbeiter der, der am wenigsten geredet hat. Er hat selten in unserem Kreis das Wort genommen. Aber wenn er gesprochen hat, dann kam etwas, das klärend gewirkt hat in eine bestimmte Situation hinein. „Nur an einer stillen Stelle legt Gott seinen Anker an."

Ein kleines Beispiel oder zwei zum Abschluss: Ich glaube, es gibt wenige Menschen in unserer württembergischen Landeskirche, die eine so ausgebreitete Seelsorge haben durch das ganze Land, wie Karl Wezel. Drei Wochen zurück. Ein junger Mitarbeiter eines Gemeinschaftsverbandes kommt zu mir mit einer schweren persönlichen Frage. Es ging da um seinen beruflichen Weiterweg und da waren Schwierigkeiten aufgetreten. Er wusste nicht, wie er sich verhalten soll. Als ich ihm meinen Rat gegeben hatte, sagte er zu mir: „Ja, so hat mich Karl Wezel auch beraten." Er war bei Karl Wezel gewesen und da war ihm nun vieles von dem, was er als Last mitgebracht hatte, abgenommen worden.

Einige Monate zurück. Ich war in irgendeinem Kirchengemeinderat im Hohenlohischen und hatte da einen Streit zu schlichten – da waren Schwierigkeiten aufgetreten, wie das ja manches Mal heute in unserer Kirche ist. Ich kam hinterher mit einem jüngeren Kirchengemeinderat, zwischen 30 und 40 Jahre alt, ins Gespräch und es wurde ein seelsorgerliches Gespräch. Auf einmal sagte er zu mir: „Ich gehe demnächst wieder nach Walddorf auf eine Freizeit, dann sehe ich wieder klarer." Nicht wahr, wenn einem solche Dinge passieren, da wird man froh und da wird man dankbar. Dankbar, dass Gott unserer Kirche und unserer Jugendarbeit solche Menschen geschenkt hat wie Karl Wezel einer ist. Ich möchte wünschen, dass Gott uns auch weiterhin Menschen mit solchen Gaben erweckt.

Dr. Theo Sorg | Blaubeuren, Landesbischof i. R., Leiter des Jungmännerwerks 1960-1965

Ansprache am 70. Geburtstag 1978

Ernst Schiele 1912 – 2011
„Gedenkt an eure Lehrer ..." (Hebr. 13,7)

■—————• Natürlich war mir der Name Ernst Schiele schon länger bekannt. Schließlich waren wir bei den Mitarbeiter-Treffen in Tübingen, kurz nach der Konfirmation auf der Insel Mainau und 1952 in Maloja mit dabei. Und auch von den Jungscharlagern auf dem Kapf bei Egenhausen wussten wir. Aber, wer war Ernst Schiele? Was zeichnete diesen Mann aus? Warum hörte man immer wieder von ihm?

Eine erste Antwort bekam ich zur Jahreswende 1953/54 in der Jugendherberge in Stuttgart: Am Ende des Treffens, fast als Schlusswort, berichtete Ernst Schiele von den vielen Flüchtlingen, die nach dem 17. Juni 1953 aus der damaligen sowjetisch besetzte Zone in den Westen gekommen waren. Allein in Ulm waren damals in drei Kasernen 10.000 Flüchtlinge untergebracht. Weil sehr viele Kinder und Jugendliche in den Lagern lebten, sagte Ernst Schiele: „Wir brauchen Jugendbetreuer in diesen Lagern, Mitarbeiter, die bereit sind, für ein oder zwei Jahre diesen Dienst an den Jugendlichen in den Lagern zu tun. Wer von euch ist bereit?"

Mich trafen diese Worte wie ein Schlag. Und zu meinem Freund Kurt, der neben mir stand, konnte ich nur sagen: „Kurt, ich muss gehen!" Das war der Beginn eines Kennenlernens von Ernst Schiele, von dem ich rückblickend nur sagen kann: Ernst Schiele wurde für mich so etwas wie ein „geistlicher Vater" und dann ein „brüderlicher Freund" im Glauben und im Dienst. Für ihn war klar: „Wer seine Hand an den Pflug legt ..." (Luk. 9,62)

So habe ich ihn erlebt im Flüchtlingslager in Ulm, beim Ausbau in Maloja und dann in Sils. Aber auch beim Auf- und Ausbau des Kapf. Beim Aufbau der „Jungarbeiter-Aktion" und dann bei der „Camping-Mission" am Gardasee.

Ernst Schiele hat sich verstanden als einer, der von Gott berufen war. Dieses Bewusstsein hat ihn befähigt, Dinge zu beginnen und aufzubauen, von denen ihm andere abgeraten haben. Mit ihm zusammen zu arbeiten, war nicht immer leicht. Er hat sich selber und denen, die mit ihm waren, viel abverlangt. Er hat immer herausgefordert. Aber weil man ihm abgespürt hat, dass es ihm um das Evangelium vom Reich Gottes ging, war man immer auch mit hineingenommen in sein Denken. Von diesem Anliegen waren seine Verkündigung und die Bibelarbeiten bestimmt.

Für mich war Ernst Schiele ein brauchbares Werkzeug in Gottes Hand, dem ich viel zu verdanken habe.

Walter Maier I Albstadt

Ausblick

Geschichten schreiben Geschichte

■—————— • Die Geschichten in diesem Buch beschreiben unterschiedliche Zeiten und Ausschnitte aus der Geschichte des Evangelischen Jugendwerks in Württemberg. Zugleich sind es erlebte, gefühlte Geschichten einzelner oder mehrerer Menschen, die mit ihrem Handeln, Reden, Reagieren, Schweigen, Mut, Zuhören, an der Gesamtgeschichte des Evangelischen Jugendwerks der Württembergischen Landeskirche mitgeschrieben haben.

Manche Geschichten beginnen mit „Wir damals", aber sie blicken nicht nur zurück, sie sind keine Deutungsmuster von damals, sondern sie fordern uns heute geradezu heraus, mit unserem Handeln, Reden, Schweigen, Hören, mutig Geschichte zu schreiben. Mitarbeiterinnen und Mitarbeiter des Evangelischen Jugendwerks unserer Kirche, die sich heute um Kinder und Jugendliche bemühen, die sich kümmern, sich einlassen, nicht aufgeben, einladen, nachgehen, Weggefährtinnen und Weggefährten sein wollen. Die heute in den Jugendgruppen, Konfitreffs, in Chören, im Sport, offenen Angeboten, auf Freizeiten ihre Zeit, Kraft, Phantasie und ihren eigenen Glauben an Jesus Christus in die Waagschale werfen, erleben nicht nur Geschichten, sondern sie schreiben selber Geschichte.

Jugendarbeit ist auf der einen Seite theologisches Handeln und auf der anderen Seite politisches Handeln. Jugendarbeit fordert heraus, Neues zu wagen, sich einzumischen, sich einzulassen auf neue Geschichtsprozesse, auf andere Glaubensformen. Das heißt, geistliche Persönlichkeit zu werden und Christ zu bleiben. Einen Blick auf die Geschichte des Evangelischen Jugendwerks zu werfen, ist gleichzeitig ein Blick auf die Individualgeschichte einzelner Menschen. Das ist in der Bibel nicht anders.

Ein großer Theologe des Alten Testamentes, Professor Gerhard von Rad, schreibt in seiner Theologie des Alten Testamentes, Band 1: Das Alte Testament ist ein „Geschichtenbuch". Im Neuen

Testament ist das nicht viel anders und in der Kirchengeschichte bis heute auch nicht. Es werden Geschichten erzählt, was Gott mit seinen Menschen erlebt und was Menschen mit Gott erleben.

So geht es in diesem Buch nicht um nette Stories, sondern durch diese Geschichten hat sich das Reich Gottes unter uns ereignet. Durch diese Geschichten haben sich bestehende Machtverhältnisse geändert. Menschen haben widerstanden, haben trotz Verboten gehandelt. Menschen sind zu Leitungspersönlichkeiten geworden, haben Verantwortung übernommen. Schwachen, Behinderten wurden Lebensräume eröffnet. Frauen bekamen Wertschätzung und Würdigung. Menschen ohne Ansehen bekamen eine hohe Bedeutung. Durch solche Geschichten hindurch ereignet sich verborgen das Geheimnis der Gegenwart Jesu Christi, geschieht das Reich Gottes bis auf den heutigen Tag.

Die Formen der Jugendarbeit müssen sich verändern, wie sich jede Zeitgeschichte verändert und das ist gut so! Sonst wären wir rückwärts und nicht vorwärts unterwegs. In der Jugendarbeit heißt heute ein wichtiger Satz: „Jugendarbeit nicht für Jugendliche, sondern Jugendarbeit mit Jugendlichen gestalten."

Darüber freuen wir uns als Förderinnen und Förderer, als ejw-Förderverein sehr. Wir danken Gott für diese Segensgeschichte und erbitten seinen Segen für die jetzigen ehrenamtlichen und hauptamtlichen Mitarbeiterinnen und Mitarbeiter des gesamten Evangelischen Jugendwerks, in Orten, Bezirken und der Landesstelle, also für die nächste Generation. Einiges fiel auf gutes Land.

Dieses Buch ist ein individuelles Lesebuch für Menschen, die ein Interesse an der Geschichte des Evangelischen Jugendwerks haben, die durch diese Geschichten an ihre eigene Geschichte erinnert werden oder darin vorkommen. Es könnte auch an einigen Stellen ein ganz praktisches Arbeitsbuch werden. Zum Beispiel bei Andachten in Gruppen, Gremien, Chören, usw. Darum hier drei Anregungen:

Nicht wenige der Geschichten eignen sich für eine Leseandacht.

Vielleicht mit einer Vorbemerkung zur zeitgeschichtlichen Situation und einem Abschlussgebet für die heutige Situation.

Es sind geniale Beispielgeschichten darunter, die sich für Bibelarbeiten oder Predigten gut eignen. Zum Beispiel zu den Stichworten: Berufung, Glaubensmut, Hoffnung, Bewahrung.

Andere Geschichten eignen sich dazu, einen Themenabend in der Jugendarbeit oder in der Gemeindearbeit zu gestalten, z. B. im Mitarbeiterkreis, Frauenkreis oder Männerkreis, in Hauskreisen oder auf Freizeiten.

So könnte es gehen:

- Die zeitgeschichtliche Situation nochmal unterstreichen und verdeutlichen.
- Die Geschichte vorlesen oder den Teilnehmenden schriftlich geben.

Impulsfragen für ein Gruppengespräch:

- Was fällt mir an dieser Geschichte besonders auf? Was ist mir eindrücklich?
- Kann ich Parallelen zu unserer heutigen Situation erkennen?
- Wie können wir als Christen heute reagieren?
- Kann es für uns eine konkrete Reaktion und Aktion geben?

Die Gesprächsleiterin oder der Gesprächsleiter sollte darauf achten, dass zwischen den Impulsfragen genügend Zeit zum Gespräch bleibt, damit die Teilnehmenden sich beteiligen können und es zu einer konkreten Reaktion kommen kann.

Mit dieser Anregung sind Sie am Ende dieses Buches angelangt. Wir hoffen, dass die Lesezeit für Sie eine Segenszeit war. Vielleicht konnte sich in Ihnen so etwas wie eine heilende Kraft der Erinnerung ausbreiten. Dass Sie ermutigt worden sind, vor Gott und den Menschen für junge Menschen einzutreten.

Unser Herr Jesus Christus sei mit Ihnen auf Ihren Wegen.

Manfred Bletgen | Filderstadt-Bernhausen

| ejw ☿

Förderverein

Wir fördern das Evangelische Jugendwerk in Württemberg (ejw)

Ein Raum für Wertschätzung von Jugendlichen

Wurden Sie selbst in der Jugendarbeit wertgeschätzt und möchten etwas zurückgeben? Haben Sie durch die Teilnahme oder Mitarbeit Kenntnisse und Erfahrungen gewonnen, die ihnen heute noch nützen? Profitieren Sie von der Arbeit des Jugendwerks?
Oder suchen Sie einfach eine Möglichkeit, der nächsten Generation zur Seite zu stehen?
Wenn Sie auch den Wert von Jugendarbeit zu schätzen wissen, werden Sie Mitglied im ejw-Förderverein.

Jugendarbeit zu fördern – nachhaltige Investition in die Zukunft.

Lebens- und Glaubens-Räume gibt es nicht umsonst.

So können Sie uns unterstützen:

| Werden Sie Mitglied beim ejw-Förderverein (schon ab 30 Euro pro Jahr). |

| Setzen Sie sich als Fürsprecher und Botschafter für die Jugendarbeit ein. |

| Unterstützen Sie den ejw-Förderverein durch eine einmalige oder regelmäßige Spende. |

| Kaufen Sie bei buch+musik (Buchhandlung und Verlag des ejw) ein. www.ejw-buch.de |

| Unterstützen Sie den ejw-Förderverein durch Ihr Gebet. |

Hermann Hörtling
Vorsitzender

Geschäftsstelle:
ejw-Förderverein e. V.
Haeberlinstraße 1-3
70563 Stuttgart
Telefon 07 11 97 81-210
Telefax 07 11 97 81-30
foerderverein@ejwue.de
www.ejw-foerderverein.de

Spendenkonto:
EKK
BLZ 520 604 10
Konto-Nr. 405 566

Gerne informieren wir Sie auch über die ejw-Stiftung Jugend · Bibel · Bildung
www.ejw-stiftung.de